# 大唐状元

王离京 ◎ 著

齊魯書社

# 风雅大唐(代序)

本书稿完成之后,自然要按惯例写一篇序言。把全书的写作动机以及主基调抑或是主旋律介绍给读者,应该是序言的一项主要功能。

本书介绍的是唐代科举人物故事,主要内容自然是科举。但唐代科举的主基调又是什么?为了寻找一个简洁明快响亮的词语来概括它,我想来想去,反复举棋不定,很是费了一番周折。

大唐从立国到灭亡,国祚延续接近二百九十年。在这么长的时间里,大唐发生了很多很多的事情。有强盛发达,有动乱衰落,有文明太平,有征战流血,有清明之治,有贪腐权斗,等等。作为一项政治制度,科举自然会受到所有这一切的影响。

反复琢磨之下,我的思路还是回到了大唐那张最为耀眼的名片上——唐诗。说到唐朝,无数人的第一反应肯定是唐诗。唐代的诗歌艺术,辉煌灿烂,绮丽多姿,达到了一个后人无法企及的高度。唐诗,不仅是中华文明史上的一座高峰,也是整个人类文明的瑰宝,是中华民族对于全人类的卓越文化馈赠。如果只能用一个词来形容唐朝的话,唐诗无疑是不二之选。

在唐代,科举考试与诗歌有着千丝万缕的联系,诗赋考试是科举考试的重要内容。我以为,唐诗艺术之所以能发展到那么一种难以企及的高度,科举考试这根指挥棒在其中发挥的激励导向作用不容忽视。

风雅,是诗歌的风骨。唐朝是一个诗歌的朝代,唐代的科举从一定意义上说也是诗歌的科举。于是,我便决定用“风雅大唐”这四个字作为这篇序言的题目。

毫不夸张地说，撰写本书的过程，等于让我重温了一遍唐诗史。读大学的时候，我学的是文学专业。但是由于那时的我涉世未深，比较偏爱外国文学一些，使我对中国古代文学浅尝辄止，对于唐诗自然知之不深。撰写这部《大唐状元》，等于让我在这方面好好补了一回课，使我对唐诗这一文学宝库有了更加全面深刻的了解。这一点，是出乎我意料的一个额外收获。

唐代诗歌的天空，群星璀璨。李白、杜甫、白居易、王维、陈子昂、王昌龄、崔颢、岑参、高适、李益、李贺、孟浩然、孟郊、贾岛、李商隐、温庭筠等这些闪光的名字，在其中争奇斗艳、熠熠生辉。而这些著名的诗人，不是唐代科举的亲历者，就是与之有着比较密切的关系。他们的许多诗作，也与科举密切相关。在他们身上发生的一些科举故事，堪称典故，世代流传。比如"野火烧不尽，春风吹又生"这样的千古名言，就是白居易为了准备科举考试而写的诗作中的句子。而钱起的名句"曲终人不见，江上数峰青"，干脆就是他参加科举考试的诗赋试卷内容。

除了这么多的著名诗人，著名书法家颜真卿、柳公权、杨凝式，古文大家韩愈、柳宗元等，也是唐代科举中人。在他们的身上，也发生过一些与科举有关的有趣故事。风雅，同样也是书法艺术、古文艺术的风骨。因而，用"风雅"二字来概括唐代科举，我以为名副其实。

在本书的写作过程中，我摘引了不少唐代诗人的诗作。之所以这样做，有两方面的考虑。一方面，是出于人物介绍的需要，因为有些诗作与人物的经历特别是科举经历有着密不可分的关系。比如孟郊的"春风得意马蹄疾"、贾岛的"僧敲月下门"等。另一方面，在介绍到这些著名诗人的时候，对于他们的名作，我有一种不引不快的冲动感。至于能否与全书风格浑然一体，那就要靠读者们来评判了。全书写完之后,再来回顾审视其中的内容,这样一种感觉在我心中油然而生:唐代的科举史,几乎称得上是半部唐诗史。

唐代科举名目繁多,林林总总数十种。但进士科影响最大,也最为重要。因而,本书所称唐代科举,主要是指进士科。跟其他朝代一样,唐代科举也存在诸多问题,比如不够规范严谨、形式重于内容、暗箱操作、人为因素干扰等。但总体而论,大唐科举功大于过。李渊、李世民没有把隋炀帝创立的科举制度弃之如敝履,而是继承下来并予以发展完善,是一个十分明智的政治选择,是对中华文明史的一个重要贡献。没有他们的坚持,科举制度这一人类文明之奇观极有可能会夭折。如果是那样的话,实为中华文明史上的一大憾事。

根据古今学者统计,有唐一代共选拔出包括状元在内的进士近七千人。唐代科举所选拔出来的状元进士,当然也是鱼龙混杂、良莠并存。通过撰写这些状元进士的事迹,我感觉其中虽然也有一些鱼肉百姓、擅权误国的贪官污吏,但于国于民有利的好人好官,还是占了这个群体的多数。像孙伏伽、常衮、颜真卿、裴度、柳浑、高郢、元结、崔从、孔戣、柳公绰、崔彦昭等这些名留青史的名臣干才,都是通过科举考试胜出的佼佼者。他们或忠勇,或节义,或清廉,或勤政,或爱民,或刚直,事迹令人感动,甚至是可歌可泣。比如颜真卿,很多人只知道他是位著名书法家,又有多少人知道他的铮铮铁骨、大义凛然?这些状元进士们的所作所为,也能折射出科举制度的优越与进步。

撰写历史人物的事迹,自然无法回避一些重大的历史事件。在唐代,发生了不少在历史上影响很大的事件,比如藩镇割据、官员党争、宦官干政等。上述三种情况,堪称唐代三大政治毒瘤,对于经济、社会、文化、民生危害极大。比方说,假如没有藩镇割据,为害甚烈、民众饱受其苦的“安史之乱”也许就无从发生。在涉及相关历史事件时，我自然也会忍不住对其评头论足一番。其中的一些看法，纯属一家之言，错讹谬误在所难免，在此一并就教于专家学者。

大唐盛世很精彩，大唐诗歌很精彩，大唐科举很精彩。同样，关于大唐状元进士们的故事也很精彩。我衷心地希望读者们能够喜欢这些人物、这些故事。因为水平笔力所限，也许我不能把这些人物和故事生动传神地呈现在读者面前。如果是那样，就只能请读者谅解了。

# 目　录

# 开门状元孙伏伽

在建立大唐王朝的第五个年头，唐高祖李渊下诏开科取士。此时，距离隋炀帝杨广创立科举制度，已经过去了十七个年头。

杨广在历史上虽多有争议，但笔者认为，他是个很了不起的皇帝。除了开建功在千秋的南北大运河，他还很有魄力地废除了世袭色彩浓厚、靠“拼爹”的“九品中正制”，创立了以“拼分”为特征、竞争为取向的科举制度，用以选拔治国理政之人才。科举制度是中国古代在软科学领域的一项伟大发明创造，对于中国乃至整个人类文明史都产生了不容低估的深远影响。

李渊也是个有政治远见的皇帝。对于科举制度这个诞生于前朝的新生事物，他没有弃之如敝履，将其扼杀在摇篮之中，而是予以承袭并逐步发展完善起来。我的王朝我做主，如果李渊决定废止这项制度，或者对其视而不见，那也是没有办法的事情。如果是那样，世人也许就无法见识这一人类文明之奇观了。

武德五年(622)壬午科状元，乃贝州武城人氏（今山东武城）人氏孙伏伽。关于孙伏伽的籍贯，还有河北清河一说，但山东武城的说法为史学界多数人所认可。

由于隋代的科举史料多已散佚，当时的开科取士情况如今已无法得知其详，故而孙伏伽是中国历史上有据可查的第一位状元郎。能够创造一个这样的第一，足以让无数山东人为孙伏伽这位老乡而感到骄傲和自豪。需要说明一点，在唐代，科举考试第一获得者多被称为“第一”“称首”“榜头”之类，状元还不是一个固定规范的称号。科举第一称状元、第二称榜眼、第三称探花，并将其固定下来形成惯例，是南宋年间的事情了。出于人们阅读叙述习惯的考虑，本书姑且还是使用状元这样的说法吧。

孙伏伽是个勇于接受新生事物的人。在隋朝末年，他就报名参加了科举考试，并且成功通过竞争，做了大隋王朝的一个下层官员，成了科举制度这一新生事物的受益者。大隋王朝垮台后，孙伏伽归附了李唐王朝。此后，因为给皇帝李渊提了三条合理化建议（开言路、废百戏散乐、慎选皇子僚友），从而受到了李渊的赏识，被任命为大唐中央政府机关公务员（治书侍御史）。

当李渊决定开科取士之后，孙伏伽再次报名参加考试，并在竞争中脱颖而出，一举拔得头筹。像孙伏伽这样，参加过两个朝代的科举考试，并且都被录取的情况，在中国科举史上是十分少见的。孙伏伽，堪称科举考试一“牛人”。

在李世民为夺权而发动的血腥“玄武门之变”中，不知是善于审时度势，还是欣赏其政见为人，孙伏伽选择做了李世民的拥趸。恭喜孙状元，这次他押对了宝。在宫廷的权力斗争中，选边站是官员们难逃之宿命。选对的，自然鸡犬升天。选错的，只能见鬼去。选对边的孙伏伽，自此不说是平步青云，也开始了步步高升的官场生涯。

在李世民手下，孙伏伽先后担任过大理寺少卿、民部侍郎、大理寺卿、陕州刺史等重要职务，并且被授予过男爵头衔。步入老年之后，孙伏伽急流勇退，主动辞官回乡养老。四年后，孙伏伽终老于武城家中。

孙伏伽性格沉稳从容，能做到宠辱不惊。比方说，当初李渊提拔他做治书侍御史的时候，他在朝中已经知道了消息，但对家人只字不提。政府任命书送达之后，举家欣喜若狂，唯独孙伏伽淡定如常，跟没事儿人一样。孙伏伽晚年不栈恋官场权位，主动淡出江湖，也很能说明他的性格为人。性格张扬、心态急躁，是为官之大忌。这样的人混迹官场，是很容易出事的。

孙伏伽是个直言敢谏之人，颇有魏徵之风范。比方说，李渊坐了天下之后，曾颁布过大赦令。但不久，他又要惩处王世充、窦建德等人的余党。孙伏伽认为，这样出尔反尔的行为，断然不可为之。不然，就会失信于天下。在他的力谏之下，李渊收回了成命。为官贵有人文情怀，孙伏伽此举，使不少人得以保全性命。

李世民是个有雄才大略的皇帝。在他的领导下，大唐出现了“贞观之治”，为日后的强盛奠定了坚实基础。但同时，李世民也是个非常善于包装设计自己形象的皇帝。人非圣贤，孰能无过。其实，李世民也是有些不良嗜好的。比如，他酷爱打猎这类游戏，几天不玩就心痒难熬。

夺权成功后不久，心情大好的李世民，有一天带着一大帮随从和鹰犬又要出猎。队伍正要出发之际，却见一个老头儿从大道旁闪出，挡在了李世民的马前。这老头儿，正是孙伏伽。他劝李世民应当以国家社稷为重，不能迷恋这声色犬马的玩意儿。

正在兴头上的李世民，自然很生气。他对孙伏伽说：“本皇帝为国为民做了那么多事情，就这么点儿业余爱好，你还来说三道四乱干预？”说罢，就要策马前行。谁知孙伏伽不依不饶，一下子跪在马头前，面无惧色地对李世民说：“陛下如果一意孤行，那就让您的马蹄子从我身上踏过去。我愿用自己的老命来换取您对我这一忠告的采纳。”

李世民不由勃然大怒，你以为你是谁，还以为本皇帝治不了你？便喝令卫士将这不开眼的老头儿拖出去砍了。孙伏伽依然毫无惧色，从容应对道：“既然皇帝如此不听忠言相告，那么我也就没啥可留恋的了，情愿到九泉之下，与那些古代忠臣们做伴去。”而此时的李世民却转怒为喜，说道：“大唐王朝很需要你这样的忠臣，本皇帝只不过是跟你开个玩笑而已，怎么会杀你呢。”这个李世民，作秀功夫真是超一流。

孙伏伽还极具法治精神。“赏罚之行，无贵贱亲疏，惟义所在”，这是《新唐书》所记载孙伏伽劝谏李渊的一句名言。意思是，政府进行奖赏和处罚，不分贵贱亲疏，唯一的标准是道义和国法。

## 少年状元贾统

大唐王朝虽然继承发展了科举制度，但是初期存在许多不够规范之处。比方说，在开考的年份科次方面，就没有统一的规定。有的时候年年搞，有的时候又停上几年不搞。

唐代科举，名目繁多，有进士、秀才、明经、俊士、明法、明字、明算等几十种，甚至有七八十种之说。但其中有很多科目不受人重视，因而不常组织或逐步废止。只有进士、明经两科，是唐代科举的主要科目。唐高宗李治主政之后，进士科尤为朝野所看重。出任宰相之人，大多具有进士出身。本书所称科举，主要是指进士科。而状元，指的就是进士科第一名。

据可以查考的资料记载，在李渊做皇帝期间，一共搞了四次科举考试，录取进士总计二十六人。除了孙伏伽，其他科次状元姓甚名谁，已经无从查考了。

唐太宗李世民也是个政治上的明白人，不会看不出科举制度的好处。所以，他登上大位之后，自然会一以贯之地举办科举考试。李世民上台后搞的前两次科举考试，状元得主为何方神圣，已经无从知晓了。贞观五年（631）辛卯科，诞生了科举史上有据可查的第一位少年状元贾统。

贾统，平阳（今湖南桂阳）人氏。在《唐代墓志汇编》中，录有“唐故并州太谷县尉贾君墓志铭并序（显庆元年）”，其中有这样一些文字："君讳统，字知人，平阳人也""年甫十八，为大使李靖所举，待诏金马，擢第云台，名冠褒然，测标称首，授文林郎"，云云。

墓志铭中的这些文字，数量虽然不多，但传递出的信息还是比较丰富的。

首先，贾统是位状元得主，并且是位很年轻的状元。所谓"称首"，就是第一的意思，也就是人们通常所说的状元了。按照墓志铭的说法，贾统中状元的时候，只有十八岁。按照古人的习惯，这还是按虚岁算的。也就是说，贾统十七周岁就中了状元。需要说明的是，本书所涉及人物的年龄，均取周岁说法，而非古人习惯的虚岁。以这样小小的年纪，就在科举考试中独占鳌头，这个贾统真是不简单。据有关史料记载，本科共录取进士十五人，是大唐立国以来录取人数最多的一次。在一般情况下，录取人数多，说明报考人数也就相对多一些。所以，贾统的这个状元头衔，含金量还是比较高的。

其次，墓志铭中提到的"大使李靖"，指的应该就是为李唐王朝拓展疆土、平定天下立下赫赫战功的唐代著名军事家李靖。在唐初，李靖担任过岭南道大使（相当于节度使）这样的职务。也就是说，贾统参加科举考试，受到了封疆大吏李靖的举荐。

唐代科举取士，不仅要看考试成绩，还需要高官名流的推荐介绍。考生们在报考前，要将自己的文章作品呈送达官贵人或考试主管部门审阅，请他们提出推荐意见。这种行为，叫作"投卷"。呈送给个人的，称为"行卷"；呈送给考试主管部门的，称为"公卷"。从墓志铭中的文字分析，贾统是向李靖投递了"行卷"。而李靖比较欣赏他的文章才学，就向有关部门推荐了他。

达官贵人或主管部门的推荐意见，对于考生能否被录取起着十分重要的作用。以李靖的声望地位而论，他说话还是很有些分量的。贾统之所以能被录取并中状元，应该与李靖的推荐有一定关系。从这个角度讲，已经不完全靠"拼爹"的唐代科举制度，"拼关系”的色彩依然比较浓厚。不过话又说回来，在那样一种人治的社会体制下，无论是什么样的明君英主掌权坐天下，要想搞出一个绝对公平、不受任何人为因素干扰的制度来，也是不可能的事情。在封建社会，能像科举制度这样，做到相对公平、有限竞争，已属难能可贵。现代有些人老拿科举制度中的人为因素来抹黑否定这项制度，实属吹毛求疵、求全责备。

再次，贾统虽然小小年纪就中了状元，但在仕途上没有太大的发展。根据墓志铭的描述，贾统去世前的最后职务或者说是最高职务，只是太谷县尉而已。所谓县尉，是一个县负责治安司法工作的官员，级别在县长（县令）之下，充其量算个副县级干部。

贾统贵为状元之身，从金榜题名到去世，前后长达二十多年，为啥只混了这么点儿个芝麻官儿？由于史料没有关于贾统生平事迹的相关记载，具体原因笔者不好妄加推测。按照常理分析，在官场上出现贾统这种情况，不外乎以下几种原因：一是他中状元之后江郎才尽，才干平平，只能原地踏步走。二是性格为人特立独行，或者说是性格有缺陷，不受上司同僚待见，因而没人赏识提携他。再不就是他不愿为五斗米折腰，早早辞职走人，做了无官一身轻的闲云野鹤。

最后，贾统是个壮年早逝之人。根据墓志铭分析，贾统死于中状元二十二年之后，是为显庆元年（656）。这个时候，已经轮到唐高宗李治坐天下了。此时，贾统还不满四十三岁。

## 孤傲自赏杜审言

自贞观五年（631）辛卯科之后，大唐王朝又组织了二十次科举考试。但绝大多数状元得主姓甚名谁，已经无从查考。据清代乾隆年间《曲阜县志》记载，孔子门生颜回第三十八世孙颜康成，系永徽二年（651）辛亥科状元得主，但此事未见唐宋文献记载。仅凭清代文献，难以确定颜康成状元身份的真伪，况且此人史上无名，因而难以独立成篇。

咸亨元年（670）庚午科状元，姓宋名守节。至于这位宋状元的籍贯生平、为官经历等，也是一概无从查询，故而关于他同样无话可说。但在宋守节的同榜进士同学中，出了一位牛人，倒是值得介绍一下。

宋守节的这位同榜进士同学，姓杜名审言，本系襄州襄阳（今湖北襄阳市）人氏，后迁居河南巩县（今河南巩义市）。进士及第之后，杜审言先后做过隰城县尉、洛阳县丞这类芝麻官儿。

杜审言很有才，眼眶子很高，自我感觉好到了极点，很少能有让他瞧得上的人。比如他经常对人这样说："同我的文章相比，就是屈原、宋玉，也要甘拜下风。要是论书法，王羲之只能做我的学生。"在常人看来，杜审言乃典型的狂人一个。不仅如此，杜审言还是个地道的毒舌，说话尖酸刻薄，毫不顾及别人脸面。这样的人混迹于官场，不得罪人是不可能的。

有一年，政府要进行官员遴选考评工作，杜审言被选拔担任了类似考核评委这类的角色。在为一个名叫苏味道的官员撰写了考核评语之后，杜审言对其他评委说："这个苏味道死定了。"大家闻言大惊，赶忙问他何出此言。杜审言气定神闲地说："他看了我给他写的评语之后，肯定会羞愧得找根绳子吊死。"比较有趣的是，杜审言与苏味道、李峤、崔融在当时被人们并称为"文章四友"。对于这种类比，想必杜审言自己是一定不会认可的。

很快，杜审言就为自己狂傲自大的性格付出了代价。因为得罪人太多，他被上司找茬修理了一下子，受到了降级使用的处理，由副县级干部降成了科级干部（吉州司户参军）。就是这样，杜审言依然不加收敛，一以贯之地把得罪人进行到底。

到吉州工作不久，杜审言又把上司周季重、同事郭若讷给得罪了。在官场上，得罪小人的后果很严重。很不幸，周、郭二人就是不折不扣的小人。这两个心黑手辣的家伙，就合谋以足够杀头的罪名诬陷杜审言，使其被捕入狱。因为口舌之争，就要把人置于死地。官场险恶，可见一斑。

杜审言有个儿子，名叫杜并，当时只有十二三岁。小小年纪的杜并，却极有血性。为了替父报仇，他在衣服袖子里藏了一把刀子，潜入周季重家中，把喝酒喝得晕晕乎乎的周季重一刀子给扎死了。国人常说报应，而这就是报应。你把人家往死里整，人家来寻仇是顺理成章的事情。杜并杀了周季重之后，自己也被回过神来的保镖们砍死了。

这件血案，震惊了朝野。当时正是武则天主政时期，听说这件事情之后，她下令将杜审言带到京城，亲自询问案情缘由。武则天是个明白人，弄清事情的原委之后，她指示将杜审言无罪开释。因为欣赏杜审言的才学文章，武则天没有计较他的性格，安排他做了京官。在京城，杜审言先后担任过著作郎、修文馆直学士等职务。唐代著作郎品级为从五品上，是主管图书典籍事务的秘书省中层官员。修文馆直学士就是皇帝的御用文人，没啥实权，级别大体相当于正处级（六品）。关于唐代的官职，笔者将根据不同情况，在本书各个篇目中分别予以必要介绍。

人性是复杂的。杜审言如此清高自傲，不知为何却跟武则天养的小白脸张易之走得很近。亲近逢迎佞臣，这不符合杜审言一贯的行事风格。张易之倒台之后，杜审言也受到了牵连，被赶出京城，流放峰州。过了没几年，他又被重招进京，先是出任国子监主簿，最后病逝于修文馆直学士任上，享年六十三岁。

江山易改，本性难移。遭受了这么多的劫难，杜审言恃才傲物的性格依然没有改变。在杜审言病危之际,宋之问、武平一等前去探望。杜审言对他们说:“我这一辈子做人做到这个份上,是没啥可遗憾的了。我要是活着,才学名声就老是压着你们出不了头。现在我快死了,对你们来讲是件好事。但让我难以瞑目的是,到现在我还没发现在文章诗赋方面谁能接我的班!”

杜审言是个颇有成就的诗人,系唐代“近体诗”的奠基人之一。其五律诗格律严谨,朴实自然,水准很高。可以说,杜审言为唐诗的发展繁荣做出了相当大的贡献。不过,在诗歌创作方面,杜审言有个孙子比他更牛。他的这个孙子,便是名贯古今的“诗圣”杜甫。如果知道自己的孙子这么牛,杜审言临终前大概就不会有不能瞑目之感慨了。

## 初唐律诗有“沈宋”

咸亨二年(671)辛未科状元,姓弓名嗣初。但此人的其他情况均不可考,本科也查不到值得一写的知名进士,故只能存目。此后的两次科举考试,干脆就不知道状元姓甚名谁。

上元二年(675)乙亥科状元,乃河南荥阳人氏郑益,但此人的其他情况亦不详,也只能存目。

郑益有两个同榜进士同学比较有名,值得介绍一下。

其一,是相州内黄(今河南内黄县)人氏沈佺期。

进士及第之时,沈佺期还不到二十岁,当属少年得志。但他仕途多舛,踏入官场后,先后做过协律郎、考功员外郎等官职。考功员外郎是吏部内设机构考功司的副职,主要负责官员业绩操行的考核评价工作。其间因为犯事,被司法部门逮捕入狱。官方给他定的罪名是受贿,也就是腐败了。

出狱之后，沈佺期官复原职。在武则天主政时期，沈佺期比较受赏识，被提拔为给事中职务。在唐代，给事中是门下省的官职，编制一般为四人，品级为正五品上，大体相当于厅级干部。给事中主要负责各部门奏抄文稿审理，认为不合适的可以驳回有关部门，要求其重新拟定。武则天死了以后，沈佺期因为同权臣张易之搞团团伙伙、人身依附等罪名，被政府给以流放偏远荒僻的驩州劳动改造的处理。这个地方，如今已经归越南管辖了。

五年后，沈佺期被重新起用，回到京城做过中书舍人、太子少詹事这类比较重要的中高级官员。中书舍人是唐代中书省的主要属官。中书舍人的编制员额一般为六人，品级为正五品上，主要负责各地表章上奏审核、草拟诏书敕令，对中书省研究的政务方针发表看法、提出处理意见等政务。在审核的文稿上，中书舍人要签署自己的姓名，称之为“五花判事”。中书舍人和给事中是中书省、门下省事务的实际主办人员，权责地位很重。这两个职位，是唐代官员十分向往的朝中要职，同时也是跃上部省大员乃至宰相的一块重要跳板。也许是颠沛流离的生活拖垮了沈佺期的身体，回京不到五年，他便因病去世，享年五十八岁。

沈佺期在文学史上是个有一定地位的人物。但文学史在论及此人的时候，于肯定他的文学创作特别是律诗成就的同时，多“薄其为人”。意思是说他喜欢攀附献媚权贵，人品不怎么样。

对于文学史的这种评价，也有人持不同看法，特别是沈佺期的后裔们。他们认为，沈佺期之所以屡遭磨难，是由于他性格太过刚直，再加上年少得志，不免有些轻狂气盛，因而树立了不少对立面。在靠山武则天死了以后，沈佺期自然会被清算，成为权力斗争的牺牲品。

这种看法也不无道理。“平生守直道，遂为众所嫉”“任直翻多毁，安身遂少徒”，沈佺期在自己的诗中，这样描述自己的性格和行为方式。在官场上，性格过于耿直是很容易得罪人的。得势一方对失势政敌进行政治清算，也是经常发生的事情。

不管对沈佺期的为人评价如何，他的文学成就是无法否定的。沈佺期特别擅长五言诗创作，其作品构思新颖精巧，布局自然浑成，对于唐代律诗的定型发展做出了重要的贡献。

其二是虢州弘农（今河南灵宝市）人氏宋之问。关于宋之问的籍贯，还有汾州隰城（今山西汾阳市）一说。

宋之问的老爸宋令文虽然出身草根，但多才多艺、文武双全，“富文辞，且工书，有力绝人，世称三绝”。宋令文不仅凭本事在官场上打拼出了一片天地，而且在传授子女才艺方面颇有心得。宋家三个儿子，各得父亲一门绝学。宋之悌孔武有力，骁勇过人；宋之逊精于书法，尤擅草隶；宋之问长于写作，诗文精妙。在当时，宋家父子四人的知名度很高，拥有粉丝无数。

宋之问只比沈佺期大三四岁，身材高大，仪表堂堂，登科之时也是英俊一青年。值得一提的是，宋之问跟外甥刘希夷同榜进士及第，也算是科举佳话一桩。据有关史料记载，宋之问的这个外甥，年龄比他这个舅舅还要大上一两岁。刘希夷也是个有名的大帅哥，并且多才多艺，酒量大得惊人，“数斗不醉”。

武则天是女人中的男人，也是女人中的女人。她不仅喜欢英俊帅哥，更喜欢风流才子。像宋之问这样又有才又有貌的后生，不被武则天喜欢才怪。武则天主政之后，宋之问被快速提升，短短几年内，就由一个九品芝麻官攀升为五品学士，成为经常侍奉皇帝左右的近臣。

有一回，武则天带着一大帮人到洛阳龙门郊游。玩得兴起，武则天就让手下赋诗助兴。一个叫东方虬的官员反应比较快一些，最先成诗一首。武则天一高兴，就赏赐给他一件锦袍。当宋之问把题为《龙门应制》的作业交上来以后，武则天一看，比东方虬的那首水平可是高太多了。于是，她又把东方虬手中的那件袍子一把夺了回来，赏给了宋之问。这个故事，充分说明了武则天对宋之问的喜爱程度。

跟沈佺期一样，后人对宋之问的人品也颇有微词。比方说，他曾巴结献媚武则天宠臣张易之、张昌宗兄弟，为他们写了一些歌功颂德的马屁诗文。再比方说，他的一个朋友与人密谋，打算刺杀权臣武三思。宋之问得知消息后，竟然干出了告密的勾当，导致朋友全家被杀。而这位朋友在宋之问落难之时，曾经冒着很大风险庇护过他。因为卖友求荣的丑行，宋之问"由是深为义士所讥"。

在元代辛文房所著《唐才子传》中，记述了这样一个故事：宋之问的外甥刘希夷，曾写下过这样的诗句："年年岁岁花相似，岁岁年年人不同。"宋之问看了以后爱不释手，就想让外甥把版权转让给自己，刘希夷答应之后又反悔了。宋之问一再苦苦索求，但刘希夷死活不干。爱这诗句爱得走火入魔的宋之问，就指使自家仆人，用装满泥土的大麻袋，把自己的外甥给闷死了。这个故事未见正史记载，真实性如何不好断定。但如果此事为真，那宋之问也太残忍了。

宋之问的下场比沈佺期还惨。当政敌对武则天势力进行彻底清算之时，他被流放钦州劳动改造，后又转徙桂州。唐玄宗李隆基上台后，干脆下诏让宋之问谢罪自杀。

宋之问在诗歌创作方面，成就也颇为不俗。在文学界，他与沈佺期被并称为"沈宋"。

## "怆然涕下"陈子昂

上元二年(675)乙亥科之后，大唐王朝又开科七次，但状元得主均已不可考，故从略。

文明元年(684)甲申科状元,姓许名旦(一说为许且)。此时,已轮到武则天把持朝政了。许旦的生平事迹史料无载,只能存目。

在许旦的同榜进士同学中,有个人比较有名,他就是作品有“诗骨”之称的著名诗人陈子昂。

陈子昂,乃梓州射洪(今四川射洪县)人氏。青少年时期,陈子昂就十分关心时事政治,学习刻苦努力,志向远大,“感时思报国,拔剑起蒿莱”。二十四岁时,陈子昂进士及第,亦属意气风发之年。

踏入政坛后,有才的陈子昂颇受武则天赏识,做了中央政府机关公务员,先后担任过麟台正字、右拾遗等职务。麟台是武则天时期秘书省的名称。正字,级别为正九品下,相当于科股级。右拾遗则是中书省低级谏官的名称,级别为从八品上。谏官的主要任务,是研究政策法规和相关制度,认为不妥的,有权向皇帝规谏。总之,在从政初期,陈子昂是侍奉皇帝左右的人物,级别虽然不高,但地位比较显赫。

武则天主政时期,发生过一起震惊天下的血案。御史大夫赵师韫在外出视察时,被一个名叫徐元庆的政府招待所(驿站)服务员刺杀。这么高层的官员遇刺,自然是一件爆炸性新闻,引得朝野关注、街谈巷议。徐元庆之所以要杀赵师韫,是为了替父报仇。他的父亲当年犯了事,被时任副县级干部(县尉)的赵师韫抓捕入狱,最后判了死刑。在如何处置徐元庆的问题上,朝中官员发生了比较激烈的争论。匪夷所思的是,当时占上风的观点,居然是徐元庆卧薪尝胆、替父报仇,是个大孝子。这样的人尽管犯下了刺杀高官的重罪,但动机高尚,孝行可嘉。在倡导以德治国的大环境下,朝廷应当赦免徐元庆的罪行。

就在此案即将以这样的口径了结之时,陈子昂力排众议,写下了名文《复仇议》。这篇文章的核心意思是,徐元庆犯罪事实清楚，按照法律必须判处死刑，不然就会破坏法律的尊严。徐元庆费尽周折替父报仇，其孝心倒也感天动地。为了引领孝义的社会风气，政府在处死徐元庆之后，可以采取一定方式，对他的孝行进行表彰宣传。最终，案子按照陈子昂的意见处理了。事情过后，陈子昂向有关部门提出要求，把他的《复仇议》编写成判例，“永为国典”。这就有点美国判例法案的意思了。而他的意见，竟然就被采纳了。这件事说明，陈子昂是个自我感觉极好之人。

陈子昂是个直言敢谏的官员。在任上，他忠于职守，给武则天提了不少意见，比如不能过于信任酷吏、滥杀无辜，不能崇武好战、多让民众休养生息，等等。也许是有些话戳到了武则天的疼处，也许是方式方法不得要领，陈子昂不久就失宠了，一度还曾被以反对武则天的“逆党”罪名关进了大牢。之所以这样，大约也与陈子昂的性格有些关系。史书这样评价陈子昂：“褊躁无威仪。”意思是说，他的心胸比较狭隘，性格比较偏执。

出狱后，陈子昂曾两次随军出征边塞，征讨少数民族部落叛乱。其间，陈子昂写下了一些反映边地民众疾苦、抒发报国无门壮怀的诗篇。第二次出征回朝之后，陈子昂以父亲年老体弱、需要照顾为由，向上级请了长假。回家不久，陈子昂就遭了大难。

陈家是个大土豪，比较有钱。他们家乡的父母官（射洪县令）段简，是个贪得无厌的家伙。陈子昂的老父亲去世之后，段简找茬向陈家索要巨额贿赂。无奈之下，陈家给段简送了一大笔钱。但欲壑难填的段县长依然不满足，随便找了个借口将陈子昂抓进了大牢。在狱中，陈子昂受尽折磨，最后被迫害致死，年仅四十二岁。

这件事情也比较令人费解。按说陈子昂虽然请了长假，但依然身为地位比较重要的朝廷命官，不是随便谁就能办的。段简一个小小县官，怎么敢对他下这样的狠手？有种说法称，是武三思授意段简这么干的。但这种说法也难以自圆其说，以武三思的性格为人,他要置陈子昂于死地,不可能费这样的周章,也没必要等这么长时间。

陈子昂的诗作,风骨傲然、苍劲有力,内容贴近现实、寓意深远。针对初唐浮艳之诗风,陈子昂极力倡导恢复汉魏之风骨,并为之身体力行。因而,陈子昂被视为唐代诗坛开一代风气的人物。

“前不见古人,后不见来者。念天地之悠悠,独怆然而涕下。”这首苍凉悲壮的《登幽州台歌》,倒是很切合陈子昂令人唏嘘感叹的一生。

## 吴师道拿了双学位

垂拱元年(685)乙酉科状元,姓吴名师道。关于此君的姓名,还有吴道师、吴道古之说。

关于吴师道的家境籍贯,已不可考。垂拱是唐睿宗李旦的年号,但主持朝政的是武则天。所以,通常都把垂拱算作武则天的年号。

在本科考试中,大唐实际上的最高领导武则天亲力亲为,亲自出了五道策问题,对众考生进行测试。第一道,重点测试考生对治国理政大政方针和相关知识的掌握情况。对于这道试题,武则天最为重视,结尾有“明言政要,朕将亲览”八个字。第二道,重点测试考生的人才知识、人才理论水平。第三、四道的内容比较玄虚,让考生就祥瑞气象、五行运势问题谈自己的看法。第五道,重点测试考生对历代著名帝王治国方略理念的认识理解。

不仅亲自命制试题,武则天还在百忙中亲自批阅了考生们的试卷。又是出题又是阅卷,足见武则天对于科举考试的重视。阅卷结束后,武则天就本科考试做出了一段重要批示:“略观其策,并未尽善。若依令式,及第者唯只一人。意欲广收其才,通三者并许及第。”

武则天这段批示的意思是，看了吴师道的卷子之后，感觉他所提出的一些治国理政对策意见并不十分令人满意。但按照五道试题的内容格式要求，作答都比较贴切规范的，也只有吴师道一人而已。出于多选拔一些国家急需人才之考虑，那些能把三道题回答得比较像样的考生，也可以一并予以破格录取。

在武则天看来，本科录取的二十七名进士中，只有吴师道一人真正达到了录取标准。至于其他考生，都存在比较严重的跑题或者偏题现象。因而，只能退而求其次，能基本答对三道题的考生，就算是考试合格，可以照顾录取。言外之意，除了吴师道，另外那二十六个被录取的人，都属于矬子里拔将军的产物。这个武则天，选才眼界和要求，还是蛮高的。

笔者阅读过武则天命制的这五道试题，感觉除了辞藻比较华丽之外，内容确实有些玄奥艰涩。奇文共欣赏，在此摘录其中的第三道，有兴趣的读者，不妨借此测试一下自己的古文功底："朕闻明王阐化，化感人灵之心；圣后宣风，风移动植之性。遂使翔龙荐检，鸣凤司农，兽解触邪，草能指佞。仰惟前烈，何德而臻此乎？朕逖听遂初，载钦神化，每欲反斯茕薄，景彼上皇，欲使瑞箑司庖，仙蓂候月，游四灵于翠苑，集五老于荣河。致此休徵，良由政感。"

考生临考本来就紧张，再见到云里雾里、难解其意的试题，搞不好还有些不认识的生僻字词，答非所问甚至乱写一气，也属正常。这事儿放在如今，没准儿就会有人投诉考官，专出偏题怪题刁难考生。而在古代，当然没人敢这样向最高领导维权。

唐代的科举，分为常科与制举两类。常科考试的种类比较多，比如进士、明经等都属常科，原则上由礼部每年定期组织进行。制举考试由皇帝不定期下诏举行，旨在选拔"非常人才"。唐代的制举，究竟有多少科目，历来说法不一。但比常科科目更为繁多，是可以肯定的事情。一种意见认为，唐代的制举多达七八十科。

吴师道在进士科勇拔头筹之后，又参加了朝廷组织的名为“贤良方正”的制举考试，并且也顺利通过，成为竞争胜出者。顾名思义，“贤良方正”科目考试的目的，是为了选拔德才兼备的从政人才。由于相关史料多已散佚，“贤良方正”科目考试的内容、方法、程序等，已无法得其详了。

吴师道参加了两种国家考试，并且都被录取。这种情况，大体相当于如今拿了两个学位。因此，吴师道可以被看作是一位具有双学位的状元，这也是他科举经历中的一个看点。这个吴师道，应试能力不是一般的强，难怪他能入挑剔的武则天之法眼。

踏入政坛后，吴师道主要在京城做官，先后担任过仓部员外郎、司勋员外郎、户部郎中等职务。仓部和司勋分别是户部、吏部的内设机构，相当于一个司。郎中、员外郎是唐代六部各司的正副长官名称。员外郎一般为六品官，大体相当于副司长。郎中一般为五品官，大体相当于司长。

关于吴师道的其他为官经历，已无从查考，他本人也没有什么文章著作传世。在吴师道的同榜进士同学中，有个名叫颜元孙的人有一定知名度。此人历任太子舍人、亳州刺史等职务。颜元孙有个侄子是个大名人，此人乃著名书法家颜真卿是也。

据有人考证，在吴师道中状元的这一年，武则天指示有关部门，赠送给日本两只大熊猫。如此说来，大熊猫充当中外友好大使的历史，可谓源远流长。

## 崔家兄弟有故事

在武则天主政时期，共开科举十八次，录取进士四百三十八人。除了文明元年(684)与陈子昂同榜的许旦、垂拱元年(685)吴师道两位状元外，垂拱三年(687)丁亥科状元，有史料记载为梓州射洪人氏陈伯玉。由于此人跟陈子昂是同乡，陈子昂的字又是伯玉，有人就认为这俩人其实是一个人。但这种说法缺乏史料佐证，不足采信。

史料没有关于陈伯玉的生平事迹记载，跟他同榜的进士中，也无知名的人物。武则天主持的其他科次考试，状元得主均不可考，暂且略过。唐中宗李显主政时期，共开科举五次，录取进士一百九十三人，其中可以查询到两位状元得主。一位是神龙元年(705)乙巳科状元，姓姚名仲豫。姚仲豫的情况跟陈伯玉相同，因而此科亦无话可说。

景龙二年(708)戊申科状元，乃定州安喜(今河北定州)人氏崔液。崔液出身于官宦家庭，爷爷崔仁师曾官至副宰相级(中书侍郎)，老爸崔挹也做过户部尚书这样的政府高官。家境优越，受教育条件极好的崔液，在少年时代就很有才气，诗文俱佳，尤其擅长五言诗写作，是个成名很早的年轻诗人。

崔液有个哥哥名叫崔湜，比他早十八年进士及第。在崔液登科之时，崔湜已是朝廷高官。对自己这个弟弟的才学，崔湜极为叹服，常对人夸赞说："海子，我家龟龙也。"海子，是崔液的乳名。写到这里，让人不由联想起那个写下"面朝大海，春暖花开"这样著名诗句、年纪轻轻就魂归天国的当代优秀诗人。

崔液蟾宫折桂之时，年方三十有六。虽说年龄有点偏大，但在他中状元的第二年，哥哥崔湜就被朝廷任命为相当于宰相的高官(中书侍郎、同平章事)。朝中有人好做官。有这样的家庭背景，又有哥哥这样一棵大树罩着，按说崔液的仕途前景大为可期。但不幸的是，崔湜是个热衷于投机钻营、喜欢攀附巴结权贵走官场捷径的人。"丈夫当先据要路以制人，岂能默默受制于人也！"这是崔湜的口头禅。投靠小圈子搞人身依附，固然可以得意于一时。

所谓一损俱损，一荣俱荣。这么做，政治风险也是很大的。

崔湜于载初元年(690)庚寅科进士及第，年仅二十岁。是年，不再满足于在幕后操控朝政、搞什么垂帘听政的武则天，废掉了唐睿宗，自己粉墨登场做了皇帝。初入官场的崔湜，很快靠上了武三思这棵大树，开始了快速飙官之旅。

崔湜很有文才，写得一手好诗，又生的英俊潇洒，风度翩翩。这样的小帅哥，自然惹人注目。不久，他就被一位中国历史上的超级名女兼才女喜欢上了。这个人，就是武则天的心腹上官婉儿。据传，崔湜跟上官婉儿有一腿，是她的面首之一，也就是她包养的小白脸儿。

在武三思、上官婉儿等人的扶持下，崔湜被一路快速提升。出任宰相职务时，只有三十八岁。春风得意的他，常常在傍晚下班时，骑着高头大马缓缓而行，边走边念念有词地吟诗诵赋。著名诗人张说看见崔湜这副得意劲之后，一声叹息："这位崔大人，文采地位都没的说，但是人品不咋样，怕是要折寿的（'文与位固可致，其年不可及也'）。"

崔湜的官品确实很有问题。做了宰相不久，就因为在干部选拔任用问题上行为不端、收受贿赂，受到了纪检干部（御史）的弹劾，被贬为江州司马。司马在唐代为刺史属官，大体相当于一州之副职。大诗人白居易也曾担任过这一职务，在他的名作《琵琶行》中，就有"座中泣下谁最多？江州司马青衫湿"这样的句子。

崔湜的攀附能力确实是超一流。此后，他又巴结上了韦皇后和安乐公主。在她们的大力斡旋下，崔湜不久便官复原职，再度担任宰相职务。太平公主得势的时候，崔湜又转而投靠其门下。不过这一次，他彻底站错了队。唐玄宗李隆基上台后，以勾结太平公主谋反的罪名，将崔湜发配岭南劳动改造。还没到达目的地，李隆基又发出一道指示，让崔湜就地自杀谢罪。

哥哥出了事，作为弟弟的崔液，即使自己没啥事，受到牵连也是不可避免的事情。感觉势头不好的崔液，在有关部门还没有对他动手之前，就赶紧避祸去了。是福不是祸，是祸躲不过。在湖北一个朋友家躲了一阵子之后，崔液赶上朝廷大赦天下。自以为逃过一劫的崔液，赶忙收拾好行李包裹，启程返回京城。官场恶斗很吓人，亡命天涯挺伤身。也许是被这样的经历摧垮了身心，崔液在回京的路上就一命呜呼了。

崔湜、崔液兄弟俩，死亡时间相隔也就一年左右。一个死于四十三岁，一个活了四十二年。比较奇怪的是，唐玄宗虽然把崔湜作为政敌清算了，却跟他的另一个弟弟崔涤关系很好，不仅委以秘书监这样的要职，还经常把他叫到宫中吃喝玩乐。

## 又见三学位状元郎

唐睿宗李旦二度君临天下之后，朝廷举行了两次科举考试，录取进士八十九人，但状元得主均已不可考。

先天二年(713)癸丑科状元，乃河内温(今河南温县)人氏常无名。此时，唐睿宗已经把皇位让给了儿子李隆基，自己像李渊一样当起了太上皇。

有一种说法称，常无名是景云三年(712)壬子科状元。但有人经过考证认为，这种说法有误。

常无名出身于名门望族，自小接受了良好的教育，才气过人。进士科拔得头筹之后，常无名于同年又在一科名为“手笔俊拔、超流前辈”的制举考试中，顺利进入了录取名单。九年后，常无名又报名参加了“文藻宏丽”科制举考试，依然榜上有名。唐代制举名目繁多，由此可见一斑。

常无名参加三种国家考试都顺利过关，这种情况，基本相当于如今拿了三个学位的学子。常无名的应试能力，真不是一般的强。

史载常无名在当时诗文颇具名气，写作洋洋洒洒，喜欢鸿篇巨制。但是，他的作品均已散佚不存。在《全唐诗》中，仅存常无名作品一篇，题为《唐思恒律师志铭》。在关于常无名极为有限的文献记载中，只是称他曾担任过礼部员外郎。除此之外，其他事迹均不可考。

常无名有个侄子很出名，他就是后来出任过大唐宰相一职的常衮。这个常衮，人品官德都颇值得称道。他性格清高孤傲、洁身自好、不妄交游，从不搞拉拉扯扯、酒肉朋友那一套。

做官后，常衮为政清廉，对贪污受贿等腐败行为深恶痛绝。太监鱼朝恩恃宠专权之时，示意各级官员向朝廷进献了大量金银钱财、奇珍异宝。常衮冒着风险上书皇帝，说这些金银财宝全是从民间搜刮而来的。官员们为个人讨得了好处，却为朝廷积累了民怨，应当全部予以退还。皇帝也不全是糊涂蛋。常衮的意见，得到了唐代宗李豫的首肯。

身居高位之后，手握人事大权的常衮，高度重视科举制度，选人用人主要以文章才学和考试成绩为依据，基本堵死了买官卖官之路。常衮颇具改革创新精神，他把官员的操行业绩与薪酬挂钩，根据表现好坏酌情确定朝中官员的俸禄。常衮还十分关注教育事业，在担任福建观察使一职时，开办了不少学校，并经常亲自为学生授课讲解，使当地学习风气空前浓厚，文风为之大振，科考成绩有了较大幅度提高。

常无名有个同榜进士同学比较有名。此人名叫张子容，乃湖北襄阳人氏。张子容跟著名诗人、与王维并称“王孟”的孟浩然是生死之交。早年，两人曾一同隐居鹿门山，饮酒赋诗，相洽甚欢。撰写唐代状元们的事迹，唐诗的影子真是无处不在。风雅大唐，不愧为诗歌的朝代。

在张子容进京赶考之前，孟浩然赋诗一首为他壮行，此诗题为《送张子容进士赴举》。张子容进士及第后，曾担任过乐成（今浙江永嘉县）县令。出于对好友的思念，孟浩然长途跋涉，专程去看望过张子容。相见之后，孟浩然欣然赋《永嘉上浦馆逢张八子容》诗一首。此诗比较有知名度，不妨照录于此："逆旅相逢处，江村日幕时。众山遥对酒，孤屿共题诗。廨宇邻鲛室，人烟接岛夷。乡园万余里，失路一相悲。"

孟浩然这次到乐成，待了一个多月，连年都是在那儿过的。其间，他与张子容把酒言欢，诗赋唱和，好不尽兴。除了《永嘉上浦馆逢张八子容》，孟浩然还为张子容创作了《除夕夜乐成逢张少府》《岁除夜会乐成张少府宅》等诗，写得情真意切，表达了二人之间的深厚友谊。

张子容也擅长诗歌创作，时人评价他为诗"兴趣高远"。文人之间，讲究志趣相投。如果张子容没有足够的才气，孟浩然也不会把他引为知己。在张子容存世不多的诗作中，就有数首是写给好友孟浩然的，比如《除夜乐成逢孟浩然》《送孟浩然归襄阳二首》等。《送孟浩然归襄阳二首》写得比较情深意长，特转录于此。其一："东越相逢地，西亭送别津。风潮看解缆，云海去愁人。乡在桃林岸，山连枫树春。因怀故园意，归与孟家邻。"其二："杜门不欲出，久与世情疏。以此为长策，劝君归旧庐。醉歌田舍酒，笑读古人书。好是一生事，无劳献子虚。"

张子容性情高雅，颇具名士之风。像好友孟浩然一样，张子容热爱诗歌艺术，向往田园生活，不贪恋权位荣华。为官后期，厌倦了官场倾轧争斗的张子容，毅然辞官回乡，归隐田园。这样的思想倾向，其实在他的诗作《送孟浩然归襄阳二首》中已经有所表现。

# 李昂是个好考官

开元二年(714)甲寅科状元,乃李昂是也。关于李昂的籍贯,史料无载。

李昂出身于官宦家庭。据有人考证,李昂的爷爷做过寿州别驾。在唐代,刺史的佐官也就是副职,有别驾、长史、司马。其中,别驾位次最为靠前。用如今的说法,相当于常务副州长。李昂的父亲李终,是个武官。哥哥李昊,做过吉州刺史。

家境优越的李昂,一点也不纨绔。他自小就勤奋好学,以学识渊博而闻名乡里。李昂的出生年月已不可考,根据他的为官经历,中状元时年龄应当不算很大。

步入官场后,李昂的晋升速度并不快。为朝廷服务二十多年之后,他还是一个中级官员,职位是吏部考功员外郎。唐代的吏部,设有吏部、司封、司勋、考功四个司。考功司的职能,是负责文武百官的能力业绩考核。考功员外郎,相当于考功司副司长。

据《唐才子传》所载,开元二十四年(736),李昂以考功员外郎的身份,受朝廷委派主持本年度的科举考试工作。换言之,他是本科的主考官。此时,据李昂中状元之时,已经过去了二十二年。

李昂是个坚持原则、敢于担当、认真负责的官员。也许正是因为这一点,朝廷才让他负责官员考核这样的工作。在主持考试过程中,可能李昂对于考生的管控过于严格,引发了一些考生的不满。一个名叫李权的考生,大约是对李昂的管理方法手段有意见,就在考场上同他发生了争执。两人互不相让,相互诋毁指责,越吵越凶。

这件事情影响比较大，引起了朝廷的重视。大臣们在讨论此事时，并没有本着官官相护的原则，一味袒护考官李昂、打压惩处考生李权。大家认为，安排李昂这样的官员担任主考官，级别有点低，难以让大多数考生信服，因而压不住阵。大家建议，今后科举考试主考官一职，应当由级别更高的官员担任。自此之后，由礼部侍郎主持科举考试，基本成为唐代科举之定制。

俗语道，官大一级压死人。在中国这样的官本位社会中，一项工作能否顺利开展，往往与主抓此事官员的级别地位有着很大的干系。高官出马，气场强大能压得住阵是一方面；另一方面，高官在调度协调各方面资源力量问题上，也有中下层官员不可比拟的优势。在中国古代，人们认官不认法的思维定式更为根深蒂固。

值得一提的是，在李昂主持的本科考试中，有位登科进士在历史上比较有名。这位幸运儿，就是坚守睢阳、誓死不降的名臣张巡。本科录取进士，仅有两人姓名可考，张巡即为其一。“安史之乱”爆发时，张巡只是一个小小的县官（真源县令）。在上司同僚纷纷投降逃跑的情况下，张巡带领区区数千兵马，奋起抵抗强大叛军。在敌强我弱、没有外援的形势下，张巡率部与叛军周旋了一年多，先后交战四百余次，消灭敌军十余万人。最后，终因寡不敌众，弹尽粮绝，张巡与所部全体士卒壮烈牺牲。

张巡的英勇抵抗，为大唐最终平定“安史之乱”赢得了时间，贡献不容忽视。当然，史传张巡在坚守睢阳期间，因为缺少粮草，发生过人吃人的惨剧。对于这件事情，大家自然各有不同的看法和评价。但是张巡的气节与勇气，确实值得称道和赞叹。

到了天宝年间，参加工作已近三十年的李昂，终于官升副部，出任礼部侍郎一职。做了这样的官，李昂再来主持科举考试，就名正言顺了。在礼部侍郎任上，李昂曾数次主持科举考试。在工作中，他排除外界干扰，不论门阀出身，秉公办事，唯才是举。所录取的人员，大都是具有真才实学的贫寒子弟。李昂在这个问题上的所作所为，为他赢得了很高的声望。李昂，不愧为一个称职的好考官。

据有关史料记载，李昂很有文才，擅长诗歌创作，但他的作品传世不多。在《全唐诗》中，录有他的乐府诗《赋戚夫人楚舞歌》。此诗具有较高的艺术水准，现录于此，供读者欣赏："定陶城中是妾家，妾年二八颜如花。闺中歌舞未终曲，天下死人如乱麻。汉王此地因征战，未出帘栊人已荐。风花菡萏落辕门，云雨裴回入行殿。日夕悠悠非旧乡，飘飘处处逐君王。闺门向里通归梦，银烛迎来在战场。相从顾恩不雇已，何异浮萍寄深水。逐战曾迷只轮下，随君几陷重围里。此时平楚复平齐，咸阳宫阙到关西。珠帘夕殿闻钟磬，白日秋天忆鼓鼙。君王纵恣翻成误，吕后由来有深妒。不奈君王容鬓衰，相存相顾能几时。黄泉白骨不可报，雀钗翠羽从此辞。君楚歌兮妾楚舞，脉脉相看两心苦。曲未终兮袂更扬，君流涕兮妾断肠。已见储君归惠帝，徒留爱子付周昌。"

## 御封第一范崇凯

开元三年(715)乙卯科，状元得主无考。

开元四年(716)丙辰科状元，乃资州内江(今四川内江市)人氏范崇凯。

史料关于范崇凯的记载不多，只是称他少年好学，志向远大，学识过人。范崇凯才思敏捷，是个文章快手，洋洋千言，挥笔立就。这样的人，自然应试能力超群。因而，科举考试取得好成绩也在情理之中。

唐玄宗李隆基，曾在兴庆宫建造楼宇一座，名为“花萼相辉楼”。楼成之后，李隆基大宴王公贵族、朝中高官，以资庆贺。为了给最高领导助兴，范崇凯特意精心撰写了《花萼楼赋》进献。喜欢附庸风雅的李隆基，看了以后大为赞赏，评价此赋为天下第一。获赐御封第一，范崇凯一时之间风头出尽。

作为大唐任期最长的皇帝，李隆基可称之为功过两分的人物。在执政早期，李隆基能够励精图治，注重选贤任能，大唐出现了国力强盛、政治清明、经济发达、文化繁荣的“开元盛世”。到了执政中晚期，李隆基开始走向昏庸。他信任重用奸佞之徒，专宠杨贵妃，生活奢靡浮华。特别是他养虎遗患，纵容安禄山坐大，导致持续达八年之久的“安史之乱”爆发，给国家和民生造成了巨大破坏，致使大唐开始走向衰败。

一个皇帝如果在位时间过长，出现懒政、惰政的情况，是不可避免的事情。另一方面，一个人即使再精明强干，长期处于歌功颂德、阿谀奉承的氛围之中，逐步步入迷失之途，丧失基本的判断力，也是不可避免的事情。在这种情况下，自我感觉越好的人，就越容易在众人吹捧下由想当然走向飘飘然，进而昏昏然。

范崇凯有个同榜进士同学，名叫薛邕。之所以提到此人，是因为在他身上发生过一段与科举有关的故事。薛邕做过礼部侍郎、吏部侍郎这样的政府高官，但他是个言行不一的两面派。

有一年，薛邕听说政府将要委派自己出任科举考试主考官。在台面上，薛邕做出一副大公无私、不徇私情的样子，言之凿凿地对同僚部属表示，自己将坚持原则，秉公办事，严格按照规定的标准条件录取考生。

这年大年初一，薛邕到连襟家拜年的时候，问他们家是否有人参加当年的科举考试。他的大姨姐指着儿子说：“我们家裴枢就参加啊。”这个裴枢，跟唐末被朱温在白马驿杀掉的那个宰相裴枢，不是同一个人。两人的生活年代，相差了一百多年。而在有些历史文献资料中，却误把两个裴枢的事迹混为一谈，应予析正。

听说裴枢要参加科举考试之后，薛邕故作严肃地说："咱家三十六郎（指裴枢），正是国家需要的紧缺人才。所以，你不必要求我特意关照，他被录取是手拿把掐的事情。"裴枢是个很有骨气的青年，他听出了薛邕的弦外之音，就很不屑地说："姨夫自食其言，原来是个人前说一套、人后做一套的两面派啊！"说完，他又端起一杯酒泼在地上，发誓说："我裴枢堂堂正正，做事凭自己的真本事。如果姨夫担任主考官，我绝不报名参加考试！"裴枢此举，搞得大家好不尴尬。他的老妈抄起一根棍子，一边责打裴枢，一边逼着他向姨夫薛邕道歉。但倔强的裴枢，始终不肯低头屈服。

永泰二年（766）丙午科，朝廷任命的主考官是贾至。没有了顾虑的裴枢，方才报名应考，并一举登第。薛邕得知消息后，特意前去祝贺，但裴枢理也不理。此后好久，两人形同陌路。在一干亲友的多方说和下，两人的关系才稍稍有所缓解。为人正直、深明大义的裴枢，真是一个让人敬佩的好青年。

薛邕的人品官德确实很成问题。在掌握了干部人事大权（吏部侍郎）之后，因为在官员选拔任用问题上徇私舞弊，薛邕受到了比较严厉的降级处理（贬歙州刺史）。后来，因系"文雅旧臣"而得到皇帝青睐的薛邕东山再起，出任过副宰相级的高官（尚书左丞）。但时间不长，薛邕就又犯事了——在歙州任职期间，隐匿贪没巨额公款财物的行为被人揭发。这一次，薛邕受到了更为严厉的断崖式降级处理，由副宰相级一下子降到了副县级（连山县尉）。

本科状元范崇凯，有个弟弟名叫范元凯。范元凯也是当时的大才子，诗词文章名噪一时。范元凯与范崇凯，被时人并称为"梧冈双凤"。

# “诗中有画画中有诗”王右丞

开元五年至开元八年四科，状元得主姓甚名谁均已无法考证，略过不谈。

开元九年（721）辛酉科状元，乃大名鼎鼎的山水诗人王维。在《唐才子传》中，王维被误记为开元十九年状元。应该说，《唐才子传》是本影响很大的著作，被很多人视为国学入门必读书目。但由于成书年代距唐代比较久远，其中的讹误之处也在所难免。

王维，乃蒲州（今山西永济市）人氏。王维自幼聪慧过人，又兼之勤奋好学，年纪不大便学了一身本事，诗词、音乐、书法、绘画无不精通。在众人的眼里，他简直就是一个无所不能的神奇少年。

在十五岁那年，王维进京应考。经过几年的试探积累之后，王维终于在本科跳跃龙门，一举成名天下知。中状元的时候，王维刚满二十岁。作为成名已久的才子，又这么年轻就摘得状元桂冠，王维的仕途前景似乎一片光明。

中状元之后，王维做了一个名为太乐丞的小官。太乐丞的主要任务，是负责朝廷的礼乐事务。这样的安排，倒也很符合王维的特长，史载他特别精通音律。

参加工作不久，王维就因为一次演出事故（伶人舞黄狮），受到了降级处理。从一个为皇家服务、比较惹人注目的京官，被贬成了边远地区的基层官员（济州司仓参军）。这样的变故，似乎预示了王维的仕途多舛。

诗人张九龄很欣赏王维的才华，在他出任宰相之后，再度征召王维进京为官。此后，王维出任过右拾遗、监察御史等职务。后来又奉命出塞，担任过河西节度判官。王维是个心性比较淡然之人，年过四十之后，他在终南山麓置下一处别墅，和一帮文友诗词唱和、切磋书画，过起了半官半隐的悠闲日子。据传，王维置办的这处别墅，原系诗人宋之问的产业。

王维想优哉游哉地隐身世外，但时事跟他开了个不大不小的玩笑。“安史之乱”爆发后，王维不幸做了叛军的俘虏。由于才名远播，王维是个颇为引人注目的人物，安禄山等人自然想将其收罗门下充门面。在这帮虎狼之徒的威逼利诱之下，文弱书生王维无奈接受了叛军的一个职务任命。也就是说，在朝廷看来，他成了一个叛徒。

“安史之乱”被平定后，那些投靠过叛军的官员，自然要受到严厉的清算。王维的行为，按律当斩。但有人向上级反映，王维在叛军阵营中，曾写过一首《凝碧池》：“万户伤心生野烟，百官何日再朝天？秋槐叶落空宫里，凝碧池头奏管弦。”这样的诗句，表达了对旧主的思念、对山河破碎的痛心，说明他是一个身在曹营心在汉的官员。因而，具有可以从轻处理的情节。大约王维自己也不会想到，他热爱写诗、善于写诗的习惯和特长，竟然在一定程度上挽救了他的生命。

王维有个弟弟，名叫王缙。跟王维一样，王缙也很有才，并且是个文武全才。他不仅诗书俱佳，而且颇具政治眼光，管理经验丰富，曾经担任过大唐宰相。作为一介书生的王缙，还十分通晓军事。虽然文学成就上逊色于王维，但在从政能力方面，王缙要强于自己的哥哥。“安史之乱”爆发后，王缙协助李光弼镇守太原，为稳定局势、最终平定“安史之乱”做出了突出贡献。

王维接受审查期间，救兄心切的王缙，主动申请朝廷撤销自己的官职，以换取对王维的宽大处理。王缙对哥哥的这份情谊，在当时颇为人所称颂。在多方因素的交互作用下，王维逃过一死，只受到了贬官的从轻处罚。如果不是这样，后人也就无缘欣赏到王维晚年那些优秀的诗作了。对于中国古代文学来讲,那将是一个巨大的损失。

在唐代乃至整个中国古代文学史上,王维是一个不可或缺的人物。他的山水诗,艺术成就卓然不群,达到了一个前所未有、后人难以企及的高度。虽然后人将王维与孟浩然并称为"王孟",但笔者以为,以诗歌创作的艺术成就而论,孟浩然与王维相比,还不能算是一个重量级的。

王维的诗作尤其是山水诗,风格清新明丽,意蕴幽深,词语精致,韵律优美,读来给人以超凡脱俗的审美享受。在王维的诗作中,脍炙人口的名句比比皆是,比如"劝君更尽一杯酒,西出阳关无故人""大漠孤烟直,长河落日圆""明月松间照,清泉石上流""山中一夜雨,树杪百重泉""渡头余落日,墟里上孤烟""雨中草色绿堪染,水上桃花红欲燃""愿君多采撷,此物最相思",等等。这些佳句,无论是否爱好文学之人,大家都耳熟能详,口口相传。

王维还是一个杰出的画家,他的画作布局精巧灵动,意境深远悠长。宋代文豪苏轼如此评介王维的诗画:"味摩诘(王维字摩诘)之诗,诗中有画,观摩诘之画,画中有诗。"

虽然王维不是那种一门心思专注于做官的人,但他最后也官至副宰相高位(尚书右丞)。所以,后人又称其为"王右丞"。

科举高分者,未必就低能。综合各方面因素考量,王维堪称中国科举史上最为优秀的状元。即使不是唯一,起码也是之一。

## "崔颢题诗在上头"

开元十年(722)壬戌状元得主不可考,此科无话。

开元十一年(723)癸亥科状元,乃安阳(今河南安阳市)人氏源少良。据有人考证，源少良系鲜卑族拓跋氏后裔，祖上后来迁居安阳。如此说来，源少良就是唐代乃至整个中国科举史上有据可考的首位少数民族状元得主了。少数民族状元，在科举史上极为罕见。这一点，算是源少良的一大看点。

源少良出身于官宦世家，他的堂伯父源乾曜，担任大唐宰相职务长达九年。史载源乾曜治政宽简，政令如一，为人谨慎谦和，是个挺不错的官员。源少良的父亲源匡赞，担任过国立最高学府校长（国子监祭酒）。至于源少良本人，史料记载甚少，只是说他官位不显，做过监察御史、司勋员外郎等官职。源少良的其他事迹业绩等，均已无从查考。

源少良有个同榜进士同学比较有名，值得一说，这个人就是唐代著名诗人崔颢。“昔人已乘黄鹤去，此地空余黄鹤楼。黄鹤一去不复返，白云千载空悠悠。晴川历历汉阳树，芳草萋萋鹦鹉洲。日暮乡关何处是？烟波江上使人愁。”这首堪称千古名篇的《黄鹤楼》，便出自崔颢之手。《黄鹤楼》这首诗，在中国古代文学史上的影响实在是太大了。比如严羽在名作《沧浪诗话》中评价说：“唐人七言律诗，当以崔颢《黄鹤楼》为第一。”

据传，诗仙李白曾经登临黄鹤楼。所见美景，使他诗兴大发，本想赋诗留念。但不幸的是，此时崔颢的《黄鹤楼》已经题刻在黄鹤楼上。心高气傲的李白，看到此诗之后，无论如何也无法下笔了——他认为这首诗写得实在是太好了，几乎无法超越。能让李白心服口服的诗作，应该不会很多。纠结之下，李白提笔写下“眼前有景道不得，崔颢题诗在上头”这样两句顺口溜，怅然而去。

崔颢乃汴州（今河南开封市）人氏，进士及第后做过司勋员外郎、太仆寺丞等官职。太仆寺这个机构，主要负责公用马匹驯养放牧以及皇家车队的管理维护等事务。太仆寺丞是太仆寺的中层官员，品级为从六品上，大体相当于正处级干部。

崔颢是个很有成就的诗人，后人常将他与王昌龄、高适等相提并论。然而，正史关于他的为官经历、生平事迹等方面的记载非常简略。甚至连他的诗歌成就也只有寥寥数笔，简直就像应付公事。这种情况很令人费解，与崔颢在文坛上的地位很不相符。之所以会这样，大约与史家们认为崔颢“有文无行”、瞧不上他的人品有关。

那么，崔颢究竟怎么个“有文无行”法呢？《唐才子传》称，崔颢既喜欢赌博，又是个酒鬼，并且特别喜欢美女，专挑漂亮的娶来做老婆。按说在古代，对于那些大才子们来说，好酒喜赌算不了什么大毛病。这样的事情放在他们身上，还会被有些人看作是特有范儿，比如李白。爱美之心，人皆有之。想找漂亮老婆，也属人之常情。可是这样的事情，为啥放在崔颢身上就不行了呢？笔者认为，问题可能出在崔颢对于娶老婆这件事的具体处理方式上。换而言之，是出在他对待女人的态度上。

《唐才子传》中有这样一句话，崔颢“娶妻择美者，稍不惬即弃之，凡易三四”。这句话的意思是说，崔颢娶过三四个老婆。在古代，达官贵人、风流才子妻妾成群也不算个事儿。比如有古代第一清官之称的海瑞，就娶过至少五个小老婆。崔颢娶过三四个老婆，并不算出格，为啥却这样招人不待见？问题的答案是上面所引那句话中的两个字：“弃”和“易”。也就是说，崔颢不像其他古代男人那样喜新不厌旧，娶一大堆美女回家一起养着，而是个喜新厌旧之人。对娶来的老婆，崔颢一旦出现审美疲劳，看着不顺眼，就把人家抛弃再换一个。就这样换来换去，一连换了三四个。

在古代，人们对于达官贵人、风流才子妻妾成群的现象，是予以认可的。不仅男人认可，女人也认可。而女人一旦被丈夫休掉，是一件很丢人的事情，不但不能被社会所接受，就连娘家人都瞧不起，基本上就等于被断了生路。所以，崔颢这种很任性的换老婆行为，在古时是异于常人的极不厚道的做法。而一个人的行为如果异于常人，就难以被主流价值观所接受、被主流话语体系所认可。从这个角度分析，史家们对于崔颢的态度似乎就不难理解了。

行万里路，读万卷书。行路，可以丰富阅历；读书，可以积累知识。这个道理，在崔颢的文学创作经历上也体现得比较明显。崔颢早年的诗作，大多轻浮艳丽，缺乏深度和气韵。后来，在多方游历名山大川特别是见识了边塞大漠的神奇景观、人文风俗之后，崔颢的诗风为之大变，呈现出一种雄浑自然的不凡气度。在《全唐诗》中，录有崔颢诗作四十二首。

## 杜绾有个牛儿子

开元十二年(724)甲子科状元，姓贾名季阳。但此人的生平事迹、为官经历等均不可考，本科进士也查不到知名人物，故只能存目。

开元十三年(725)乙丑科状元，乃京兆万年(一说为杜陵，均在今陕西西安市辖区)人氏杜绾。关于杜绾夺魁的年份，还有开元十二年(724)甲子科一说，但此说似为误传。

杜绾中状元之后，做过京兆府录事参军这样的低层官员。为官十年后，杜绾又报名参加了名为“王霸”的制举考试，并被顺利录取。这样，杜绾也是一个双学位状元得主。除此之外，史料再无关于杜绾的其他记载。

杜绾为官不显，事迹无多，但他有个儿子很牛，此人就是担任过大唐宰相的名臣杜黄裳。老子的事迹不够，可以由儿子来凑。

杜黄裳是个有故事、有看点的人物，介绍一下他的情况，也挺有意思。

杜黄裳于宝应二年（763）癸卯科进士及第。此时，距他老爸夺得状元桂冠已经过去了三十八年。跟杜绾一样，杜黄裳也是个双学位得主。取得进士身份后，他又顺利通过了“博学宏词”科制举考试。

杜黄裳参加工作后，先是在名将郭子仪手下服务。初出茅庐的杜黄裳，很快就展现出了过人的才干。有个叫李怀光的高级官员，趁郭子仪进京公干之机，伪造皇帝诏书，企图杀掉郭子仪手下的一些将领，以便取其而代之。杜黄裳经过认真审读研判，认定李怀光所持诏书是赝品，从而挫败了其夺权阴谋。

后来，杜黄裳奉调进京，出任殿中侍御史。殿中侍御史是中央监察机关的下层官员，主要负责朝廷重大庆典活动中的供奉仪式纠察等事务，品级为从七品下，大体相当于副处级干部。

杜黄裳是个有骨气的人，由于不肯依附宠臣裴延龄，在长达十年的时间里，他操练开了官场原地踏步走。当自己的女婿韦执谊出任宰相后，杜黄裳才得到了提拔，历任太子宾客、太常寺卿等职务。太常寺是掌管朝廷祭祀庙乐事务的机构，太常寺卿是这个机构的长官，品级为正三品。虽然这个位置管理的事务不是很重要，但也算是政府高官了。

杜黄裳他们家真是有意思，先是女婿做了宰相，后来老丈人又戴上了这顶乌纱帽。杜黄裳成为高干之后，唐顺宗李诵病重不能理事，朝中大事小情都由王叔文、韦执谊等人说了算。杜黄裳认为这样名不正言不顺，建议由太子李纯监国。对老丈人的建议，韦执谊很不以为然，便对杜黄裳说：“您老人家刚升了官，对皇家的事情说三道四不合适。”杜黄裳一听就火了，怒斥女婿道：“我老杜家蒙受皇家三朝厚恩，怎么能为了一官半职就出卖自己的原则和良知！”

出任宰相后，杜黄裳先是出谋划策，一举平定了西川节度副使刘辟叛乱。随后，又力主朝廷严整法度，大幅度削减藩镇权力，加强中央集权，以维护政权和社会稳定。在杜黄裳的运筹帷幄之下，贞元年间以来的动乱局面得到有效整治和扭转。

关于杜黄裳，有个有趣的段子流传。官员潘孟阳担任户部侍郎之后，他的老妈刘夫人很不放心，常对儿子说：“以你的资历和才干，做了这么大的官，恐怕是一件高危的事情，我担心早晚会出事。”潘孟阳反复劝慰，老太太还是不踏实，就让儿子把常来往的同事朋友请到家里，自己要亲自观察一番，看看儿子都和些什么样的人交往。

客人到齐后，老太太躲在帘子后面仔细观察。看了一阵子，老太太悄悄叫过儿子说：“我放心了，物以类聚，人以群分，你交往的都是和你一样的实在人。另外我想问一句，那个坐在最边上的惨绿少年叫啥？”潘孟阳说：“他叫杜黄裳。”老太太感叹道：“从面相上看，这个人不得了，将来一定是个宰相之才！”此后，“惨绿少年”便成了一句成语，用来形容风度翩翩、气质不凡的少年儿郎。所谓“惨绿”，指的是浅绿色衣服。

在为官早中期，杜黄裳为政清廉，生活简朴，拒绝贪腐。有个名叫李师古的地方大员，为了巴结依附朝中高官，曾派一个手下带着一大笔钱和一辆超豪华的车子，打算送给杜黄裳。那个手下办事比较稳妥，他没有贸然把财物送去，而是先溜到杜府附近，踩点观察了几天。一天，他看到杜府中抬出了一顶很简陋的轿子，旁边跟着两个衣着简朴的丫鬟。当他得知轿子里坐的是杜黄裳宰相的夫人之后，吓得立马开溜，跑回去报告主子李师古，说对杜黄裳这样的人，动行贿这样的心思没有用。

都说宰相肚里能撑船，杜黄裳就是个很有度量的宰相。女婿韦执谊担任宰相时，对自己的老丈人很不尊重。但当韦执谊落难之时，杜黄裳不计前嫌，多方斡旋施救。韦执谊客死他乡之后，杜黄裳又向皇帝提出申请，将其灵柩运回家乡安葬。

令人遗憾的是，杜黄裳在为官后期，有些晚节不保了。在选拔推荐官员工作中，特别是在举荐任用高崇文的问题上，杜黄裳有利用职权收受贿赂的行为。这一点，也使他颇受时人所诟病。人间最是重晚晴，做官尤需保晚节。杜黄裳行百里半九十，一世清名毁于一旦，殊为令人可叹。

## 丙寅科考多诗人

开元十四年(726)丙寅科状元，姓严名迪。严迪的生平籍贯、为官经历等，均已无从查考。据《全唐文》记载，严迪于天宝年间又通过了“书判拔萃”科制举考试。因而，严迪也是一位双学位状元得主。

在严迪的同榜进士同学中，出了好几位诗人。这几位诗人虽然在文学史上的名气不是很大，但在当时也算是比较有名的诗人，故而值得一说。

其一是储光羲。储光羲，乃润州延陵(今江苏丹阳市)人氏。另有一说，称储光羲祖籍系兖州(今山东济宁市兖州区)。储光羲十八岁就进京赶考，一连考了三次才被录取。尽管科举之路不是很顺，但储光羲进士及第时刚刚二十出头，也算少年得志。

参加工作之后，储光羲被任命为副县级干部(冯翊县尉)。此后数年，储光羲又连续转任三四个地方，但职务原地不动，仍然是县尉。感到仕途不得意的储光羲，不由萌生退意，便在终南山麓购置了房产，过起了隐居生活。其间，他与王维等人诗歌唱酬，自得其乐。

储光羲归隐田园，是出于一种郁郁不得志的心态，终非那种甘做闲云野鹤之人。隐居了一段时间后，耐不住寂寞的储光羲又复出江湖，担任过太祝、监察御史等职务。太祝是太常寺的低层官员，由于储光羲担任过这一职务，所以他又被人们称为储太祝。

虽然储光羲眷恋官场，但他没有做官的命。安禄山叛军攻破长安之后，储光羲做了俘虏。被胁迫之下，储光羲接受了叛军任命的职务，成了朝廷的叛徒。“安史之乱”被平定后，储光羲到朝廷自首请罪，被关进了监狱。最终，储光羲被发配岭南劳动改造，并且死在了改造地。这样看来，储光羲的复出官场之举，真是不值。

储光羲的诗作，以田园诗为主，风格自然超逸，情趣盎然，颇具“王孟”之风。

其二是崔国辅。《唐才子传》称崔国辅系山阴（今浙江绍兴市）人氏，但有人考证称此说有误，认为他祖籍清河，落籍吴郡（今江苏苏州市）。

进士及第后，崔国辅被任命为山阴县尉。几年后，崔国辅参加了朝廷组织的选拔县长考试（应县令举），并顺利通过，被任命为许昌县令。从字面上理解，“应县令举”这样的选拔方式，同如今的竞争上岗、公开考选等，倒颇有几分相像之处。

担任县长一段时间后，崔国辅奉调进京，先后出任过左补阙（谏官）、礼部员外郎、集贤直学士等职务。所谓集贤直学士，相当于政府的智囊高参。做了集贤直学士不久，崔国辅的一个高官近亲犯罪被杀，崔国辅因此受到牵连，被贬为竟陵（今湖北天门市）司马。

在竟陵，崔国辅待了三年多。其间，他结识了一个好朋友——茶圣陆羽。两人互相引为知己，经常聚会畅谈，吟诗作赋，品酒赏茶，还为各种茶叶评定品级。崔国辅离开竟陵前，将自己最为珍爱的三件收藏品送给了陆羽，称这样的藏品，只有陆羽这样的高雅之士才配拥有。崔国辅和陆羽的深厚情谊，一时传为佳话。离开竟陵之后，崔国辅的行踪便无从查证了。

崔国辅同李白、孟浩然等人，也交谊颇深。对于杜甫，崔国辅还有知遇之恩。在崔国辅担任集贤直学士期间，杜甫进京投献《三大礼赋》，以求谋得个一官半职。唐玄宗命崔国辅、于休烈二人做考官，测试杜甫的文章才学。测试完后，崔、于二人对杜甫大加赞赏，建议朝廷予以任用。杜甫对此深表感激，特赋《奉留赠集贤院崔于二学士》诗一首："欲整还乡旆，长怀禁掖垣。谬称三赋在，难述二公恩。"

崔国辅的诗作，以五绝最为出名。其内容多为闺帏儿女之情，词语清丽，风格含蓄委婉。明胡应麟这样评价崔国辅的诗："唐五言绝，太白、右丞为最，崔国辅、孟浩然、储光羲、王昌龄、裴迪、崔颢次之。"

其三为綦毋潜。綦毋潜，乃虔州（今江西赣州市）人氏，另有荆南（今湖北荆州市）人氏一说。綦毋潜十五岁时便独身闯荡长安，做了一个"京漂"。

在长安，綦毋潜一边读书求学，一边以诗会友，渐渐有了一些名气，结识了一些诗坛中人。綦毋潜与李颀、王维、张九龄、储光羲、孟浩然、高适、韦应物等人过从甚密。比方说，王维在綦毋潜一次科考落榜之后，专门写了一首题为《送綦毋潜落第还乡》的诗送给他。李颀也曾为綦毋潜写过一首诗，名为《送綦毋潜三谒房给事》。

綦毋潜的科举之路也不是很顺，考了七八年才被录取。綦毋潜进士及第之后，先是做了个副县级干部（宜寿县尉），后来成为京官，做过低级谏官左拾遗。由于官位不显，自感不受重视的綦毋潜，在好友储光羲辞官的影响下，也挂冠而去。辞官之后，綦毋潜没有回家隐居，而是在江淮一带四处游历，成了一个驴友。

在外游荡了七八年之后，綦毋潜再度回到长安，申请复官。綦毋潜的申请得到批准，先是恢复了左拾遗原职，最终官至五品著作郎。“安史之乱”爆发后，綦毋潜再次辞官而去，重操驴友旧业。他这次辞官仍然没有回归故里，继续在江淮一带游历，最后不知所踪。

綦毋潜的诗风受王维等人影响较大，有人评价他“故是摩诘一路人”。綦毋潜的诗作，内容多为寻古探幽的经历感受，情调高雅，有种超凡脱俗的气韵。

## “七绝圣手”王昌龄

开元十五年（727）丁卯科状元，乃赵郡（今河北赵县）人氏李嶷。关于李嶷的史料记载极少，难以独立成篇，暂且存目。

李嶷有个同榜进士同学十分有名，他就是被誉为“七绝圣手”的边塞诗人王昌龄。

王昌龄，乃京兆长安（今陕西西安市）人氏。还有一种说法称，他故里是河东晋阳（今山西太原市）。更有好事者经过考证，认为王昌龄系琅邪王氏后人。如此说来，这位著名诗人就是我们山东老乡了。

王昌龄出身草根，家境贫寒。为了改变命运，王昌龄发愤图强，苦学不辍。王昌龄的科举之路也不是很顺，年近而立方才进士及第。为了丰富阅历，王昌龄在登科之前，多次出游塞外，边游历边学习。据推测，王昌龄游历的足迹极为广泛，甚至都可能到过碎叶城（今位于吉尔吉斯斯坦境内）。这样的经历，对于他的诗歌创作产生了很大的影响。

考中进士之后，王昌龄被任命为校书郎。这个职务的品级为正九品上，充其量算个科股级干部。七年之后，王昌龄通过了“博学宏词”科制举考试，成了一个双学位进士。通过“博学宏词”科考试之后，王昌龄被提拔为副县级干部，出任汜水（今河南荥阳市）县尉。在这里干了几年，王昌龄犯了事，受到了发配岭南劳动改造的处理。至于犯的究竟是啥事，笔者没有查到相关说法，不好妄加推测。

到了岭南时间不长，王昌龄便被赦免，并被任命为江宁县丞。县丞和县尉都是县令的副手，但县丞的位次列前。因为做过江宁县丞，所以王昌龄又被称为“王江宁”。在江宁干了没多久，王昌龄又犯事了，再次受到降为龙标（在今湖南怀化市辖区）县尉的处理。他这次因何而犯事，依然不得而知。

虽然很有才，但王昌龄是个不拘小节、随意散漫之人。他对自己要求不够严格，经常率性而为，干出些违纪违规的事情来。史料称他“晚途不谨小节，谤议沸腾”“不护细行，屡见贬斥”。一个人即便是大错不犯，小错不断也不能见容于官场。王昌龄的经历告诉我们，有才不是胡来的理由，恃才不可以傲物。

王昌龄是个有故事的人。在北返江宁赴职途中，他曾特意去拜访了著名诗人孟浩然。二人相见，分外高兴，不免推杯换盏，痛饮一番。不巧的是，孟浩然大病初愈，席间吃了一些水鲜之后，竟然引得旧病复发，就此撒手人寰。孟浩然这种情况，极有可能是水产品过敏。本是诗友相聚，却乐极生悲。一场酒终结了一位大诗人的性命，真是一件十分可惜的事情。

除了孟浩然，王昌龄跟李白、王维、李颀、岑参、高适、王之涣等著名诗人也多有交往。李白、李颀、岑参等人，还与王昌龄互有诗作相赠。

“安史之乱”爆发后，王昌龄离任而去，打算回归故里避难。途经亳州（今安徽亳州市）时，被亳州刺史闾丘晓所杀。至于闾丘晓杀害王昌龄的动机，据史家分析是妒才忌能。因为嫉妒人家有才，就把这样一个著名诗人给杀了，这个闾丘晓也太坏了。

所谓一报还一报，闾丘晓的下场也很可悲。安史叛军围困睢阳期间，宰相张镐被朝廷委派督统巡视河南、安徽一带的军事行动。睢阳告急，张镐严令闾丘晓火速出兵救援，但闾丘晓怕死畏战，贻误战机，导致睢阳城破，张巡及其所部全部战死。闾丘晓的行为，使张镐大为震怒。在闾丘晓被抓捕之后，张镐决定对他军法从事，命手下将其乱棍打死（杖杀）。

闾丘晓听到张镐对他执行军法的判决之后，吓得屁滚尿流，趴在地上叩头不止，恳请张镐看在他还有年迈父母双亲的份上饶他一命，让他辞官回家，赡养照顾二老。张镐一听，冷冷地说：“那么王昌龄的父母双亲又由谁来赡养？”闾丘晓闻听此言，不由为之大惭，再也无话可说。一向同情喜欢诗人的张镐，就以这样解气的方式为诗人王昌龄报了仇。早知今日，何必当初。不知闾丘晓俯首受死之时，可曾为自己枉杀王昌龄而愧疚后悔？！

王昌龄的诗作，气势雄浑，格调激昂，意境深远。尤其是他的七绝，出神入化，把这种体裁的诗歌创作推向了一个新的高峰。因此，王昌龄便有了“七绝圣手”这样一个雅称。他的《出塞》，被誉为唐代七绝的压卷之作。

在本篇的结尾，不妨让我们共同欣赏一下王昌龄的两首七绝名作。其一《出塞》：“秦时明月汉时关，万里长征人未还。但使龙城飞将在，不教胡马度阴山。”其二《从军行》（四）：“青海长云暗雪山，孤城遥望玉门关。黄沙百战穿金甲，不破楼兰终不还。”

唐代诗人常建，也于本科进士及第。名句“曲径通幽处，禅房花木深”，便出自常建之手。

# 樊系之梦很神奇

开元十六年(728)戊辰科状元,姓虞名咸。除此之外,虞咸的其他事迹无考,暂且存目。

张巡坚守睢阳之时,那个拥兵观望、见死不救的封疆大吏(临淮节度使,一说为河南节度使)贺兰进明,是虞咸的同榜进士同学。史载,贺兰进明是个“博雅好古、满腹诗书”的人物。然而,他的人品不怎么样。他之所以拒绝援救张巡,是因为妒忌张巡的声名威望,担心对自己的地位造成威胁。

开元十七年(729)己巳科状元,姓王名正卿。王正卿的生平事迹、生卒年月等,也无史料记载,只能略过不谈。

王正卿有个同榜进士同学比较有意思。此人名叫樊系,乃润州(今江苏镇江市)人氏。

在《太平广记》中,记有这样一个故事。说是唐代有个书生,在参加科举考试之前做了一个神奇的梦。他梦见本科共录取进士二十六人,自己也名列其中。而本科状元称号,被一个名叫王正卿的考生夺得。开榜以后,录取结果竟然与此梦分毫不差。做这个梦的考生,就是樊系。

《太平广记》是文学类书籍,不能当作史书来读。因而,樊系做梦这个故事,自然也不能太当真。神梦虽然不能当真,但樊系这个人是真实存在的,并且在他身上还发生过一些比较有趣的事情。

古人都比较迷信,樊系也不例外。他是个特别信命的人,信得坚定而执着。进士及第后,樊系做了校书郎。校书郎是秘书省的下层官员,品级为正九品上。有个大臣很喜欢他,就打算推荐他到一个名叫金城的地方做县尉。没想到,这番好意被樊系一口回绝。那大臣很是诧异，问樊系道：“你一个科股级干部被提拔为副县级干部还不满意，那你究竟想当个啥官呢?”樊系说：“我不是嫌官小，而是觉得这不是我命里该有的官职，所以我才不敢答应。”

过了一阵子，泾阳（今陕西泾阳县）县尉一职出缺，那大臣又推荐了樊系出任此职并获批准。在任命公布之前，那大臣把樊系叫来，卖关子说：“我又给你找了个地方任职，你猜猜看是哪里?”樊系很老实地说：“回领导话，我昨天晚上做了个梦，梦见我任职的地方地名中有个‘阳’字。”那大臣一听，彻底服气：“你不愧是个神梦达人啊，看来这真就是命中注定啊!”

此后，樊系做过一个部的员外郎，具体是哪个部无从知晓。他还做过谏议大夫、濠州（辖区为今安徽蚌埠、凤阳一带）刺史、太常寺少卿等官职。太常寺少卿是太常寺的副职。任此职时的樊系，年事已高。政府安排他这么个闲差，大约是想让他平平安安地混到退休算了。

然而世事难料，就在樊系快要退休之际，大唐王朝发生了一件大事。一个名叫朱泚的封疆大吏（凤翔节度使），不甘心再给皇帝打工，想自己说了算，就利用一次兵变造了反。一开始，朱泚的叛军进展很顺利，占领了大唐首都长安，抓了不少大唐王朝的高官俘虏。年老体衰、腿脚不便的樊系，也在俘虏队伍的行列中。

既然想自己坐天下，当然需要一帮吹鼓手为自己歌功颂德。樊系比较有文才，这一点被朱泚看中，就赏了他个礼部侍郎的头衔。接受了伪职的樊系，当然不能光拿钱不干活。他不管是否情愿，都要替人家做些事情。于是，就为朱泚伪政权起草了一些文告之类的东西。

这些东西发布之后，大家都知道是出自樊系的手笔。事后，自感无颜面对大唐王朝和天下百姓士子的樊系，越想越窝囊，越想越惭愧，越想越后悔。羞愧交加之下，这老头儿就喝毒药自杀了。死时，樊系已年近八旬。而樊系死后不久，朱泚也兵败被杀。

对樊系的行为，后人颇多诟病，比如宋代的范祖禹、清代的王夫之等。在他们看来，樊系既然后来连死都不怕，当初被俘虏时为何却不能坚守名节，投降当了叛徒？实在是太可惜了。那意思是，樊系死了也白死，反正是投降叛变在先，名节已经坏了，后来即便是自杀也于事无补。

对于大多数人来讲，面对死亡的威胁，一般都会紧张恐惧。一时的软弱，更是在所难免。樊系在起初的恐惧软弱之后，能够悔恨于自己的背叛行为，并且不惜自杀以谢罪，笔者以为已属难能可贵。站在旁观者的立场上，说说风凉话、当当评判者，当然很容易。但当自己身临其境的时候，究竟能做出个什么样子来，那就是另外一回事情了。

## 惨被杖杀的徐状元

开元十八年（730）庚午科状元，乃博陵（今河北安平县）人氏崔明允。崔明允的生平事迹记载甚少，无法独立成篇，本科也无特别知名进士，姑且存目。

开元十九年、二十年两科，状元得主无考，亦只能略过。

开元二十一年（733）癸酉科状元，姓徐名徵。据有人考证，徐徵不仅是科举史上的第一位徐姓状元，也是衢州历史上的第一位状元。如果此说属实，那么徐徵就是浙江衢州人了。

徐徵是位生不逢时的悲情状元。徐徵中状元之时，正值历史上以“口蜜腹剑”著称的奸臣李林甫权势日隆之际。此时，李林甫与太子李亨明争暗斗，闹得不可开交。在这种情况下，很多官员只能被迫选边站。一方面是朝中有人引荐，一方面可能是瞧不上李林甫的为人，因而徐徵便做了“太子党”，成了李林甫的对立面。

徐徵中状元后，只被安排了一个相当于县政府办公室主任的科级职务（福建安平县主簿），过了一段时间之后才被提拔为副县级干部（晋江县丞）。按说这么一个不起眼的芝麻官儿，应该不值得李林甫作为政敌进行打击清算。但是很不幸，李林甫是个讲究斩草除根、大小通吃的狠角色。一般来讲，在这样的上司手下，通常都会有一帮唯恐不狠、以千方百计媚上邀功的喽啰。因而，即使徐徵这样一个远在天边的小萝卜头儿，也很难轻易逃过他们的魔掌。于是，这位徐状元就倒了大霉。

据相关史料记载，有一年李亨的老丈人之一，也就是他的一个小老婆的老爹，家里惹上了大麻烦。李亨的这位老丈人姓杜，不知因为啥得罪了自己的一个女婿、也就是李亨的连襟之一，从而被这个人告上了公堂。这个女婿状告自己老丈人的罪名是，勾结“东宫（指太子李亨）”、图谋不轨。这样的罪名，分明是不想给老丈人全家留活路啊。也不知杜老先生因为啥事得罪了自己的女婿，让他下这样的狠手。抑或是他的这个女婿是想借此攀附李林甫，为自己捞取政治稻草。有道是人之初，性本善。但在利禄诱惑之下，人心有时真的很险恶。

这件案子，落到了李林甫手里。对于这样一个打击政敌的天赐良机，他自然会充分发掘利用其中的潜在价值。李林甫指使手下上挂下联，抓捕了不少人。随后，李林甫及其手下捕风捉影、望文生义，对被抓捕人员大搞刑讯逼供，千方百计把视线往李亨身上引，力图将罪名坐实，以便一举将其扳倒。

唐玄宗李隆基倒是没有听信李林甫的一面之词，他委派其他官员另行对此案展开调查，结果发现所谓老丈人勾结女婿图谋不轨的指控，纯属子虚乌有。案子是被查明白了，太子也被撇清了，但是不少人因此而无端遭受牢狱之灾，甚至丢了性命。

当时，李林甫手下有两个类似于打手的狠角色，一个叫罗希奭，一个叫吉温。这两个人名气大得很，人称“罗钳吉网”，是有名的酷吏，同周兴、来俊臣有的一比。谁要是落到他们手里，不死也得半残废。尤其是吉温，在发明创造和有效使用刑具方面颇有心得，被李林甫认为在这方面具有天赋特殊才能。对于吉温这样的小人来说，上司的赏识夸奖，只会使他在作恶的问题上变本加厉。

关于吉温，史书有这样的记载：“楚械搒掠，皆呻呼不胜，曰：‘公幸留死，请如牒。’乃挺出。诸史迎慑其酷，及引前，不讯皆服。”这段话的意思是，在吉温的百般折磨下，没人能挺得过去，都会按照他的意图招供。以至于后来只要有人犯到他手里，慑于他的恶名，不用审讯就会乖乖招供。由此，笔者不由想起电影《风声》中的一个情节。当特务处长王田香怀疑上伪军官金生火并准备对他进行审讯时，吓得金生火拔出手枪指着自己的脑袋，绝望地说了大意是这样的一段话：“我知道你的手段，落到你的手里，那是生不如死，我还是自行了断吧。”说罢，一枪爆头。让人为之喟叹的是，历朝历代都不乏吉温、王田香这样的恶人。

新科状元徐徵，就是受此案牵连，死在了吉温的棍棒酷刑之下。由此看来，这位文弱书生倒有可能是个硬骨头，没像有些人那样，还没等到审讯者上手段，自己先就吓尿了裤，不但有啥说啥，还会胡招乱供。所谓一报还一报，吉温后来得罪了另一个奸臣杨国忠，被杨国忠抓进了大牢，并且死在了里边。至于是不是死于“请君入瓮”式的刑讯逼供，不得而知了。如果是，那真就是报应了。

杜老先生那个卖主求荣的女婿，下场也很可悲。当他的利用价值被榨干之后，就像块破抹布一样，被李林甫等人毫不留情地抛弃了。在李林甫的授意下，吉温给他定了个诬陷太子的罪名，判处了死刑。杜家女婿的行为，真是典型的害人又害己。害人之心不可有，实乃至理名言。

唐代名士元德秀，是徐徵的同榜进士同学。

## 书法巨擘颜真卿

开元二十二年(734)甲戌科状元，乃顿丘(今河南清丰县)人氏李琚。有种说法称，中状元之后，李琚又在“博学宏词”科制举考试中拔得头筹。如此说来，李琚就是大唐乃至科举史上的首位双料状元得主。这样的名头，也极有看点。

除了是位双料状元之外，李琚的其他事迹难以查考，因而只能存目。

在李琚的同榜进士同学中，有一位大名鼎鼎的人物值得一说。他就是中国书法史上的一代宗师、文武双全的唐代名臣颜真卿。

颜真卿，京兆万年(今陕西西安市)人氏。在颜真卿的少年时代，他的家境十分贫寒。在买不起文具的情况下，有志好学的颜真卿，常常用笔蘸着黄土汁在墙上练字。一代书法大家，竟然起步于这样一种方式。贫贱不坠青云之志，少年颜真卿是一个好例。

颜真卿曾拜著名书法家张旭为师。起初，有点急于求成的他也想走捷径，曾多次恳求恩师将书法诀窍传授给自己。张旭谆谆善诱，以实际行动告诉颜真卿，要想学到真本事，根本没有捷径可走，唯一的诀窍就是勤学苦练。在恩师的点拨下，颜真卿幡然顿悟，从此心无旁骛，潜心勤学苦练。

由于勤奋好学，颜真卿早早便以有才而名声在外。进士及第时，颜真卿年方二十五岁。随后，颜真卿又在一科制举考试中被录取，成了一位双学位进士。步入仕途之后，颜真卿先是被任命为醴泉(今陕西礼泉县)县尉。不久奉调进京,成了一名纪检监察官员(监察御史、殿中侍御史)。

颜真卿是个有骨气的官员,不但不肯依附权奸杨国忠,还为他的政敌打抱不平。因为这件事,仕途看好的颜真卿遭到了排斥打击,被贬黜到平原郡(辖区在今山东平原县一带)任太守。唐初,将隋朝的郡改为州,长官称刺史。唐玄宗天宝年间,曾又将州改为郡,长官称太守。因为这段经历,颜真卿又被称为“颜平原”。

颜真卿在平原任职期间,“安史之乱”爆发。忠心报国的颜真卿联合时任常山郡(辖区为今河北正定县一带)太守的堂兄颜杲卿,奋起抵抗叛军。颜氏兄弟的声望受到了很多地方官员的拥戴,颜真卿被推举为联军盟主,兵力最盛时麾下将士多达二十万之巨。一介书生的颜真卿,带兵打仗也不外行,屡败叛军,为政府稳定局势做出了重大贡献。

颜真卿与山东,有着割舍不断的关系。他虽然出生在京兆万年,但系琅邪颜氏后裔。也就是说,他的祖籍是山东。为官之后,他又在山东任过职,并且在任职期间功勋卓著。山东人民值得为这位杰出的先人骄傲和自豪。

唐肃宗李亨上台后,平叛有功的颜真卿受到重用,先后出任刑部尚书、御史大夫等要职。唐代宗李豫接班后,德高望重的颜真卿又转任吏部尚书,并被授予“太子太师”这样的文官最高荣誉头衔,还获封“鲁郡公”爵位。因此,颜真卿也被尊称为“颜鲁公”。

唐肃宗、唐代宗两任皇帝任期都比较短,唐德宗李适主政之时,年逾古稀的颜真卿仍然还在为政府服务。颜真卿是一个名副其实的四朝元老。就在李适上台不久,淮西节度使李希烈发动了叛乱。以国事社稷为重的颜真卿,不顾自己年老体衰,毅然前往叛军阵营劝降。有人说,颜真卿前去劝降是中了宰相卢杞的借刀杀人之计,其实并不尽然。即使没有卢杞忽悠,颜真卿大约也会这么做的。否则，他也就不是颜真卿了。

李希烈想利用颜真卿的名望充门面，就反劝他归顺自己，但被颜真卿断然拒绝。颜真卿被扣押在叛军阵营一年多，其间李希烈软硬兼施，试图迫使颜真卿就范。但铁骨铮铮的颜真卿，无论是面对死亡威胁还是利禄诱惑，始终不为所动。无计可施的李希烈，后来恼羞成怒，命手下将年近八十的颜真卿残忍地绞杀在关押地。一代忠烈名臣、书法巨擘，就这样以如此惨烈的方式命归黄泉。

李希烈叛乱被平定之后，颜真卿的灵柩才被运回京师。政府为他举行了隆重的葬礼，唐德宗亲自为他撰写了悼词。为了表达对颜真卿的缅怀哀悼之情，唐德宗还下令政府机关停止办公八天。生当作人杰，死亦为鬼雄。对于这样的哀荣，颜真卿当之无愧。

颜真卿是继王羲之之后，成就最高、影响最大的书法家。他的书法，被无数后人临摹学习。练书法的人如果不熟悉颜真卿，就不配提书法二字。笔者知道颜真卿，是在刚入大学读书之时。笔者的一位室友，是一个比较痴迷的书法爱好者。每晚睡前，他都要临上一个多小时的颜真卿碑帖。看了颜真卿的字，笔者感觉真叫一个雄浑大气、刚劲有力。爱慕之余，笔者也东施效颦，临了一阵子颜氏正楷，但始终不得要领，又兼缺乏意志力，后来便不了了之。

宋代文豪欧阳修这样评价颜真卿："颜公书如忠臣烈士，道德君子，其端严尊重，人初见而畏之，然愈久而愈可爱也。其见宝于世者有必多，然虽多而不厌也。"宋代另一位文豪苏轼则说："诗至于杜子美，文至于韩退之，画至于吴道子，书至于颜鲁公，而古今之变，天下之能事毕矣。"

颜真卿，字如其人，钢筋铁骨，正气凛然。

## 慷慨悲壮看李颀

开元二十三年(735)乙亥科状元,姓贾名季邻。史料关于贾季邻的生平事迹记载甚少,难以独立成篇。

贾季邻有个同榜进士同学比较有名,他就是唐代著名边塞诗人李颀。

李颀,祖籍赵郡(今河北赵县),定居于颍阳(今河南登封一带)。李颀是个富家子弟,家中原本不差钱。但青少年时期的李颀很有些个纨绔习气,结交了一帮浮浪子弟。狐朋狗友们整天吃喝玩乐,挥霍无度,很快就把丰裕的家产给败光了。交友要慎重,李颀的经历告诉我们,这话还真不是说着玩的。

破产之后的李颀幡然悔悟,开始隐居在家中刻苦读书,潜心学习。历经十年寒窗之后,李颀方才金榜题名、进士及第。此时的李颀,已经是个三十五岁的中年人了。求学期间的辛酸苦辣,可想而知。都说是浪子回头金不换,但是回头还是要赶早。

参加工作之后,李颀被任命为新乡(今河南新乡)县尉。大约是为人性格、处事方式难以适应官场习俗,李颀仕途很不得意,长时间在官场原地踏步走,得不到提拔重用。比如就有史籍这样评价李颀:“性疏简,厌薄世务。”意思是他性格清高孤傲不合群,不喜欢做一些事务性的工作。这样的人,自然很难得到上司的赏识和同事的喜欢。

中国的官场,永远充斥着巨大的向上诱惑。长期无法升职晋级的官场中人,自然会有被边缘化、渺小无助的强烈感受。在这种情况下,对官场产生悲观厌倦的情绪,也就是不可避免的事情了,比如李颀。

感觉在官场难以混出头的李颀,无奈之下就辞职回家隐居去了。辞官之后的李颀,在家里主要做两件事情,一件是写诗作赋,一件是炼丹求仙。写诗,是为了陶冶性情,这个值得赞赏。炼丹,是为了延年益寿,这就有点迷信无知、走火入魔的意思了。

李颀炼丹求仙的行为,在当时是颇有一些名气的。比如著名诗人王维在写给李颀的诗中,就有"闻君饵丹砂,甚有好颜色"这样的句子(《赠李颀》)。看来,李颀炼的丹药,不管药效如何,颜值还是比较高的。这说明,他在这上面下了很大的功夫。至于吃了以后会不会有助于健康长寿,那就不好说了。搞不好,还会有副作用。

物以类聚,人以群分。对官场中人,李颀是道不同不相为谋。但对于那些被他视为志趣相投之人,比如诗人,他还是很愿意交往的。王维、高适、王昌龄、綦毋潜等盛唐时期的著名诗人,都跟李颀交情不错,并且互有诗作往来。人在社会,都有交际的欲望。一个人看似清高不合群,很可能是因为他没有发现志同道合的朋友。李颀的经历说明,有些人的性格确实不适合混迹于官场。既然发现不适合,就不如退步早抽身,免得熬在里面活受罪。

李颀有个朋友名叫陈章甫,此人在当时是个很有名的才子。在陈章甫身上,发生过一段与科举有关的故事。有一年,陈章甫报名参加了一科制举考试,并且成绩合格。在发放录取通知书之前,工作人员发现他是一个黑户口人员,也就是没有户籍登记档案。按照科举的有关规定,主管部门决定不予录用陈章甫。

陈章甫对这一决定不服,就跑到主管部门去申诉维权。主管部门的工作人员,谁也无法说服能言善辩的陈章甫,便把矛盾上交,报请宰相大人亲自定夺。宰相在听取了汇报、审阅了相关申诉材料之后,觉得陈章甫言之有理,况且又是个人才,就拍板破格录取了他。陈章甫一个小小的书生,为了自己维权惊动了这么高层的官员，并且还没有受到推诿扯皮打官腔的官僚主义对待，让人觉得有些匪夷所思。要知道，这可是发生在一千多年以前的事情啊！

陈章甫大胆维权一举成功的举动，一时之间使他名扬天下。士子学人，无不为之赞叹。然而，跟李颀一样，陈章甫的仕途也很不畅达。做了一阵子芝麻官之后，他自己就摘了乌纱帽，从此归隐田园、游历四方，做了闲云野鹤。在陈章甫返乡之前，李颀专门写了一首题为《送陈章甫》的诗为他送行。《送陈章甫》，是比较有影响的一首唐诗。

李颀能写各种体裁格式的诗，尤其擅长创作七言诗。在李颀的诗作中，以边塞诗的艺术水准为最高。李颀的边塞诗，风格慷慨奔放、苍凉悲壮，在唐代颇负盛名。他的代表作《古从军行》，在中国诗歌史上也是能够占得一席之地的。在此，不妨让我们来欣赏一下这首名作："白日登山望烽火，黄昏饮马傍交河。行人刁斗风沙暗，公主琵琶幽怨多。野营万里无城郭，雨雪纷纷连大漠。胡雁哀鸣夜夜飞，胡儿眼泪双双落。闻道玉门犹被遮，应将性命逐轻车。年年战骨埋荒外，空见蒲桃入汉家。"

在贾季邻、李颀的同榜进士同学中，有两个人有一定知名度。一个是颍川（今河南许昌市）人氏萧颖士，一个是赵州赞皇（今河北赞皇县）人氏李华。在唐代，这两个人都是舞文弄墨的高手。

## 崔状元一语成谶

开元二十四年、二十五年两科，状元得主无考，只能略过不谈。

开元二十六年（738）戊寅科状元，乃宋州（今河南商丘市）人氏崔曙。关于崔曙的祖籍，还有博陵（今河北安平县）之说。

崔曙家境贫寒，小时候日子过得很苦。穷人的孩子早当家，少年崔曙是个懂事明理、志向远大的孩子。他在早出晚归、为生计操劳的同时,学习十分自觉刻苦。“少孤贫,苦读书”,有的史籍这样评价崔曙。

为了潜心钻研学问,崔曙曾隐居于太室山中,与薛据等名士交游往来,相互切磋。功夫不负有心人,经过多年的寒窗苦读,崔曙终于在本科独占鳌头,一举成名天下知。由于史料没有关于崔曙出生年月的记载,他此时多大岁数不得而知。但此时的崔曙,已经是个拖家带口的成年人这一点,是确定无疑的事情。

本科考试举行的时候,还是唐玄宗李隆基坐天下。李隆基这个皇帝,比较富有小资情调,喜欢附庸风雅。这一点,也为崔曙夺得状元提供了一定的便利条件。可以这么说,崔曙之所以能中状元,是因为他在参加考试过程中写了一首比较有名的诗。

史料关于崔曙的生平事迹记载甚少。他之所以能够留名于历史,全仗他写的那首诗以及与之相关联的一段科举故事。由于崔曙身上可写的东西不多,在此可以腾出一些篇幅简单介绍一下唐代科举的考试内容和方法。

在唐代,进士科的考试内容最初是时务策五道、帖一大经。后来,又加进了诗赋考试,并且诗赋考试在进士科中越来越受重视。这一点,大约也是造成唐代进士多诗人这种现象的重要因素。从这个意义上说,唐代的科举制度对于唐诗的繁荣发展起到了不容忽视的作用。国家考试的指挥棒效能,由此可见一斑。

唐代的进士科考试,一般分为三场。第一场是试帖经,类似于如今的填空。具体方法是,将一段经书文字中的一些字贴住,看考生能否根据上下文正确写出。第二场是试诗赋,考生现场作诗、赋各一篇。其中,对诗的题目和用韵限制很严格,多为五言六韵或八韵的排律,以古人诗句或者成语为标题,并在标题上冠以“赋得”二字。这种诗,被称为“试帖诗”或“赋得体”。第三场是试时务策，类似于如今的公务员申论考试，时务策试题一般为五道。

在本科的诗赋考试中，要求考生以“明堂火珠”为题赋诗一首。据清代学者纪晓岚考证，“明堂”为唐代皇宫中的一座建筑，“火珠”为这座建筑上的铜制装饰物。考试结束后，崔曙写的《奉试明堂火珠》最受李隆基欣赏。这首诗是这样写的：“正位开重屋，凌空出火珠。夜来双月满，曙后一星孤。天净光难灭，云生望欲无。遥知太平代，国宝在名都。”

这首诗虽然是崔曙在考场上的应景之作，但艺术水准颇高，一直流传至今，尤其是其中的“夜来双月满，曙后一星孤”两句，更是让李隆基大为叫绝，叹为神来之笔。于是，状元头衔就归了崔曙。这也是没有办法的事情，皇帝既然那么喜欢，别人也就没法再去争了。

俗语道，乐极易生悲。这话用在崔曙身上再恰当不过。前边说过，崔曙中状元的时候，已经是个拖家带口的人了。他有一个女儿，乳名唤作星星。崔曙是个苦命的悲情状元，参加工作只有一年左右，就不幸因病去世。这个时候，估计他金榜题名的喜庆劲儿还没有完全过去呢。

因为崔曙的遭遇，当时的人们就把他《奉试明堂火珠》中的一句话看作是他命运的自谶之语。这句话，就是“曙后一星孤”。在这句诗中，不仅隐含了崔曙自己和女儿的名字“曙”“星”，而且还有“后”和“孤”这样两个关键字。“曙后”，可以理解为崔曙的身后，也就是去世以后。而“一星孤”，则可以理解为他那个叫星星的女儿成了一个孤儿。这样的巧合，确实有些匪夷所思。

在古代，人们普遍信命。对于人生经历中一些无法解释的诡异巧合，大家就会认为是命中注定。所以，“曙后一星孤”这句诗，自然会被人们视为崔曙一语成谶。

# 柳浑爱拼不信命

开元二十七年(739)己卯科状元,姓李名岑。但此人的其他事迹史籍记载甚少,只能存目。

开元二十八年(740),查不到任何及第人员信息,估计本年度政府未开考。开元二十九年(741)辛巳科状元得主失考,亦只能略过。

天宝元年(742)壬午科状元,姓王名阅。但王阅的生平仕履史料无载,关于此人也无话可说。

在王阅的同榜进士同学中,有个人很有名,他就是担任过宰相的唐代名臣柳浑。柳浑,原名柳载,祖籍河东,徙居襄州(今湖北襄阳市)。

柳浑出身草根,儿时家境十分贫寒。少年柳浑十分懂事,立志通过刻苦学习改变命运,出人头地。柳浑的家人曾找人给他看过相,算命先生说他面相主贱而且短命,如果出家做和尚或道士,倒是有可能延寿。于是,家人就想让柳浑出家。没想到,柳浑是个喜欢拼搏、不信命的有志少年。他对家人说:"什么延寿不延寿,如果不让我读书学习,去做那劳什子的和尚道士,我宁愿现在就死。"柳浑能有这样的见识,在当时实属少见。

经过多年打拼,柳浑在二十八岁那年进士及第。登科后,他先是被任命为单父(今山东单县)县尉,后来又做过衢州(今浙江衢州)司马、江西判官、监察御史、袁州(今江西宜春市)刺史、兵部侍郎、尚书左丞等官职。柳浑从基层做起,一个一个台阶干上来,最后官居宰相(同中书门下平章事)高位。

柳浑是个很有才干也很有正义感的官员,遇事敢于担当。他在江西任职时，一个寺庙的和尚们不守清规戒律，偷偷喝酒取乐，不慎引发火灾。为了推脱责任，和尚们一口咬定门卫是火灾的责任人。当时，这座寺庙的势力很大，几乎黑白通吃。因而，得了寺庙好处的官府上下，明知门卫是冤枉的，却没人愿意或者敢于为他说话。在这种情况下，柳浑与同事崔祐甫挺身而出，全力为无辜的门卫辩护，使其免遭牢狱之灾。这件事，为柳浑赢得了很高的声望。

柳浑是个很有人文情怀的官员。在他担任宰相期间，有个玉工受命为皇室加工制作玉带。在制作过程中，不小心弄坏了一块玉。被吓坏了的玉工，就偷偷到市面上买了一块玉顶替。玉带制好后，眼力很贼的唐德宗，发现其中一块玉跟其他的不太一样，事情就穿帮了。唐德宗很生气，就要以欺君之罪处死玉工。柳浑据理力争，认为按照法律规定，玉工的行为罪不当死，最多打一顿板子即可。因为柳浑的坚持，玉工挨了一顿板子了事。

柳浑是个很讲原则和规矩的官员。韩滉受皇帝宠信期间，大权独揽，事无巨细，一概插手，并且时常越权越位。韩滉虽然对柳浑有举荐之恩，大公无私的柳浑却正告韩滉说：“您的前任宰相因为处事偏激，经常破坏制度规矩，所以干了不到一年就被摘了乌纱帽，难道您也想重蹈他的覆辙么？”在柳浑的提醒规劝下，韩滉颇有悔改之意，张狂高调的言行有所收敛。

柳浑是个很有骨气的官员。张延赏把持朝政期间，刚正不阿的柳浑，有些言行让他很不爽。于是，张延赏就让亲信给柳浑传话说：“先生如果在朝中少说话，位置才能坐得久。”柳浑正色对那亲信道：“你回去替我谢谢张大宰相的好意，但也请你转告他，我柳浑头可断，但是说话的舌头不可禁。”怀恨在心的张延赏，就想方设法排挤打击柳浑，将原本是副宰相（尚书左丞）的他，改任为右散骑常侍。散骑常侍虽然是门下省级别最高的谏官，但没啥实权。

柳浑是个荣辱感极强的官员。朱泚兵变发生后，柳浑隐避于终南山中。他的名望，使朱泚极为艳羡，几次三番派出使者，以宰相官职相诱，试图将其收罗门下，但一身正气的柳浑始终不为所动。无计可施的朱泚，在发布伪政权组成人员名单时，将柳浑公布为宰相人选，想以既成事实来逼柳浑就范。此时的柳浑，名字还是柳载。朱泚垮台后，柳浑上书皇帝申请改名，称自己的名字已经被反贼所玷污，今后耻于再叫柳载这个名字。自此，柳载改名为柳浑。

柳浑是个为政清廉、两袖清风的官员。他不喜奢华，没有声色犬马之好，生活十分简朴。做官那么多年、做了那么大的官，柳浑不仅从不利用职权为自己及其家人谋取私利，也没有为自己购置任何房屋、土地等产业。这一点，在古代的封建官员尤其是高官之中，极为罕见。柳浑为人诚恳朴实、平易近人，从不摆谱端架子。凡是与他交往的人，无论高低贵贱，都对他的人品赞不绝口。

柳浑文笔很好，著述颇丰，擅长散文写作，有文集十卷传世。

柳浑为政府服务接近五十年，最终位极人臣。他活了七十五岁，这在古时已属高寿。事实证明，当初算命先生关于柳浑面相贱、寿命短的两个判断，纯属无稽之谈。不信命爱拼搏的柳浑，以不凡的作为，把自己的名字写进了历史。

当官不为民做主，不如回家卖红薯。柳浑柳浑，其实一点都不浑，做官当如柳惟深（柳浑一字惟深）。

## 七巧七巧看乔琳

天宝二年（743）癸未科状元，乃岐山（今陕西岐山县）人氏刘单。

在当时，刘单是个很有才名的人，诗画俱佳。比如诗圣杜甫，就曾为他的画作题过诗。据有关史籍记载，元载担任宰相的时候，想拉拢一些有文才声望的人，以培植自己的私人势力，刘单被其认为是首选之人。由此可见，刘单的名气确实非同一般。但不久，刘单就因病去世。此时，他正担任礼部侍郎一职。除此之外，刘单的其他事迹就很少见诸史料记载了。

刘单有个名叫乔琳的同榜进士同学，科举和为官经历都很有些意思，值得一说。

乔琳，乃太原（今山西太原市）人氏。他出身贫寒，少年时家境极是拮据。志向远大的乔琳，从小就勤奋好学，立志成就一番功名。

乔琳是个性情中人，做事不拘小节、不讲礼仪，说话口无遮拦，没心没肺，很爱搞笑。在一定程度上，性格能够决定一个人的命运。乔琳后来之所以下场悲惨，就与他的这种性格有关。

关于乔琳的科举经历，有个有趣的野史段子流传。有一年冬天，乔琳进京赶考。当时天寒地冻，乔琳不仅囊中羞涩，所骑的一匹瘦马也被冻死了。陪他赶考的一个佣人，也因为吃不了那苦，中途溜号了。困在野村小店的乔琳，不要说继续赶考的盘缠，就连仨瓜俩枣的食宿费都交不起了。情急之下，他听说当地一个姓刘的副县长（县尉）比较喜欢结交才子，就硬着头皮前去自报家门，想争取点资助。

刘副县长接见了乔琳。当时在座的，还有刘副县长极为敬重的一位世外高人。此人已年过八旬，看相算命道行很深。这样的人，架子一般都很大。比如这位老者，就很有谱儿。对刘副县长的客人们，哪怕是有官职、有名望之人，他一概懒得搭理。但是对于乔琳，他一反常态地十分热情，与之交谈甚欢。

乔琳走了以后，刘副县长很不解地问老者："这小子不过是个赶考的穷书生，并且很没礼貌，说话没规没矩，连我都看不下去了，您老为啥还对他那么热情？"那老者说："这个人可不一般，日后会是你的顶头上司。你对他好一些，必定会有回报。我对他热情，是为了给你结交人脉资源，搞点感情投资。但是这个人过于任性而为，即使大富大贵，也不会太长久。如果他当了宰相，在位时间不会超过一百天。七十岁之后，他还会死于非命。"

对老者言听计从的刘副县长，就好好款待了乔琳几天，并且资助了他一笔赶考经费，还为他准备了新的交通工具（好马一匹）。乔琳离去之后，那老者对刘副县长说："你有恩于我，我无以为报。如今我为你积累了这样一个人脉资源，也就心安理得了，咱们就此别过吧。"此后，那老者便不知所踪。

乔琳进士及第后，在官场打拼多年，成了朝廷高官。而那位刘副县长，仅仅官升一级，成了刘县长。由此可见，在古代官场，是不是科班出身，对于一个官员的进步影响之大。在一次审判案子时，刘县长出现了误判，导致当事人冤死，死者家属就把他给告了。朝廷委派官员调查此事，刘县长面临被追责处理。关键时刻，那老者为刘县长积累的人脉资源发挥了作用，乔琳正是刘县长专案组的负责人之一。不忘旧恩的乔琳，就没有严格依法依纪办事。他经过多方斡旋调停，把恩人刘县长给洗脱干净了。

在官场上，乔琳先后担任过副县长、县长（县令）、监察御史、市长（刺史）、御史中丞等职务。唐德宗李适即位后，乔琳被任命为相当于宰相的职务（同中书门下平章事）。但只干了八十七天，就因为眼花耳聋、经常对皇帝的质询答非所问，被唐德宗认为不称职而被免职了。这一点，应了那位老者当初对他的第一个判断。

据《旧唐书》记载，朱泚兵变发生之后，乔琳以年老体衰、腿脚不便以及车马状况不佳为由，不肯跟着唐德宗一起去避难。即便唐德宗特批赐予他皇家御用车马，他也不愿同行。唐德宗离开京城以后，乔琳出家当了和尚。朱泚也想网罗人才充门面，不肯放过已经削发为僧的乔琳，就派兵把他抓回了京城，安排他出任伪政权吏部尚书。接受了伪职之后，乔琳虽然三天打渔两天晒网，不怎么管事，但他又没有管住自己的嘴巴，说了一些诋毁攻击朝廷的话，从而为日后丧命埋下了伏笔。

朱泚叛乱被平定之后，乔琳又成了朝廷的阶下囚。按照他的行为，应当被判处死刑。有些大臣顾念他为政府服务多年，又年事已高，便上书皇帝，恳请饶他一命。唐德宗认为，乔琳虽然没有为叛军做什么事，但他在叛军阵营中胡说八道、诋毁攻击朝廷，实属严重的大逆不道、忘恩负义行为，罪不容赦。于是，刚过七十的乔琳，被押赴刑场，执行死刑。这一点，又应了那位老者当初对他的第二个判断。

在刑场上，乔琳仰天长叹道：“我乔琳生于七月初七，死于七月初七，七巧七巧，这就是我的命啊！”七月初七，是中国民间的一个传统节日，俗称“七夕节”或“乞巧节”。乔琳的生和死，恰好都在“乞巧节”这一天。这样的人生巧合，实在是太巧了。

## 边塞诗高手岑嘉州

天宝三载(744)甲申科状元，姓赵名岳。赵岳的生平事迹无考，只能存目。

大唐王朝的纪年，从这一年起改“年”为“载”。这种做法，一直延续了十四年。之后，又改“载”为“年”。至于为啥这么改，笔者没有查到明确的说法。

在赵岳的同榜进士同学中，有个人很有名，他就是唐代著名诗人岑参。

岑参，乃南阳（今属河南）人氏。岑参家世显赫，是个官好几代。在官场上，他们老岑家混得风生水起，出过三位宰相，或者相当于宰相的高官。岑参的父亲岑植，也曾做过市长（晋州刺史）。

中国有句古话，富不过三代。而贵，大约也是这个样子。岑参十岁那年，他的老爸不幸因病去世。此后，他们的家道就迅速败落下来。岑参也从一个锦衣玉食的衙内，沦落为衣食无着的贫寒少年。

少年岑参，是个志向远大的好孩子。他没有像多数破落家庭的子弟那样自暴自弃，而是在一个堂兄的带领下，发愤读书学习，十来岁就能写得一手好文章。十五岁时，岑参隐居于家乡附近的一座山中，刻苦攻读经史子集，奠定了坚实的学业基础。

跟多数读书人一样，岑参也想通过科举出人头地。但是他的科举之路，很不畅达。二十岁那年，岑参只身闯荡京城，向许多高官名流投献诗词文章，试图谋个一官半职，却始终未能如愿。在这期间，岑参大约也曾多次报名参加科举考试，但均名落孙山。

成功源于坚持。求官不成、科举不第，并没有使岑参灰心丧气。他一边在京洛、河朔一带游历，一边继续读书学习，认真备考。经过七八年的不懈努力之后，二十七岁的岑参终于金榜题名、进士及第。

进士及第后，岑参被任命为右卫率府兵曹参军。这是一个级别很低的小官，大约相当于营连职参谋一类的角色。岑参步入官场之时，大唐西北边陲战事频发、异族时常入侵，很不安定。满怀报国之志的岑参，很想到边塞施展才干、建功立业。他在诗中这样表达自己的志向："万里奉王事，一身无所求。也知塞垣苦，岂为妻子谋。"

参加工作五年之后，岑参来到安西四镇节度使高仙芝手下，做了一个文字秘书（幕府书记）。在高仙芝手下，岑参干了两年多。

在这段时间里，作为一个小小的幕僚，人微言轻的岑参，自然不会受到重视，更谈不上能为平定边疆发挥什么重要的作用。

回到京城三年后，岑参再度出塞，在安西北庭节度使封常清手下，做了一个节度判官。岑参的这个职务，级别仍然不高，也谈不上有多重要。此次出塞，岑参又在那里待了四年多。“安史之乱”爆发后，岑参随军东归勤王。

“安史之乱”平定后，岑参被杜甫等人推荐，做了一个京官（右补阙）。后来，又成了皇帝身边的工作人员（起居舍人）。岑参是个性情耿直之人，遇事从不隐瞒自己的观点。对一些人的不法行为，他也敢于抵制斗争。“频上封章，指述权佞”，有古人这样评价岑参。

像岑参这样的性格，在官场上肯定会得罪很多权贵。所以，他的京官也做不长久，先是被外派为副市长级官员（虢州长史），后来又出任嘉州（今四川乐山市）刺史。因为在嘉州的任职经历，岑参又被称为“岑嘉州”。此后，岑参因故被罢官，客死成都旅舍，享年五十五岁。

岑参是唐代最杰出的边塞诗人，与高适被世人并称为“高岑”。在唐代的诗人中，岑参的边塞诗数量最多、成就最高。其实，岑参的前后诗风，是有较大变化的。他的早期诗作，多为风花雪月性质的写景抒怀之类。但岑参在从政生涯中两次出塞，前后共在边塞生活了六年多。在边塞工作生活的这段时间，岑参虽然没有多大机会施展自己的理想抱负，但使他眼界大开、阅历大为丰富。边塞的雄奇风光、民俗文化，以及军旅征战、金戈铁马的见识经历，为岑参提供了取之不尽的写作素材。可以说，正是这段边塞生活，成就了岑参这位名留青史的杰出诗人。岑参的经历说明，阅历对于一个人的成长发展是何等的重要。

岑参边塞诗的风格特色，可以概括为雄奇瑰丽、大气磅礴八个字。大雪飞扬、朔风怒吼、飞沙走石、天寒地冻这些常人眼中的严酷自然景象,在他的笔下,都成了英雄气概的背景衬托。因而,也就使他的诗具有了一种伟岸壮丽的不凡气质。比如“四边伐鼓雪海涌,三军大呼阴山动”“半夜行军戈相拨,风头如刀面如割”等。这样的气势与胸襟,大概也只有盛唐的诗人才会有。

“忽如一夜春风来,千树万树梨花开”,这脍炙人口的不朽诗句,相信大家一定耳熟能详。这两句诗,就出自岑参的代表作《白雪歌送武判官归京》。

## 洒脱不羁李嘉祐

天宝四载(745)乙酉科,状元得主无考。

天宝五载(746)丙戌科状元,名叫羊袭吉。天宝六载(747)丁亥科状元,名叫杨互。羊袭吉和杨互的生平资料史籍记载甚少,这两科也无著名进士可写,只能存目。

天宝七载(748)戊子科状元,名叫杨誉,此人生平事迹亦不详。在杨誉的同榜进士同学中,有个人比较有趣,值得一说,此人便是唐代著名诗人李嘉祐。

李嘉祐,乃赵州(今河北赵县)人氏。李嘉祐是个富家子弟,有史籍称他“枥多名马,家有妓乐”。家庭条件好,就能受到比较良好的教育,只要他自己不贪玩、爱学习。李嘉祐天资聪颖,教育条件又好,因而年轻时就是个比较有知名度的才子了。

李嘉祐进士及第时,大约二十六七岁的样子。根据相关史料分析,他考中进士后,并没有被立即封官。在唐代,进士及第的人,只是获得了做官的资格。啥时能走马上任,还要看吏部的铨选情况。虽说吏部铨选有“身(体貌丰伟)”“言(言辞辩正)”“书(字迹端庄)”“判(文理优长)”等比较明确的标准,但相关人等是否能被选中,还要受职位空缺情况、举荐人的地位力度等因素影响。有些人也许等上一年半载即可封官,运气不好的人等上十年八载也未必有官做。铨选不中的进士,还可以到节度使等地方大员手下,做个文字秘书(幕府)啥的搞一下“曲线救国”,然后再由此步入仕途,比如大文豪韩愈就是这种情况。

李嘉祐在等待吏部任用期间,有个姓张的副市长(并州长史),因为倾慕他的才名,曾经很隆重地接待过他。对此,李嘉祐很是感激,专门创作了一首乐府诗,在张副市长招待他的宴席上自舞自唱。李嘉祐的舞姿豪迈奔放,歌喉高亢嘹亮,才艺震惊四座。李嘉祐的这次才艺展示,居然被载入了史册。

闲待了一段时间后,李嘉祐被任命为中央政府机关文字秘书(秘书省正字)职务。有人称,李嘉祐出任这一职务,是由于当过宰相的唐代诗人张说的举荐提携。这种说法,应为误传。因为李嘉祐考中进士之时,张说已经死了十几年。一个死人,怎么可能再去举荐提拔官员呢?后来,李嘉祐又担任过殿中侍御史、监察御史等职务。

在监察御史任上,李嘉祐因为犯了错误而受到了贬官外放的处理(谪鄱阳令)。至于因何犯错,无法查到史料记载。根据唐代诗人、人称“五言长城”的刘长卿题赠给李嘉祐的一首诗分析,大约是他在写的诗文之中有一些自由主义言论。“稚子能吴语,新文怨楚辞。”因为舞文弄墨而惹上文字狱性质的麻烦,倒也符合李嘉祐的性格做派。

此后,李嘉祐几起几落,又做过江阴县令、右拾遗、司勋员外郎、袁州刺史等官职,终官于台州(今浙江台州市)刺史。其间,他曾在苏州闲居了比较长的一段时间。

李嘉祐洒脱不羁,恃才傲物,特立独行。有史料称他“颐指侪类，人多嫉之”，意思是他瞧不起人，说话不管不顾，对同僚之类经常讽刺挖苦，得罪了不少人。比方说，有个姓杜的刺史，曾邀请他为辖区的学生们讲授孔孟之道、礼仪经史等，他却很不屑地说：“我怎么能讲那些陈芝麻烂谷子的糟粕，对我来说，那简直就等于是弃美酒而取剩茶水喝。”

官场讲究的是低调内敛、随机应变。以李嘉祐这样高调张扬、我行我素的做派，是很难见容于官场的。因而，他仕途多舛也就不难理解了。深感怀才不遇的他，曾这样发牢骚：“才高位下，免责而已，天子不知，公卿不识，四十五十，而无闻焉。”但是这样的性格，有可能成就一个比较出色的诗人。李嘉祐本人算一个，当然，更为典型的例子还是诗仙李白。

在唐代，李嘉祐是个有一定影响的诗人。他的诗，风格温婉清丽，遣词造句考究精巧。在李嘉祐的诗作中，佳句迭出，被时人广为传颂。最有名的，当属“野渡花争发，春塘水乱流”。此外，“无人花色惨，多雨鸟声寒”“野棠自发空临水，江燕初归不见人”等也堪称经典名句。

关于李嘉祐，还有个有趣的段子流传。当时，一个姓杜的士子准备选购住房。他的老妈告诫他说：“买房子选好邻居很重要，比如古代就有孟母三迁的故事。如今你要买房子，如果能选中一个像李嘉祐那样有学问的邻居，我也就放心了。”这个段子，足以说明李嘉祐的名气之大。

## 钱起耻于称“钱郎”

天宝八载（749）己丑、天宝九载（750）庚寅两科，状元得主无从查考，从略。

天宝十载(751)辛卯科状元,姓李名巨卿,但李巨卿的生平事迹无考,只能存目。

在李巨卿的同榜进士同学中,也有个比较有趣的人物,此人就是“大历十才子”之一的钱起。

钱起,乃吴兴(今浙江湖州市)人氏。有一种说法称,钱起是唐代大书法家怀素的叔父。但是怀素的祖籍系永州零陵(今湖南永州市),两者的籍贯对不上号。笔者很是费了一些功夫,也没有查到二者是叔侄关系的确凿证据。不过,怀素出家前俗姓钱。钱起和怀素之间,在姓氏方面倒是能够勾连上关系。《唐才子传》则称,怀素是钱起的外甥。这两种说法,权为花絮。转录于此,也可以为这位钱进士增加一些看点。

钱起的生卒年不详,因而他多大岁数金榜题名不得而知。但钱起的科举之路颇为不顺,是可以肯定的事情。为了求取功名,钱起曾多次报名参加科举考试,但均告名落孙山。在这种情况下,一般人很容易心灰气馁,而钱起却没有轻言放弃。一次失败,又成为下一次冲击的新起点。这说明,钱起的意志力还是比较强的。

经过多年打拼,钱起终于脱颖而出,进士及第。在《唐才子传》中,有这样一段有趣的记述。钱起在参加本科考试之前,有一天晚间正在复习备考,却听见有人在屋外不断吟诵“曲终人不见,江上数峰青”,没完没了。他感到很奇怪,就走到屋外察看,却连个人影都没看到。及至参加本科诗赋考试的时候,福至心灵的钱起,便以这两句作为结尾,做成试帖诗《湘灵鼓瑟》。

主考官看了钱起的试帖诗,尤其是结尾两句之后,大为叫绝,直呼必有神助。试帖诗《湘灵鼓瑟》,使钱起声誉鹊起。这首诗,堪称这类诗体的典范之作。在当时人们的眼中,相当于如今高考的满分作文。此诗的全文如下:“善鼓云和瑟,常闻帝子灵。冯夷空自舞,楚客不堪听。苦调凄金石,清音入杳冥。苍梧来怨慕,白芷动芳馨。流水传潇浦,悲风过洞庭。曲终人不见,江上数峰青。"钱起创作这首应试诗的前前后后,也算是科举佳话一桩。

《湘灵鼓瑟》诗的历史影响也比较大,为后世不少人所喜爱。有一种说法称,"四人帮"之一的江青,就是取此诗中"江上数峰青"之意,把自己的艺名由蓝苹改为江青。但是这种说法,也有人认为属于讹传。大约是受《湘灵鼓瑟》的启发,江青倒是曾经写过一首近似于顺口溜的诗:"江上有奇峰,锁在云雾中。寻常看不见,偶尔露峥嵘。"不管怎样,钱起这首诗的影响之久远,是毋庸置疑的事情。

进士及第之后,钱起先是做了秘书省校书郎,后来外派为蓝田(今陕西蓝田县)县尉。在蓝田任职期间,钱起与王维等诗人多有往来唱和,交情不错,被王维视为同道并给予较高评价。有史籍称,"文宗右丞,许以高格"。"右丞",指王维。这说明,钱起的名声和才学,确非浪得虚名。

离开蓝田后,钱起先后又担任过司勋员外郎、考功郎中等职务。考功司是吏部的四个司之一,负责文武百官的业绩考核等工作,地位比较重要。郎中,是为考功司的长官。因为担任过这一职务,钱起也被称为"钱考功"。

在同时代人的眼中,钱起的名声还是很大的。"前有沈宋(沈佺期、宋之问),后有钱郎(钱起、郎士元)"的说法,曾经不胫而走、风靡一时。当时的京城高官外放地方出任封疆大吏,如果得不到钱起、郎士元题诗相赠,会是一件很没面子的事情。"自丞相以下,更出作牧,二公无诗祖饯,时论鄙之。"因为在大家看来,这样的人不是官德人品不佳,就是才干平庸没文化。

郎士元也是唐代著名诗人,比钱起晚五年中进士,出任过左拾遗、员外郎、郢州刺史等职务,地位、名气比钱起低不到哪里去。文人相轻,是不少此道中人爱犯的毛病。自视甚高的钱起,就对郎士元这位小学弟很是瞧不上眼，因而耻于人们将“钱郎”并提。那意思是，这样比，就把自己给比低了。比如，他曾对人如是说：“郎士元又是谁？怎么能和我相提并论呢？”

钱起的诗，是典型的封建士大夫、风流才子的怡情之作。他的诗作虽然多数属于风花雪月之类，距离社会现实生活比较远，存在内容不够深刻厚重的问题。但是，他的作品辞采华丽，构思新奇，格式精妙，长于写景，音韵和谐，形式美还是有的，具有较高的艺术水准。

钱起长于五言、七言近体诗写作，有《钱考功集》传世。在他的诗中，不乏名联佳句，读后给人以愉悦的艺术享受，比如“鸟道挂疏雨，人家残夕阳”“牛羊下山小，烟火隔云深”“始怜幽竹山窗下，不改清阴待我归”等。有意思的是，一位日本高僧归国时，钱起曾题诗相赠，其中的“竹怜新雨后，山爱夕阳时”亦堪称经典名句。

## 鲍防张继在此榜

天宝十一载(752)壬辰科状元得主失考，从略。

天宝十二载(753)癸巳科状元，姓杨名儇。杨儇的生平事迹史料无载，只能存目。

在杨儇的同榜进士同学中，有两个比较著名的人物，且容笔者分别道来。

一个是襄阳(今湖北襄阳市)人氏鲍防。

在鲍防的少年时代，他的家境十分困顿，时常出现入不敷出、衣食无着的窘况。但懂事明理的鲍防，自幼笃志好学，十分用功。年纪不大，鲍防就以善于词章而闻名乡里，成为当地青少年学习仰慕的楷模。

鲍防的科举之路也不是很顺，金榜题名时已过而立之年。进士及第之后，鲍防被封了个从事文字工作的小官（太子正字，正九品下）。在官场上，鲍防一步一个脚印、踏踏实实地工作。由于认真负责，业绩不凡，鲍防被逐级提拔，历任员外郎、太原尹、河东节度使、福建观察使、江西观察使、礼部侍郎、御史大夫、京兆尹、工部尚书等职务，是唐代名臣之一。

在这里，有必要介绍一下京兆尹、太原尹、河南尹的情况。在唐代，首都、陪都和皇族家乡所在地的“府”这一级建制，大体相当于州，但是规格要高于州，地位也更为重要。唐初即设有上都（长安）京兆府、东都（洛阳）河南府、北都太原府，这就是著名的“三都府”。在“三都府”之中，又以京兆府的地位最为重要。

“三都府”的长官称为“牧”，原则上由亲王挂名，但不具体管事，实际主持工作的长官为府尹。朝廷对于京兆尹人选非常重视，有所谓“京兆尹天下取则之地”一说。也就是说，京兆尹这个职位，不是随便哪个官员都能做的。出任此职之人，必须官德高尚、声望服众、德才兼备，能够成为各地官员之楷模。本书前面写了那么多状元进士，有成就者也不乏其人，但担任过京兆尹这一重要职务的，鲍防是头一个。这个鲍防，确实不一般。

值得一说的是，鲍防曾受朝廷委派，担任过制举“贤良方正”科的主考官。他办事公道、慧眼识人、唯才是举，选拔出了柳公绰、穆质等名臣，受到了朝野一致好评。柳公绰是著名书法家柳公权的哥哥，历任侍御史、刺史、吏部郎中、御史中丞、京兆尹、河东节度使、户部尚书等职务，政绩颇为不凡，是唐代名臣之一。鲍防自己曾做过京兆尹，又选拔出了一个京兆尹的弟子，亦属佳话一桩。把优秀人才从众多竞争者中甄别选拔出来，是一个考官的应尽之责。要做好考官，当学鲍子慎（鲍防字子慎）。

在唐代，鲍防也是有一定名气的诗人，与谢良弼被时人并称为

“鲍谢”。

另一个是襄州(今湖北襄阳市)人氏张继。张继跟鲍防,应当算是正宗的老乡。

张继自幼饱读诗书,博学多识。并且张继的口才很好,长于辩论。但是跟鲍防相比,张继的科举之路更为不顺。根据有关史料文献分析,进士及第之时,张继已年近四十。在这期间,他屡试不第也是可以想见的事情。

考中了进士,张继却没有通过吏部的铨选,只能回家等待机会。这一等,就是七八年之久。无奈之下,张继只好走迂回道路,投笔从戎做了个随军幕僚(征西府中供差遣)。这份差事干了一段时间之后,张继终于得到政府正式任命,做了检校员外郎这样一个中下级文官。此时的张继,已经有五十多岁了。几年之后,张继被外放为洪州(今江西南昌市)盐铁判官。到任只有一年多,便病逝于任上。

由于常年漂泊、为官不显,再加上张继为人正直、不贪不占,他的生前身后十分清贫。在他去世以后,朋友刘长卿在为他写的悼诗中,有“世难愁归路,家贫缓葬期”这样的句子。死了以后连葬礼都没钱如期举办,可见张继确实两袖清风、身无积蓄。

张继是唐代著名诗人,但他的诗作传世不多,只有几十首而已。好诗不用多,只凭著名的《枫桥夜泊》这一首绝唱,便足以使张继名传千古。“月落乌啼霜满天,江枫渔火对愁眠。姑苏城外寒山寺,夜半钟声到客船。”在中国,只要是识文断字的人,恐怕都能背诵这首诗。

在孩提时代,笔者就会背《枫桥夜泊》这首诗了。张继笔下的寒山寺,在声名远播的同时,也让我神往了很多年。在我的想象中,这首诗描绘出了这样一种意境:高山耸立,大树森森,古寺隐隐。悬崖峭壁之下,大江横流,寒风阵阵。悠远的钟声之中,一叶孤舟寂寥地泊于岸边。

看景不如听景。当我若干年之后亲临寒山寺之时，真的难掩失望之情——跟诗中的意境相去太远了。

## 韩翃元结是同学

天宝十三载（754）甲午科状元，姓杨名纮。杨纮的生平事迹失考，暂且存目。

在杨纮的同榜进士同学中，有两个人比较有知名度，身上也发生过比较有趣的故事，值得在此一说。

其一是位列“大历十才子”之一的知名诗人韩翃。

韩翃，乃南阳（今河南南阳市）人氏。韩翃是个成名较早的诗人，他的诗多为送行赠别之作，风格轻灵精巧，在当时很受追捧，为人们争相传诵，“朝野珍之”。

在进京赶考期间，一个姓李的知名人士，慕于韩翃诗名，经常请他到府上一聚。这位李先生家里有个姓柳的歌姬，貌若天仙，能歌善舞。一来二去的，这位柳氏因为爱慕韩翃的才气，便移情别恋了。而韩翃不是坐怀不乱的柳下惠，也就来了个顺水推舟。

那位李先生倒不是个小肚鸡肠之人。他看到韩、柳二人你情我愿、难舍难分，便大度割爱，玉成了他们的好事。不但如此，他还慷慨地资助了一笔经费，帮助韩柳二人办了一个像样的婚礼。李先生大气豪爽的举动，一时之间传为美谈。

韩翃娶了柳氏的第二年，便顺利通过考试，进士及第。“洞房花烛夜，金榜题名时”，古人心目中的人生两大喜事，韩翃在短时间内集于一身，其春风得意之情，可以想见。

进士及第之后，韩翃没有被立即封官。在回乡省亲期间，韩翃将柳氏暂时留在了长安。就在这期间，“安史之乱”爆发，叛军攻占了长安。为避兵乱，柳氏剪掉了一头青丝、弄丑了如花面容，躲进了一座寺庙。

朝廷克复长安之后，韩翃派人四处探访柳氏下落。此时的柳氏，已被一个部族将领沙咤利掳去做了小妾。思念柳氏心切的韩翃，就写了一首题为《章台柳》的小令，托人暗中转交给了柳氏。这首小令，是这样写的：“章台柳，章台柳！昔日青青今在否？纵使长条似旧垂，也应攀折他人手。”柳氏读了这首小令之后，泪如雨下，百感交集。她按《章台柳》的调式，回赠韩翃一首《杨柳枝》：“杨柳枝，芳菲节，可恨年年赠离别。一叶随风忽报秋，纵使君来岂堪折。”这两首小令，写得真是情意绵绵、怨思无限。

后来，唐肃宗李亨知道了这件事情。受韩翃柳氏柔美爱情故事所感，他亲自出面做主，让韩柳二人破镜重圆。韩翃柳氏悲欢离合的爱情故事，被唐代作家、贞元年间进士许尧佐演绎成一篇传奇，这就是载于《太平广记》的《柳氏传》。正是由于这篇传奇，韩翃柳氏的故事才得以流传久远。由于许尧佐与韩翃生活的年代相距不是太久，《柳氏传》的可信度还是比较高的。

韩翃为官不显，因而没有特别值得一写的政绩。他之所以能有一定的历史知名度，一是因为《章台柳》，二是因为《柳氏传》。

其二是唐代诗人元结。

元结，乃鲁山（今河南鲁山县）人氏。元结本为鲜卑族拓跋氏后裔，祖先世居太原府，后来迁居鲁山。如此说来，元结是中国科举史上为数不多的少数民族进士之一。

天宝六载(747)，元结曾进京赶考。有史料称，当时由于李林甫玩弄权术，搞了暗箱操作，导致元结名落孙山。时隔六年之后，屡试不第的元结终于得遂所愿，金榜题名。

元结从少年时代就长期跟着自己的堂兄、唐代名臣元德秀读书学习。在为人治学方面,元结受元德秀的影响很大。元结进士及第之后,还没等到被封个一官半职,就发生了“安史之乱”。为避兵祸,元结率亲属举家南迁,在湖北大冶、江西瑞昌一带居住了一段时间。

乾元二年(759),受国子监司业苏源明推荐,元结才有了自己的第一份工作——山南东道节度使史翙幕府参谋。是人才,只要有机会,就会展现出自己的才干,比如元结。作为一介书生,元结竟然招募组织起一支义军,奋起抵抗史思明叛军南犯,力保十五座城池不失。这说明,元结不仅有“国难当头,匹夫有责”的担当意识,也有过人的军事指挥才能。

由于军功卓著,元结被提拔为水部员外郎兼殿中侍御史。水部,是工部的一个司,负责码头渡口、船舶桥梁、渔业漕运等事务。后来,元结又担任过荆南节度判官、道州刺史、容州刺史等职务。

元结是个廉洁奉公、心系民众的好官。比如在道州(治所在今湖南道县)任职期间,元结就为当地民众做了不少好事实事。元结到任之时,由于兵荒马乱,当地十室九空。原有四万多户居民,只剩下十分之一左右。地方凋敝至此,官府依然横征暴敛,百姓负担非常沉重,民生难以为继。在这种情况下,元结冒着巨大的政治风险,毅然为民请命,为当地百姓免除了数额较大的税赋和租粮,使民众得以休养生息。

遇事先考虑民众的需求还是自己的官帽,是评判一个官员官德的基本标准。对元结的善政,道州百姓深为感念,专门为他立碑颂德。因为家乡来了这样一位好官,流落在外的道州百姓,闻风而归者达万余家。元结到道州任职之前,少数民族部落“西原夷”多次发起暴动,攻城略地,地方很不安宁。元结到任之后,“夷军”也被他的善举所感动,从此不再骚扰道州辖区。

作为诗人,元结的作品贴近现实生活,关注民间疾苦,具有较强的思想性。元结还是个散文家，有人将其视为韩柳古文运动的先驱性人物。

## 常衮向叔叔看齐

天宝十四载(755)乙未科状元，乃京兆(今陕西西安市)人氏常衮。

常衮出身于官宦家庭，父亲常无为，做过大唐的副县级干部(三原县丞)。叔叔常无名，于先天二年(713)荣登进士科榜首。想必是受到了叔叔的激励启迪，常衮自幼学习刻苦，立志要像叔叔一样出人头地，光宗耀祖。时隔四十二年后，二十六岁的常衮勇夺状元桂冠，实现了向叔叔看齐的奋斗目标，成就了一段叔侄状元的科举佳话。

本书在介绍常无名的时候，曾简略提到过常衮的事迹。为了使读者比较全面地了解这个《旧唐书》《新唐书》有传、《资治通鉴》评价也较高的知名历史人物，再做如下补充。

常衮进士及第之后，长期在中央政府机关工作，历任太子正字、起居郎、中书舍人、翰林学士、考功员外郎、礼部侍郎等职务。工作二十二年后，四十八岁的常衮位极人臣，成为宰相。在此之前，常衮没有在地方任过职。这样的任职经历和提拔速度，在唐代中早期的状元中是不多见的。

常衮是个比较有正义感的官员。比如在职位还比较低的时候，他就敢于向皇帝建议，制止地方大员搜刮民间奇珍异宝进献朝廷、花费大笔金钱修建寺庙、供养大量僧人的做法，认为应当多把财力用于国计民生。这样做，是需要很大勇气的。因为这不仅有可能引起皇帝的不满，还可能得罪很多封疆大吏，从而为自己的政治前途蒙上厚重的阴影。

常衮性格清高孤傲,对瞧不上眼的人,他一概不予结交。在常衮主管科举考试事务的时候,深受皇帝宠信的宦官刘忠翼、泾原节度使马璘,曾多次跟他套近乎,均被常衮敬而远之。此外,他们还曾试图让常衮在科举考试中照顾自己的家人门生。对于这些违规请托,常衮也毫不留情地一概予以拒绝。常衮的铁面无私、严格执纪,令官风不正之徒大为忌惮。“衮皆执理,人皆畏之。”

对于买官卖官的官场恶习,常衮也深恶痛绝。在他手握官员任用大权之后,选拔任用官员,基本能够做到严格按照制度规定办事,买官卖官现象得到一定程度的遏制。“窒卖官之路,然一切以公议格之”,《新唐书》这样评价常衮在官员任用问题上的表现。

金无足赤,人无完人。常衮也是有自己的缺点的,他性格比较急躁,对人比较严苛。有这样性格的人,往往唯我独尊,喜欢搞一言堂。比方说,在研究确定官员薪水报酬的时候,对自己喜欢的人,常衮会给他们定得高一些。看不顺眼的人,就定得低一些,以致出现过某些部门副职薪水高于正职这样的怪现象。再比方说,常衮在选任官员的时候,很看重学历身份,有进士身份的人会被优先任用。而那些非科班出身的人,经常会受到他的歧视打压。“(常衮)尤排摈非文辞登科第者”,《旧唐书》如是说。

常衮的心胸也不够开阔。常衮被任命为宰相之时,朝中还有另外一位宰相与他共事。此人名叫杨绾,为人随和,性格宽厚,在朝中人缘极好,并且颇得皇帝喜欢信任。对于杨绾,常衮不仅不太服气,还时有嫉妒之心。这样的情绪,自然会表现为工作中的相互掣肘。杨绾死了以后,有人建议皇帝追授给他荣誉封号。常衮对此十分不满,不仅多方阻挠,还说了杨绾不少坏话。

唐代宗死了以后,常衮因为葬礼的安排事宜,与大臣崔祐甫发生了争执。崔祐甫也是个性情耿直之人,同常衮一向不和。常衮新账旧账一起算，抓住崔祐甫一些不恰当言行，建议唐德宗将其贬官为潮州刺史。唐德宗认为这样的处理过重，决定将崔祐甫贬为河南少尹。但在替皇帝起草诏书时，常衮有越权之举，引起唐德宗震怒。结果，常衮与崔祐甫二人身份互换，崔祐甫不仅没被贬职，反而升为宰相。常衮则被贬为河南少尹，随后又被再贬为潮州刺史。河南少尹，是河南府尹的副手。

与常衮关系很好的杨炎做了宰相之后，推荐常衮升任福建观察使。唐代中后期，全国被划为四十余道（亦称方镇），福建即为其一。原来的州县二级建制，实际上变成了道州县三级建制。各道均设观察使，比较重要的则设节度使。福建观察使，就是福建的最高行政长官。

在福建，常衮为当地百姓做了一些好事，比如发展教育事业、兴办学校等。他还身体力行，经常亲自到学校为学生授课辅导。在常衮的倡导推动下，福建的教育事业有了长足发展，文风为之一振。当地考生的科举考试成绩，也有了大幅度提高，史称此后许多士子“腾于江淮，达于京师”。

五十五岁那年，常衮病逝于福建观察使任上。

我们常说，评价一个干部要整体地看、历史地看，要看主流、看大节。常衮虽然存在一些这样那样的缺点不足，但从总体上看，他应当算是一个好官。比如宋代名臣司马光曾这样评价常衮：“如衮者，亦未可以深讥也。”意思是对常衮这样的官员，没必要求全责备。

## 丙申名人也不少

天宝十五载（756）丙申科状元，名叫卢庚（一作卢庾）。卢庚的生平事迹失考，暂且存目。

在丙申科这一榜进士中，也出了几位名人，且容笔者逐一道来。

其一是与钱起并称为"钱郎"的诗人郎士元。

郎士元，乃中山（在今河北定州市境内）人氏。郎士元的出生年份不详，因而他多大岁数金榜题名不得而知。

郎士元中进士的这一年，是"安史之乱"为祸最烈的一年。大约也是因为这个原因，郎士元没有被政府马上封官。为躲避兵祸，郎士元跑到了江南。

进士及第六七年之后，郎士元方才得到了一个副县级干部的任命（渭南县尉）。后来，郎士元又做过一段时间的京官（左拾遗、员外郎），官终郢州（治所在今湖北省武汉市武昌区一带）刺史。

郎士元政绩不显，这方面没有太多的话可说。他之所以能够青史留名，是因为他一个诗人。郎士元的诗，在当时有较高的知名度。朝中大臣"出牧奉使"（外放担任府牧或节度使），如果没有郎士元和钱起题诗相赠，会被人视为很没面子的事情。

郎士元的诗多为投赠送别之类，题材内容比较狭窄，佳作不是很多。有人认为郎士元的诗颇具谢灵运之风，也有人认为郎士元"其才褊狭"，作品的名声与水平不太相符。难怪自视甚高的钱起，耻于与他并称"钱郎"。

应该承认，在郎士元的诗中，也是有一些精巧轻灵之作的，比如《柏林寺南望》："溪上遥闻精舍钟，泊舟微径度深松。青山霁后云犹在，画出东南四五峰。"

其二是唐代知名诗人皇甫冉。

皇甫冉，乃润州丹阳（今江苏丹阳市）人氏。有种说法称，皇甫冉是本科状元得主。但这种说法缺乏史料支撑，应为误传。皇甫冉成名较早，十岁时便会写诗作文，十五岁时其文才受到名士张九龄赞赏，亲切地称之为"小友"。张九龄与皇甫冉的忘年交，造就了一段诗坛佳话。

虽然有才且成名很早，但皇甫冉的科举之路也很是不顺。进士及第时，他已是个年近四十的中年人。跟郎士元一样，皇甫冉考中进士之后，也在宜兴一带避了一段时间的兵祸。之后，他历任无锡县尉、左拾遗、右补阙等职务。其间，他还在王维的弟弟王缙手下服务过一段时间（河南节度使幕府掌书记）。

五十三岁那年，皇甫冉奉命到江南一带视察巡视。在顺便返乡省亲时，病逝于家乡。

皇甫冉的诗，风格清新飘逸，其中颇多佳句，比如“燕如社日辞巢去，菊为重阳冒雨开”“积水长天随远色，荒林极浦足寒云”“泛舟因度腊，入境便行春”“岸草知春晚，沙禽好夜惊”等，读来意趣盎然。

皇甫冉有个弟弟，名叫皇甫曾。皇甫曾比哥哥早三年进士及第，与以《枫桥夜泊》而名扬天下的张继同榜。跟哥哥一样，皇甫曾亦为官不显，但也是唐代著名诗人，在诗坛与皇甫冉齐名。皇甫两兄弟，同为著名诗人，又都是进士出身，亦属诗坛科场佳话。

其三是担任过大唐宰相的关播。

关播，乃卫州汲（今河南汲县）人氏。关播有个大名鼎鼎的祖先，那就是在中国家喻户晓、在民间被当神供养的关羽关帝爷。

关播的一生，主要在官场打拼，在诗文方面没有什么成就。按照国人评价名人的习惯标准，高官是理所当然的名人。关播担任过大唐宰相，又有个那么显赫的祖先，称他为名人应不为过。

关播的任职经历比较丰富，历任淮南节度判官、刑部员外郎、兵部员外郎、河南少尹、给事中、刑部侍郎、吏部侍郎、刑部尚书、兵部尚书等职务，还代理过滁州（今安徽滁州市）刺史。关播是个勤政爱民的官员，在地方任职的时候，他关心民众疾苦，为政清简，官声不错，颇得百姓拥戴。在中央政府机关工作的时候，关播也能认真负责，提出过一些很有价值的改革意见建议，对于加强政府官员管理、规范制度流程等，发挥了比较重要的作用。

值得一提的是，关播还曾扮演过汉族和少数民族友好使者的角色。贞元四年(788)，关播受朝廷委派，护送咸安公主前往回纥，与长寿天亲可汗和亲。

因为关播“儒雅忠厚，可以整肃风俗”，卢杞推荐他成了宰相之一。做了宰相之后，关播对强势霸道的卢杞言听计从，基本不怎么管事，成了卢杞的一个傀儡。因为这一点，关播颇受朝野诟病。

关播比较长寿，活到将近八十岁。

## 高郢是个忠孝好儿郎

唐肃宗李亨做皇帝期间，共开科考五次，录取进士一百五十四人，可考知年代者仅十人，状元得主均已失考。

宝应二年(763)癸卯科状元，名叫洪源。此时，已是唐代宗李豫做皇帝之时。洪源的生平仕履无从查考，只能存目。

在本榜进士中，出过两任大唐宰相。一位是杜黄裳，本书前面已对其进行过简要介绍，此处不再赘述。另一位是高郢，这是个很有看点的人，生平事迹很值得一说。

高郢，祖籍渤海郡蓨县(今河北景县)。高郢自幼聪慧过人，酷爱读书学习。九岁时，就能通晓《春秋》这类典籍，并且能写一些简单的文章了。尤为难得的是，高郢通过读书学习，不仅学到了知识，也明白了做人的道理，知道了什么是忠孝、什么是道义、什么是担当。

高郢的父亲高伯祥，曾担任过大唐的副县级官员(好畤县尉)。在“安史之乱”中，因为触犯了叛军的禁令，被叛军逮捕并判处了死刑。在死刑执行之前，年仅十五岁的高郢，披散着头发、袒露着上身，毅然前往叛军阵营，请求替父亲赴死。这种荡气回肠、感天动地的孝行和义举，居然感化了那些杀人如麻的叛军，就把高家父子一起释放了。少年高郢的举动说明，在学习过程中学会如何做人，比单纯获取知识更加重要。试想，有几个少年在家庭遇到危难之时，能像高郢这样临危不乱、大义凛然？只怕是早就惊慌失措，只知道哭鼻子抹眼泪了。

二十三岁时，高郢进士及第。接着，他又通过了制举“茂才异行”科考试，算是个双学位进士。参加工作后，高郢先是被任命为华阴（今陕西华阴市）县尉，随后又在郭子仪、李怀光、马燧等节度使幕府任过职。

高郢是个正义感极强的人。在郭子仪手下工作的时候，出于私人恩怨，郭子仪要将一个名叫张昙的官员处死。高郢挺身而出，为无辜的张昙仗义执言。因为这件事，高郢得罪了郭子仪，并且因此而受到了贬官的不公正处理。

在李怀光幕府就职之时，李怀光意图谋反。出于对国家的忠诚，高郢力劝李怀光不要这么干。李怀光曾让儿子李璀前去游说高郢，试图使其顺从自己。高郢义正词严地给李璀上了一堂忠义课，其中有“十室之邑，必有忠信，安知三军不有奔溃者乎？”这样振聋发聩的话语。高郢的正气凛然，使李璀张口结舌、羞愧难当。为了胁迫高郢就范，李怀光当着他的面杀掉了反对自己造反的两位部将，高郢却镇定自若、毫无惧色。李怀光又让手持利刃的士兵围住高郢百般威胁。在一群虎狼之徒中，高郢傲然挺立，慷慨激昂地陈述自己的立场观点，感动得很多士兵都流下了眼泪。羞惭沮丧的李怀光，只好就此收手，没有加害高郢。

唐德宗曾派孔巢父、啖守盈两位官员前去抚慰李怀光，试图劝说他不要造反。李怀光不仅不听劝阻，反而杀了孔、啖二人。高郢当众俯下身子，万般痛惜地抚摸孔巢父的遗体，久久不肯起身。惺惺相惜，高郢这么做，是为了表达对名臣孔巢父忠于职守、为国而死壮举的由衷敬佩之情。

后来，高郢成为一名京官，先后担任过员外郎、刑部郎中、中书舍人等职务。进京九年后，高郢出任负责科举事务的副部级高官（礼部侍郎）。

高郢是个原则性极强的人。在他担任礼部侍郎之前，科场风气颇为不正。考生举子们整天忙于请客送礼、拉关系找门子，很少有人把心思真正放在钻研学问、丰富知识、提高能力素质上。对于这种现象，高郢深恶痛绝。他上任之后，坚持按制度规定办事，杜绝一切请托，只认分数不认条子，真正做到了唯才是举。

高郢的铁面无私，对当时的科举不正之风起到了极大的震慑扭转作用。无论是亲朋好友还是上司同事，大家谁也不敢去走他的门子。在主持科举事务三年多的时间里，高郢大力倡导朴实无华、学以致用的文风，摒弃抑制华而不实、浮躁轻飘的习气，科场"朋滥之风，翕然一变"。身体力行的高郢，真是个称职负责的好主管、好考官。

由于能力出众、政绩突出，高郢后来被任命为大唐宰相一职（同中书门下平章事）。此时，他已经是一个六十三岁的老人，距他进士及第已有四十年之久。唐顺宗李诵即位后，由于为韦执谊等人所不容，高郢被免去宰相职务，改任刑部尚书，随后转任兵部尚书。

高郢并不是一个栈恋权位之人。转任兵部尚书不久，他就以年老体衰为由，主动提出了退休申请。七十一岁时，高郢病逝于家。

生子当如高公楚（高郢字公楚）。高郢，堪称热血男儿之典范、政府官员之楷模。

## 盗匪、进士与叛贼

广德二年(764)甲辰科状元,乃杨栖梧是也。此人生平事迹无考,姑且存目。

世界之大,无奇不有。在本榜进士之中,出了一个极有看点的人物,堪称科场之奇葩。

此人名叫苏涣,生卒年及籍贯不详。据有关史料记载,苏涣"少为盗,善用白弩,巴蜀商人苦之,号为'白跖'"。据此分析,苏涣年轻时是个操持"此路是我开,此树是我栽,要想从此过,留下买路财"活路的剪径盗匪。并且他的功夫不错,一手白弩玩得出神入化,令巴蜀一带的商人闻风丧胆,吃尽了苦头。在巴蜀一代,苏涣拥有一个名头很响的盗界艺名——"白跖"。"白跖",会玩白弩的柳下跖啊。由此看来,苏涣应当是四川人。靠山吃山,靠水吃水。一般情况下,一个少年盗匪,是不太可能远离家乡跑单帮的。

跟宋江一样,苏涣不甘心一辈子落草山林,也很想混个正经出身。于是,他便改弦更张,开始一门心思读书求学。想必他靠剪径盗窃积蓄的钱财,已经足够用作他求学赶考的经费。功夫不负有心人,经过一番努力之后,苏涣竟然真就摇身一变,进士及第了。看来,大唐王朝对于公民的违法犯罪等不良记录档案很不健全,对于科举考生的报考资格审查也不够认真细致。不然的话,像苏涣这样的人,即使已经洗心革面,也是很难金榜题名的。他当初白弩玩得那么出名,不太可能没有人命在身。这样一个人能洗白自己中进士,可以说是创造了一个科举奇观。

进士及第之后,苏涣成了中央政府机关公务员。几经升迁之后，苏涣做了侍御史这样一个职务。后来，他又投靠湖南观察使崔瓘，在他手下任职。在湖南任职期间，苏涣结识了漂泊于此的诗圣杜甫，并且与其建立起了不错的交情。两人之间相交的媒介，自然是写诗。这个苏涣真是有些歪才，不仅有一身好武艺，诗也写得不错。比如杜甫就称赞他的诗“才力素壮，词句动人。接对明日，忆其涌思雷出，书箧几杖之外，殷殷留金石声”。一个人的诗作能入杜甫法眼，并得到他这样高的评价，并不是一件很容易的事情。

据传，杜甫来到长沙之后，某天有个官员慕名前来拜访。落座之后，品茗交谈之间，杜甫得知此人名叫苏涣，业余时间喜欢写诗。于是，杜甫就请他朗诵了几首自己的作品。对于苏涣的才学和言谈举止，杜甫很是欣赏。此后，两人经常你来我往，诗歌唱和，相洽甚欢。有的时候，杜甫去药店买药，也要到附近苏涣的住处待上一阵子，即使是靠着桌子站着聊上几句也成。

有人认为，苏涣是杜甫晚年最为看重的一个朋友。理由是，杜甫专门为苏涣写了好几首诗相赠，其中给予了苏涣很高的评价。比方说，在一首题赠苏涣诗的小序中，杜甫这样写道：“苏大侍御涣，静者也，旅寓江侧，不交州府之客，人事都绝久矣。”意思是苏涣是一个能耐得住寂寞的隐者高人，不喜欢结交达官贵人，因而怀才不遇，迟迟得不到重用。不幸的是，在这个问题上，杜甫还真是看走了眼。

杜甫还曾向衡州刺史阳济推荐过苏涣，称苏涣文武双全、才略过人，既有战国名将白起的勇锐，又有西汉大侠剧孟的侠义，还有大文学家司马相如的文采（“剧孟七国畏，马卿四赋良，门阑苏生在，勇锐白起强”）。有了这样的人辅佐左右，一定能够为国为民建功立业。人无完人，即使是杜甫这样的大家，看来也有不讲原则乱给人戴高帽的时候。从苏涣的品行为人、人生经历看，他实在当不起这么高的评价。

喜欢附庸风雅的苏涣，还同大书法家怀素有过交往。怀素前去拜见广州刺史徐浩时，苏涣曾专门题诗为之送行（《怀素上人草书歌》）。在诗中，苏涣这样描写怀素写字：“忽如裴旻舞双剑，七星错落缠蛟龙。又如吴生画鬼神，魑魅魍魉惊本身。”怀素笔走龙蛇的神采，倒也栩栩如生于苏涣的笔下。

苏涣在湖南期间，崔瓘手下掌管兵马的武官（兵马使）臧蚧，于一天夜间带兵发动暴乱，在长沙城内纵兵放火抢掠，还杀死了崔瓘。有人经过考证认为，臧蚧发动的这次兵变，间接导致了杜甫的死亡。有唐一代，封疆大吏造反、部将作乱杀死上司的事情屡有发生。这说明，大唐对于地方大员的约束管制很成问题，远不如宋、明、清等朝代严格规范。

臧蚧暴乱发生后，苏涣逃到了广东一带避难，投靠到了岭南驻军将领兼循州刺史（辖区为今广东惠州、河源、梅州部分地区）哥舒晃旗下。在哥舒晃手下混了一段时间后，大约是出于捞取政治稻草的考量，苏涣竟然煽动哥舒晃拥兵暴动，反叛朝廷。这说明，苏涣还是很有政治野心的，并非杜甫所说的那种耐得住寂寞的“静者”。

在苏涣等人的忽悠下，哥舒晃当真就造反了，还杀了岭南节度使吕崇贲。哥舒晃的这次造反，纯属不自量力之举。只有短短几个月，哥舒晃所部便被政府军歼灭，他自己也被江西节度使路嗣恭部下斩杀。不知为何，有人竟称哥舒晃这次造反为“起义”（见于惠州官方历史简介资料）。如果按照这样的逻辑，“安史之乱”也应当被称为安禄山、史思明“起义”才对。

哥舒晃兵败之后，苏涣也因此而被处死，走完了他从盗匪到诗人、进士，再从政府官员到“反贼”的另类人生之旅。

# 本科状元下了“双黄蛋”

永泰元年(765)乙巳科,诞生了两位状元郎。这种状元下“双黄蛋”的情况,在唐代不是一例,有必要介绍一下相关背景。

本书前面做过介绍,唐代设有上都京兆府、东都河南府、北都太原府,即著名的“三都府”。据有关文献史料记载,从本科开始,政府有了在上都(长安)、东都(洛阳)分别组织科举考试的做法。两地的考试,既不统一命题,也不统一排名。这种做法,有点类似于如今高考的各省自主命题、分别录取。既然是这样,两地的第一名自然不方便统称为本科状元,而应称之为“分场榜首”。第一也好,“榜首”也罢,跟状元意思差不多。因而,本科考试相当于下了状元“双黄蛋”。这样的情况,后面还会遇到,笔者就不再赘述了。

本科长安分场第一名(上都榜首),乃安定朝那(今甘肃泾川县)人氏皇甫澈(一作皇甫徹)。皇甫澈出身于官宦家庭,据有关史料记载,他的爷爷皇甫侁,做过副宰相(尚书左丞)这样的高官。父亲皇甫政,也曾出任封疆大吏(浙东观察使)。

皇甫澈的早期从政经历不详,官终蜀州(今四川省崇州市)刺史。在蜀州任职期间,皇甫澈官声不错。在唐代人为他的后代撰写的墓志铭中,称皇甫澈“永泰初登进士科,首冠群彦。由尚书郎出蜀郡守,文学政事,为时表仪”。皇甫澈在当时还是个有一定知名度的诗人,有《赋四相诗》传世。除此之外,皇甫澈无其他事迹可考。

本科洛阳分场第一名(东都榜首),名叫萧遘。这个萧遘,与后来做过大唐宰相的萧遘虽然同名,但不是一个人。此人的生平事迹均不可考,录此存目。

在本科进士之中，出了个比较有名的人物。此人名叫徐申，乃京兆（今陕西西安市）人氏。在相关文献中，无法查到徐申是上都、东都哪个分场的进士得主。但从徐申的籍贯分析，他是上都榜进士的可能性比较大。

进士及第后，徐申初任何种职务不得而知。几经升迁之后，徐申成了一个副市长级干部（洪州长史）。因为能力出众，政绩突出，徐申在这个位置上干了一段时间后，被提拔为主政一方的地方大员（韶州刺史）。

由于数经战乱，韶州（今广东韶关市）地方经济萧条，民众食不果腹，生活十分困难。不仅如此，政府财政也穷得叮当响，前任刺史拿不出钱来修建办公场所，竟然挤到下属的县政府衙门里去凑合着过。这样无能的地方主官，真是让人笑掉大牙。

徐申到任之后，采取多种措施鼓励民众恢复生产，开垦官方撂荒土地，促进民间贸易，使当地经济状况大为好转。仅粮食一项，年增产即达三百余万斤。在徐申的治理下，不仅老百姓吃饱了肚子，政府手里也有了余钱，州政府衙门得以修复，可以用作正常办公了。

在韶州的所作所为，使徐申声名远播。政府把他当作救火队长一样使用，调任他到同样很乱很穷的合州（治所在今广东雷州市）做一把手（刺史），期望他能改变当地面貌。徐申没有辜负上级的希望，在合州同样干得有声有色。在他任职期间，背井离乡、流离失所的合州民众，有七万余户受其德政感召回归故里，促进了当地农业生产和商贸活动发展，百姓得以安居乐业。

大唐王朝新设景州（治所在今河北东光县）这一行政区划之后，从广东远调徐申担任首任刺史，并提拔他享受副省级官员待遇（加节度副使衔）。由此可见，政府对于徐申能力的重视与业绩的肯定。时间不长，徐申再获提拔重用，成了一名封疆大吏（岭南节度使）。

岭南节度使的官衙设在广州。这个地方，在唐代对外经贸活动就很发达，是中外客商贸易的重要集散地。广东，对外开放的历史真的很悠久。在岭南节度使任上，徐申不像前任那样吃拿卡要、敲诈勒索，而是秉公办事，注意保护外商的合法权益。只要他们照章纳税，从事经贸活动就不会受到政府的干扰刁难。同时，还采取有效措施，严厉打击海盗、黑帮，保证海外贸易活动的有序正常开展。徐申的政绩与清廉，为他在外商中赢得了很高的声誉，从而维护了大唐王朝的国际形象。

虽为一介书生，徐申也懂得军事，比较善于带兵打仗。西川军阀刘辟闹独立、搞割据之后，坚决反对国家分裂的徐申，主动向政府提出申请，带兵入川平叛。申请被批准后，徐申率领五千精兵，沿着汉代名将马援入川的线路，进入四川侧击刘辟叛军。徐申指挥有方，所部屡胜叛军，有力地配合了政府军主力的正面作战行动。因为平叛有功，朝廷重用徐申为礼部尚书，并赐封其“东海公”爵位。但任命书还没来得及送达徐申手中，他便因病去世，时年六十九岁。

在封建官员之中，能有徐申这样的作为，已属比较难得。因而，称他为一个爱国爱民的好官应不为过。

## 猜忌病又名“李益疾”

大历元年（766）丙午、大历二年（767）丁未、大历三年（768）戊申三科，状元得主均无考，从略。

大历四年（769）己酉科状元，乃瀛洲高阳（今河北高阳县）人氏齐映。还有一种说法称，本科考试仍分上都、东都两榜，齐映是东都榜首。

齐映年少博学，才华横溢。高中状元之时，只有二十一岁。中状元之后，齐映又通过了制举“博学宏词”科考试，也是一位双学位状元。由于年轻有才，齐映在为滑亳节度使令狐彰做秘书（掌书记）期间，深受其赏识。令狐彰不仅对他关照有加，还将其招为东床佳婿。洞房花烛夜，金榜题名时。一时之间，齐映可以说是春风无限。

此后，齐映历任刑部员外郎、给事中、中书舍人等职。三十七岁时，齐映官拜宰相（同中书门下平章事）。此时，距他进士及第只有十七年的时间。按照正常情况看，这样的飙官速度，足以让人目瞪口呆。对很多政府公务员来说，在这样一段时间里，能够官升两三级就很不错了。

官场争斗，朝风暮雨。当了宰相没多久，齐映就因为得罪了权臣张延赏从而受到了降级处理（贬官夔州、衡州刺史）。后来，又升为江西观察使。四十八岁那年，齐映因病去世。在唐代，齐映是个比较有名的画家，擅长山水画。齐映的哥哥齐皎，在当时也是个著名的书画家。

史料关于齐映的生平事迹记载不是太多，在此正好可以介绍一下他的一位同榜进士同学。此人就是中晚唐著名边塞诗人李益。《唐才子传》称，李益系齐映榜进士。因此，称他俩为同榜进士同学，应无不妥。

李益，乃陇西姑臧（今甘肃武威市）人氏，后迁居洛阳。李益也是少年成名，进士及第之时还不满二十岁。值得一提的是，在考中进士之后的四年里，李益又连续通过了“书判拔萃”“讽谏主文”两科制举考试，是个博学多才、应试能力超强的三学位进士。

在官场上，李益历任郑县（今陕西华县）县尉、郎中、中书舍人、河南府尹、秘书少监等职，官终礼部尚书。虽然李益的任职经历比较丰富，也曾为朝廷高官，但政名不显。他之所以名留历史，主要靠他的诗作。当然，也与他的私生活表现有一定关系。

李益在等待任职期间，有时会到一些娱乐场所排解寂寞。因而，他就结识了一位名叫霍小玉的性工作者。霍小玉天生丽质，当时还不满十八岁。一个风流倜傥的年轻才子，一个色艺双绝的花样少女，两人一见钟情，如胶似漆，难舍难分。虽为风尘女子，霍小玉却很明事理。她曾对李益说，男子三十而立，你到而立之年还有八年。我俩虽然你情我爱，但由于地位悬殊，咱俩不是一路人。我对你不敢有终身相伴、白头到老的非分之想。我只希望你我二人能相守相爱八年时间就足够了。到时候你做你的官，我就出家去做尼姑。

然而，李益却始乱终弃，辜负了霍小玉的一片深情。做官之后，他立即娶了一个大户人家的女儿为妻，自此再也不肯与霍小玉相见。痴情的霍小玉忧思成疾，不久便撒手人寰。李益的同时代人蒋防，根据这段悲情故事，写成了传奇《霍小玉传》。此文一经面世，大受读者欢迎，成为人们争相传阅的畅销作品。而薄情寡义的李益，也因此而成了负心汉的代名词。

李益是个猜忌心、嫉妒心很强的人。据传，他对自己的妻妾很不放心，生怕她们偷偷弄顶绿帽子给自己戴，因而对她们的防范措施极为严格。每次外出，都要把她们捆绑起来，甚至脱光衣服用大澡盆子遮挡严实，才能放心离去。有人认为，李益之所以这么做，是由于与霍小玉的情感纠结在他的心理上留下了比较浓重的阴影。笔者以为，这种看法并不十分准确。

李益的行为，且不论是不是对妇女人格的极大侮辱，说其心理不健康、人格不健全，应该不算冤枉他。换言之，李益的这种行为，其实就是一种心理疾病的典型症状。从此，一种以李益的姓名命名的疾病病种——“李益疾”，便被载入了史册。在古代的状元进士中，这种情况极为罕见，李益也算是创造了一个不太雅观的纪录。

有智者认为，治疗猜忌心、嫉妒心太强这种心理疾病的药方，是多读书、读好书，以丰富知识、开阔胸怀。但在有些时候、有的人身上，这种药方未必有效。比如李益，虽然那么有才、那么有学问，猜忌病的症状不还是照样那么严重？猜忌心、嫉妒心太强，其实是一种很难治愈的心理痼疾。无论谁找了这样的人做生活伴侣，要遭受不少痛苦煎熬，是可以想见的事情。

李益是唐代很有成就的一位诗人。他的诗作，以苍凉雄浑、抒发出征将士怀乡之情的边塞诗见长，比如《夜上受降城闻笛》："回乐峰前沙似雪，受降城外月如霜。不知何处吹芦管，一夜征人尽望乡。"李益的有些抒情诗写得也很有味道，比如那首大家十分熟悉的《江南曲》："嫁得瞿塘贾，朝朝误妾期。早知潮有信，嫁与弄潮儿。"

在唐代的诗人中，李益比较高寿，活了八十一岁。

## 本榜名士有裴章

大历五年(770)庚戌科，也下了状元"双黄蛋"。上都榜首名叫李抟(一作李搏)，东都榜首名叫李玕。两位榜首都姓李，也挺有意思。但这二位生平事迹没啥可写，本科也无特别出名的进士，故从略。

大历六年(771)辛亥科状元，姓王名溆。还有一种说法称，王溆是本科上都榜首。此人生平事迹无考，只能存目。

在王溆的同榜进士同学中，出了两位比较有名的人物。

第一位是唐代名臣裴佶，即本篇题目所称"裴章"之"裴"。

裴佶，乃绛州稷山（今山西稷山县）人氏。裴佶属于年少成名之人，金榜题名时只有十九岁。

进士及第之后，裴佶先是被任命为校书郎这样一个低级文官，后来担任过蓝田县尉、左补阙、谏议大夫、同州刺史、吏部侍郎、国子监祭酒等职务，官终工部尚书。裴佶，《旧唐书》《新唐书》均有传，算是一位唐代名臣。

裴佶在历史上最为人所称道的，是他的重义厚道。同僚好友，不管有谁受到不公正对待，裴佶都敢于挺身而出，为其主持正义。裴佶这个人，交友十分慎重，结交的都是为人正派、学识过人的名流贤者，从不屑于跟奸佞宵小之徒混在一起。他的为人，深受时人敬重。

裴佶曾经讲过这样一个故事。少年时期，他的姑父曾任朝廷高官，并且有着为官清廉的好名声。有一天，裴佶到姑父家中看望姑姑。正闲聊间，姑父下朝回家了。一进门，姑父就愤愤不平地说："那个崔昭是个什么人啊，以至于大家都替他说好话？还不是因为大家都得了他的好处嘛。官场不正之风如此盛行，长此以往可怎么得了哇！"

说话间，门卫报告崔昭求见。姑父不由大怒，不仅义正严词地臭骂了门卫一顿，还要用鞭子揍他。磨蹭了好久，姑父才穿戴好衣冠，出面接见不肯离去的崔昭。两人嘀嘀咕咕地谈了一会儿之后，姑父态度大变，不但催促下人赶紧上茶，还安排厨子抓紧准备好酒好饭款待崔昭。不仅如此，姑父还要求下人把崔昭的随从和马匹都安顿好。

姑父前后判若两人的表现，令裴佶如坠五里雾中。崔昭走了以后，姑父不小心把藏在衣袖中的一张条子掉在了地下。裴佶捡起来一看，原来是崔昭送给姑父一千匹上等丝绸的礼单。看到这张单子，裴佶不由恍然大悟：姑父从前之所以对崔昭啧有烦言，不是因为他清廉无私，而是因为他没有得到崔昭的好处。

裴佶讲这个故事，表达了他的一种价值取向。在这个故事里，姑父表里不一、说一套做一套的伪君子嘴脸，呼之欲出。裴佶这个题为“前倨后恭”的故事，在历史上颇有影响，至今还被中学语文教材选用。

第二位是唐代著名诗人章八元，即本篇题目所称“裴章”之“章”。

章八元，乃分水（今浙江桐庐县）人氏。章八元自少年时期就喜欢写诗作赋，以有才而闻名乡里。有一回，他兴之所至，随手在一家乡村小旅馆的墙上写了几行诗。这几行诗，正巧被唐代名士严维看见了。读了章八元的诗之后，严维大为称奇，就很是费了一些周折，专门找到章八元，将其收为弟子。在严维的悉心指点下，章八元诗艺大长，有了“章才子”的雅称。

进士及第之后，章八元在诗人韦应物的帮助下，又通过了一科制举考试，也是一位双学位进士。至于他参加的制举考试名称为何，已经无从查考了。

章八元为官不显，先是担任过一个相当于县政府办公室主任的角色（句容主簿）。在任此职期间，恃才傲物的章八元，因为对上司不够尊重，惹恼了节度使韩滉。韩滉一怒之下，要法办章八元。章八元有个同榜进士同学，名叫杨于陵。此人是韩滉的女婿。多亏杨于陵从中斡旋，章八元才免于牢狱之苦。章八元之所以仕途不畅，大约也与他的这种性格有关。作为下属，即使再有才，也没必要以这种方式轻易得罪自己的上司。

后来，章八元奉调进京，成了中央政府机关的一个低级公务员（协律郎，正八品上，负责乐律校正事务）。在京城任职期间，章八元有次到慈恩寺游玩。游兴大发之余，他在寺中题下了著名的诗作《题慈恩寺塔》：“十层突兀在虚空，四十门开面面风。却怪鸟飞平地上，自惊人语半天中。回梯暗踏如穿洞，绝顶初攀似出笼。落日凤城佳气合，满城春树雨濛濛。”

后来，大诗人白居易、元稹也到慈恩寺游览。他俩看到寺中涂鸦之作不少，有污染视觉之嫌，便命人悉数抹去。在看到章八元的诗之后，两人不由拍手叫绝，感叹道：“都说名师出高徒，这个章八元不愧是名士严维的学生啊！”章八元的这首诗，也因此而得以保留在了慈恩寺。

这个段子，跟李白在黄鹤楼看到崔颢题诗的故事有异曲同工之妙。

## 张家父子不简单

大历七年(772)壬子科状元，乃南阳(今河南南阳市)人氏张式。还有一种说法称，张式应为本科上都榜首。不管怎么说，张式拿了个第一，是无可置疑的事情。

张式担任过河南府少尹、河南府尹、水陆转运使等职务，按说职务不算低。但不知为何，史料关于张式为官经历和事迹的记载甚少。在这方面，笔者不好胡编乱造。所以，关于张式没有太多的话好说。

在张式身上，倒是有一个比较吸引人眼球的看点，那就是他们家人的科举考试成绩超好。张式的三个儿子张元夫、张杰夫、张征夫，后来都考中了进士。张式的弟弟张正甫，十四年之后也像哥哥一样，勇夺状元桂冠。张家两代人出了五个进士，其中还有两个状元得主，真是让人无比羡慕。这说明，他们老张家有着良好的家学传统。尤其是张式，堪称教弟教子都有方。

因为张式难以独立成篇，不妨拿他两个比较有意思的同榜进士同学充充篇幅。

一个名叫畅当，乃河东（今山西永济市）人氏。在少年时代，畅当不仅学习十分自觉刻苦，还忙中偷闲习武健身，练得弓马娴熟，是个文武全才。艺多不压人，畅当的经历说明，文化学习与体育锻炼并不矛盾。在学习的同时，抽出些时间强身健体，未必就会影响考试成绩。

进士及第之后，畅当先是做了校书郎这样的低级文官。淮西节度使李希烈发动叛乱后，畅当由于有一身不错的武艺，曾被征召入伍，随军前往平叛前线作战。至于在战斗中表现如何，笔者没有查到相关记载，不好乱说。从李希烈叛乱被平定后畅当得以升职的情况分析，他的临阵表现应当不错。

畅当在当时是个知名度比较高的诗人，与韦应物、卢纶、李端、司空曙等人多有往来，互有唱酬之作。有意思的是，畅当有首五绝名作，题为《登鹳雀楼》。各位没有看错，畅当的这首诗，确实跟王之涣的那首千古名作同名。在当时，还有人认为，这两首《登鹳雀楼》很有的一拼。好诗共欣赏，在此转录畅当《登鹳雀楼》如下："迥临飞鸟上，高出世尘间。天势围平野，河流入断山。"

王之涣的《登鹳雀楼》，可以说是人尽皆知。"白日依山尽，黄河入海流。欲穷千里目，更上一层楼。"此诗朗朗上口，连小孩子都会背。而畅当的同名五绝，知道的人恐怕就不太多了。这两首《登鹳雀楼》，应当说是各有千秋。王诗以言志抒怀见长，畅诗以写景状物称妙。

畅当生卒年不详，官终果州（今四川南充市）刺史。

另一个名叫胡珦，乃贝州宗城（今河北威县）人氏。胡珦年少时，家境十分贫寒。志向远大的胡珦，矢志求学，异常刻苦。但是他的科举之路并不是很顺畅，进士及第之时已经三十有二。

在本科考试中，胡珦的成绩比较优异，名次很靠前。获得进士身份后，胡珦又在吏部铨选官员的考试中名列前茅，从而被顺利封官。胡珦是个很有个性的人，为官清廉刚正，从不肯阿谀逢迎权贵。因为这样的性格，致使他在官场上长期被打压排挤，在县尉、参军这样低微的官职上一干就是很多年，迟迟得不到提拔重用。

胡珦的可贵之处在于，虽然长期被边缘化，进入不了组织的视野，但他没有心灰意冷、牢骚满腹，更没有一气之下撂挑子不干。在自己的岗位上，胡珦任劳任怨、勤勤恳恳、尽职尽责地工作着，表现出了极大的定力与责任心。因为胡珦"劳绩"过人，上司终于良心发现，把他提拔为正县级干部（奉先县令）。此时，距他进士及第，已经过去了二十三年之久。

对于一个官员来说，像胡珦这种耐得住寂寞、不计个人升迁得失的品格，极为难得，值得好好学习。据笔者观察，如今有不少官员，升官第一年很有新鲜感，第二年也还有些劲头，第三年就琢磨着该再进一步了。如果五六年、七八年得不到提拔，早就一肚子牢骚、满嘴里怪话了。不想当将军的士兵不是好士兵，光想当将军的士兵也不是好士兵。一个一门心思想升迁的官员，绝对不会是一个好官，不管他嘴里的话语如何冠冕堂皇。

后来，胡珦又担任过礼部郎中、坊州（治所在今陕西黄陵县一带）刺史、舒州（今安徽安庆市）刺史、凤翔府（辖区为今陕西宝鸡市一带）少尹、大理少卿等职务。需要解释一下的是，凤翔府于唐肃宗年间设置，号称"西京"，与京兆、河南、太原、成都并称"五京"，其规格地位要高于其他的州郡。

心宽者天地自宽。胡珦比较高寿，活到将近八十岁。值得一提的是，胡珦是著名诗人张籍的岳父。由于胡珦品德高尚，时人对他十分敬重。胡珦去世后，大文学家韩愈专门为他撰写了墓志铭，给予了他很高的评价。

## “三杨”文名天下传

大历八年(773)癸丑科状元得主无考,从略。

大历九年(774)甲寅科状元,乃虢州弘农(今河南灵宝市)人氏杨凭。还有一种说法称,杨凭是本科上都榜首。

解放战争期间,杨成武、杨得志、杨勇三位能征善战的将领,被人们亲切地合称为“三杨”。杨凭与他的两个弟弟杨凝、杨凌,也被时人并称为“三杨”。不过唐代“三杨”借以名扬四方的,不是战功而是文采。杨氏三兄弟的诗文,在当时很有名气。并且兄弟仨都是进士出身,杨凭、杨凝哥俩还一人拿了个状元头衔。杨家兄弟这样的科举考试成绩,着实傲人。

步入官场后,杨凭先后担任过节度判官、起居舍人、礼部郎中、兵部郎中、太常寺少卿等职务,后来被外放出任地方大员,做过湖南观察使、江西观察使和京兆尹。杨凭是个很有能力的人,在地方任职期间,他治理有方,注重农耕生产,大力发展经贸和教育文化事业,颇有政绩。

然而,杨凭对自己要求不够严格,贪图享受,讲究排场,生活比较奢华。同时,杨凭这个人架子比较大,喜欢摆谱,对待下属傲慢轻蔑。这样的人,自然不会受人待见。因而,一个名叫李夷简的纪检监察官员就把他给弹劾了,举报他贪污腐化、利用职权谋取私利。李夷简的举报,看来不是空穴来风。因为杨凭因此而受到了断崖式降级处理,由一个封疆大吏降成了一个副县级干部(临贺县尉)。从此,杨凭的上升通道基本被切断。为官要慎之又慎,杨凭是个教训。

值得一提的是,杨凭是唐代大文学家柳宗元的岳父。

杨凭有个同年被录取的进士同学,很是有些意思。之所以不说是同榜,是因为根据有关情况分析,这个人参加的是东都榜考试。此人名叫阎济美,生卒年及籍贯均不详。说阎济美有意思,是因为他身上发生过一段有趣的科举故事。

有一回,阎济美报名参加科举考试,但不幸落榜。返乡之前,阎济美写了一首诗,送给主考官请其指教。阎济美这么做的动机,大约也是为了给主考官留下个比较好的印象。即便再度报考时主考官易人,他也可以帮自己推荐宣传。这位主考官,就是唐代大臣、诗人张谓。

张谓看了阎济美的诗之后,后悔不迭,连称自己主持考试时看走了眼,以至于本科录取遗漏了一位优秀人才。张谓鼓励阎济美说:“从你这首诗来看,日后你必定会有大的发展。一两次考试失利算不了什么。希望你不要心灰气馁,回家潜心复习备考,下科从头来过。”像张谓这样关爱考生、奖掖后学的考官,殊为可敬。

在本科考试中,主考官仍然是张谓。阎济美通过时务策科目后,试帖经却卡了壳。有人撰文称,阎济美字写得不好,无法达到考试要求,就想打退堂鼓。这种说法,是把试帖经理解成临字帖了,属于误解。试帖经的考试方法和内容,本书前面已经有过介绍,此处不再赘述。

阎济美是个老实人,他对张谓说:“考官大人,我平时背书不够多,今天出的题我都答不上来,干脆弃权算了。”这件事说明,背书对于应对考试来说是多么重要。爱才的张谓,不忍心让有才的阎济美再度落榜,就行使了主考官的自由裁量权。他对阎济美和其他考生说:“大家不要急,答不上试帖经的人,可以用命题诗来代替。”张谓此举,倒也不算很离谱,因为他照顾的不是阎济美一人。

张谓临时出的命题诗题目是《天津桥望洛城残雪诗》。由此可知,阎济美参加的是东都榜进士考试。天津桥,是东都洛阳发榜之处。很想有所表现，以不辜负张谓厚望的阎济美，坐在考场里绞尽脑汁，冥思苦想。但是憋了一整天，最后他只交出了四句二十个字。阎济美是这样写的：“新霁洛城端，千家积雪寒。未收清禁色，偏向上阳残。”

本以为又考砸了的阎济美，在交卷时以一种听天由命的语气对张谓说：“考官大人，看来我就这么点本事，再也挤不出什么东西来了，请您定夺吧。”张谓接过卷子连读数遍，不由赞叹道：“这不就是一首绝句佳作吗？再写就是多余的了，你就放心回去等好消息吧。”就这样，阎济美便被录取了。平心而论，如果以五言绝句的角度看，阎济美的这首诗真是不错。张谓与阎济美的这段考场经历，也成了流传久远的科场佳话。

张谓没有看走眼，阎济美确实是个挺不错的政府官员。他的早期从政经历，史料记载不详。为政中后期，阎济美做过婺州（今浙江金华市）刺史、华州（辖区为今陕西华县一带）刺史、福建观察使、浙西观察使这样的地方大员。在地方任职期间，阎济美为政清简，宽厚待民，官声颇佳。阎济美也算是唐代大员之一，官终工部尚书。

阎济美是个高寿进士，活了九十多岁。

## 黎逢迟到拿状元

大历十年（775）乙卯科状元，乃江州（今江西九江市）人氏丁泽。也有人认为，丁泽是本科东都榜首得主。丁泽的生平事迹无考，本科也无比较出名的进士，因而只能存目。

大历十一年（776）丙辰科状元得主无考，从略。

大历十二年（777）丁巳科状元，乃黎逢是也。黎逢生卒年月、家居何方，均已不可考。这位黎状元留给世间的，是一段有趣的科举经历。

本科主考官，是唐代名臣常衮。在参加诗赋场次考试的时候，黎逢不知是睡过了头还是迷了路，竟然迟到了。比较人性化的常衮，没有简单地判定黎逢违规弃权，而是让工作人员在考场外边的屋檐下单独支了一张桌子，让他坐在那里应考。考试迟到可不是小事情，按如今的高考规定，如果迟到三十分钟就会被禁止入场，迟到者这一年就算白忙活了。

黎逢不慌不忙，大摇大摆地坐下之后，提笔就写。常衮有些纳闷儿，这个长相穿着土里土气、活像个老农民（“气貌山野”）的哥们儿，怎么就这样镇定自若呢？是胸有成竹，还是故弄玄虚？好奇之余，常衮就让工作人员站在黎逢旁边盯着，把他写的东西逐句报来，看他到底有几斤几两。

黎逢写下的第一句，是“行人徘徊日”。常衮闻报说：“也不过稀松平常嘛。”听了工作人员报来的第二句之后，常衮感到有点意思了。黎逢往后写的句子，常衮越听越觉得好，不由对这个貌不惊人的考生刮目相看。就这样，状元头衔就归了黎逢。考试迟到还能拿状元，黎逢也算是创造了一个科场奇迹。遗憾的是，黎逢的这首试帖诗，全貌已经无法知晓了。

由于黎逢的为官经历不详，在此介绍一下他的一位同榜进士同学郑馀庆。

郑馀庆，乃荥阳（今河南荥阳市）人氏。郑馀庆自幼勤奋好学，读书异常刻苦。进士及第之时，郑馀庆刚过而立之年。郑馀庆是唐代名臣之一，曾经两任节度使这样的封疆大吏，两任国立最高学府一把手（国子监祭酒），两任大唐宰相，是个地位显赫的四朝元老。

郑馀庆十分重视教育，在地方任职期间，积极兴办学校，广招学生，大力培养奖掖后学。在他担任国子监祭酒期间，校舍破败不堪，生源日渐稀少。为了尽快改变学校面貌，郑馀庆建议抽取文官薪水的百分之一，用作学校建设经费，并率先垂范，带头捐款。郑馀庆的建议得到皇帝批准，学校很快便焕然一新，报名求学者络绎不绝。官员捐资助学，古已有之。而郑馀庆，就是这方面的先驱。

郑馀庆十分关心贫寒子弟的教育问题，不仅多方鼓励他们读书求学，还经常出资予以资助。比方说，郑馀庆很欣赏诗人孟郊的才华，曾先后两次向有关部门推荐，建议委任他以适当职务。孟郊去世以后，由于身无积蓄，家人连个像样的葬礼都办不起，是郑馀庆出资将其安葬。

郑馀庆为人豪爽，视金钱如粪土。对于自己的亲友和下属，郑馀庆十分慷慨大方。他自己的薪水和朝廷赐予的款项，有很大一部分被用来资助接济了别人，以致郑馀庆去世之后，他的家中没有任何财产积蓄。作为一个位极人臣的封建高官，这很难得。

郑馀庆为官清廉，非常注重官声。虽然对人慷慨大方，郑馀庆对自己却很苛刻，日子过得极为节俭，被有的人认为是典型的小气鬼。粗茶淡饭，布衣简履，是郑馀庆的日常生活标配。他这种崇尚节俭、不事奢华的品行，在当时受到了很多人的称颂敬重。

有个郑馀庆请客的故事，很有意思。郑馀庆平时不喜欢请客送礼、吃吃喝喝那一套，既不接受别人请，也不请别人。在吃喝成性的同僚眼中，郑馀庆简直就是个一毛不拔的铁公鸡。有一天，郑馀庆突发奇想，要请同事们到家里吃顿饭。能吃铁公鸡的请，可不是一件容易的事，大家都感到很好奇，不知郑馀庆葫芦里卖的是什么药。

郑馀庆请客那天，大家早早来到了郑府，一边耐心等待，一边嘀咕着，他这样一个铁公鸡，能拿什么好酒好菜给自己吃喝呢？客人到齐之后，郑馀庆当着大家伙的面，唤过厨子煞有介事地吩咐道："你记住了，准备的那菜一定要去净毛，蒸熟蒸透。另外千万注意，可别把脖子给弄断了。"大家一听，多少有些放下心来。听郑馀庆的说法，这样的菜肴，即便不是名贵飞禽，起码也得是鸡鸭鹅之类。在郑家能吃到这样的菜，也算是凑合了。

时至正午光景，厨子把饭菜端了上来。先是上的酱油醋之类调料，倒也十分新鲜养眼。早已饥肠辘辘的各位，不由食欲大开。及至主食和菜品端上来之后，大家全都傻了眼：只有一碗米饭、一个蒸小青葫芦而已。葫芦，可不是有毛又有脖子嘛！郑馀庆请客的葫芦里，卖的原来是葫芦药。这顿饭，习惯了山珍海味、大鱼大肉的各位，吃了以后是个什么感觉，可想而知。

郑馀庆请客的这个故事，在冯梦龙的文言笔记《古今笑》中有载。

## 首对兄弟状元现世间

大历十三年（778）戊午科状元，乃虢州弘农（今河南灵宝市）人氏杨凝。

杨凝的哥哥杨凭，比他早四年中状元。他的弟弟杨凌，早他一年中进士。短短四年时间，杨氏三兄弟居然拿了两个状元、一个进士。这样的科举考试成绩，堪称人间少有，羡煞无数学子。有人认为，杨凭、杨凝兄弟俩，可以视为中国科举史上最早的兄弟状元。杨家两兄弟能创造这样一个纪录，真是为老杨家挣足了面子。

可贵的是，杨氏三兄弟有个伟大的母亲。他们的父亲早亡，是杨家妈妈含辛茹苦把他们拉扯成人。她不仅要为儿子们的吃喝穿用操心，还要教育引导他们读书学习，成为有用之才。杨家老妈妈，真是不简单。

杨凝中状元后,先是被任命为协律郎,后又晋升为侍御史、司封员外郎。司封司是吏部的一个司,有时也称“主爵”,负责官员的封爵、朝会、赐予等事务。司封员外郎,相当于司封司的副职。

杨凝是个敢于坚持原则的官员。在司封司工作期间,杨凝在赐爵封地等问题上,抵制了一些权贵的非分要求,纠正了以往的一些不规范做法,因而得罪了一些手握权柄之人。在他们的排挤打压下,杨凝就很难再在司封员外郎的位置上干下去了。触动了权贵阶层的既得利益,他们当然要急眼,更不会善罢甘休。因而,杨凝受到他们的打击报复是自然而然的事情。

代理宣武节度使(知节度事)董晋认为杨凝是个人才,就把他招为宣武节度判官。因为才干过人,在亳州刺史出缺的时候,杨凝被委派代理过刺史的职责。在代理亳州刺史期间,杨凝干得有声有色,为当地百姓做了不少事情。据史料记载,杨凝的政绩主要有两项:一是多方动员鼓励民众开垦整治荒芜农田,较大幅度地增加了粮食产量。二是组织力量兴修水利基础设施,疏通河道,加固堤防,平息了当地水患。

虽然很有才干,但杨凝也有自己的毛病。跟哥哥杨凭一样,杨凝也是个贪图享受的人,生活比较奢侈铺张。并且他还很贪杯,是个酒鬼,有时会喝酒误事。因为这一点,杨凝颇受时人诟病。

董晋死后,当地发生兵乱,杨凝逃回长安,闭门三年不出。后来,朝廷委任杨凝为兵部郎中。但还没来得及上任,他便因病去世了。有人推测,杨凝可能是因为酗酒过度而痼疾在身。嗜酒伤身,杨凝是个教训。

杨凝有个同榜进士同学比较有名,此人乃河东(今山西永济市)人氏卫次公。

卫次公从小谦和文雅,非常懂事。有一种说法称,卫次公中进士时刚满二十岁。但从他的生卒年考证情况和及第时间推算,这种说法存在误差。但不管怎么说,卫次公金榜题名时很年轻,应该是确凿无疑的。

在官场上,卫次公打拼了接近四十年。他从校书郎、县尉这种低级官员做起,历任左补阙、翰林学士、陕虢观察使、尚书右丞、淮南节度使、工部尚书等职务,是唐代重臣之一。

卫次公是个很有原则性的官员。在他担任科举主考官期间,能杜绝请托,排除权贵人情干扰,坚持唯才是举。在考试中,卫次公注意把握正确导向,注重考察考生的真才实学,文风华而不实者一概不取。卫次公主持科举考试的表现,受到了朝野的一致肯定。

卫次公是个很有人文关怀精神的官员。在担任陕虢观察使期间,他的政绩也颇为人所称道。陕虢观察使的管辖范围,是河南北部、山西南部的部分地区。这个地方,是当时的东西交通枢纽所在,政府接待任务比较重。因而,当地官员在正常的税赋之外,常常向民众征收额外税费,民众苦不堪言。卫次公到任后,采取有效措施节省政府接待开支,每年为民众减免税赋三百多万贯,大大减轻了民众负担。

卫次公在距离宰相高位一步之遥(时任尚书右丞)之时,朝廷对吴元济叛乱用兵已久。考虑到国库开支巨大,卫次公建议唐宪宗李纯暂时休兵罢战,以使民众得以休养生息。本来唐宪宗已经决定任命卫次公为宰相,任命书也已经签发。但就在这个节骨眼上,政府军大败吴元济的捷报送达朝廷。这样,卫次公的休兵建议就显得有些不合时宜了。于是,唐宪宗命人追回了卫次公的任命书。运气不佳的卫次公,便遗憾地与大唐宰相职务擦肩而过。

卫次公为人清高,从不巴结依附权贵。卫次公是个音乐爱好者,弹得一手好琴。当他的官职级别还很低的时候,曾经有一个攀附高官的极好机会摆在面前,但是他并没有拿着当回事。担任京兆尹要职的李齐运,慕名想让他给自己的儿子做练琴家教。对于一些官场中人来说，这种接近高层的机会，真是打着灯笼也难找。但是做事很有原则的卫次公，因为李齐运官声一般般，无论如何也不肯给京兆尹大人这个面子。他不但拒绝了李齐运的请求，还从此不再摸琴以明心志。卫次公的傲骨，让众人钦佩不已。

卫次公六十五岁那年，唐宪宗大约感觉有些对他不起，便将其召回京师准备再度重用。但在回京的路上，卫次公便魂归天国。

## 圣人之后有名臣

大历十四年(779)己未科状元，名叫王储。此人生平事迹失考，本科也无能够独立成篇的进士，只能存目。

建中元年(780)庚申科状元，乃魏弘简是也。魏弘简祖籍绵州(今四川绵阳市)，父辈迁居于吴(今江苏苏州市)。

在柳宗元所撰《魏府君墓志》中，有这样一句话：魏弘简“由进士策贤良，连居科首”。意思是，魏弘简在勇夺状元桂冠之后，又拿了制举“贤良方正”科的第一。如此说来，魏弘简不仅是位双学位状元，还是一位大唐科举的“两元”得主。这样的科举考试成绩，堪称傲人。

夺得状元桂冠之后，魏弘简先是被任命为校书郎，后来又到节度使幕府任职，先后在四位节度使手下工作了六年。这样的工作经历，在唐代状元中是比较少见的。史载魏弘简性格宽厚，待人以善，尊长爱幼，是个谦谦君子，因而大家都愿意跟他交往。

魏弘简官终户部郎中，年仅四十六岁。作为一个好人的魏弘简，既不长寿又无子嗣，众人皆为之惋惜不已。魏弘简跟同时代的一个有名太监同名，因而有的文献史料有时将二人误作一人。

魏弘简的生平事迹史载甚少，在此介绍一下他的一位同榜进士同学孔戣。

孔戣，乃冀州（今河北冀州市）人氏。算起来，孔戣系孔圣人的三十八世孙，是唐代著名忠臣孔巢父的侄子。

作为名门之后，孔戣自幼受到忠孝礼仪良好家风的教育熏陶，养成了知书达理、为人正直、处事端方的良好品格。

进士及第之后，孔戣先是被委任为节度判官，后来进京担任过纪检监察官员（侍御史、谏议大夫）、给事中等职务。孔戣是个原则性很强的官员，遇事敢于讲真话，不怕得罪人。他所提出的不少意见建议，都能切中时弊，起到匡正风气的作用。

在孔戣担任给事中期间，朝中发生了两起影响比较大的案子。在这两起案子的处理上，很能体现孔戣讲原则、敢担当的行事风格。

这两起案子，一起是江西观察使李少和贪赃枉法案，另一起是崔易简杀害堂兄案。这两起案子到了京兆尹手上之后，案犯亲友打通了他的关节，致使其暗箱操作，隐瞒相关犯罪事实，人犯迟迟不能依法惩处，朝野议论纷纷。孔戣经过认真调查分析，认为这两个案子的处理存在重大隐情。为了伸张正义，孔戣根据法律规定，多次向上级提出自己的案件处理建议。在孔戣的坚持下，案子最终得到依法审理，李少和受到了贬官处理，崔易简被判处死刑，京兆尹也因为失职渎职被罚扣三个月的薪水。

在升任副宰相（尚书左丞）之后，孔戣又秉公处理了一件案子。信州刺史李位，被部将韦岳举报图谋造反。其实这个李位只是比较迷信，门下收罗了一些装神弄鬼的方士，其行为性质充其量算是不信皇帝信鬼神。韦岳抓住这一点，指控李位妖言惑众，图谋不轨。显然，韦岳是想把李位置于死地。经过唐宪宗批准，李位被抓进皇宫囚禁审讯。孔戣闻讯向唐宪宗建议说："按照法律规定，刺史有犯罪嫌疑的，应当交由有关部门依法审理，而不应当关押在皇宫里。"唐宪宗批准了孔戣的建议，指示由御史台负责审理此案，并让孔戣一起参与审理工作。

经过孔戣等人认真细致地调查取证、实事求是地研判分析，认为李位谋反纯属子虚乌有。按照大唐法律，心术不正的韦岳，因为蓄意诬陷上司而被判处死刑。李位虽然谋反罪名不实，但不务正业乱搞迷信活动，也难辞其咎，因而受到了降级处理（贬为建州司马）。官员不能信神信鬼、乱搞迷信活动，李位是个教训。

在这几件案子处理过程中的表现，使孔戣名声大震，好评如潮，因而，在朝野树立起了清正廉明、严格公正、断案神准的良好形象。

孔戣的正直无私，也给皇帝留下了深刻的印象。岭南节度使崔咏死了以后，一时找不到合适的人接任。有一次，皇帝问大臣裴度道："当初那个建议南方停止进贡海鲜（蚶子）的人是谁来着？我看他就比较适合做岭南节度使。"裴度说："那个人就是孔戣啊。"于是，孔戣成了一个封疆大吏。

孔戣在岭南节度使任上，为当地百姓做了很多好事，颇有政声。比方说，经过他的多方工作，为当地百姓减免了十八万贯钱、八万担米的欠税。在此基础上，每年又为当地减少八百两黄金税款，大大减轻了民众负担。再比方说，在孔戣到任之前，当地财政状况十分紧张，官员工资常常不能按时发放。一些黑心官员，便想方设法搜刮勒索民间。孔戣在狠抓恢复生产、保护客商利益、发展海外商贸的同时，多方筹集资金，保证了官员工资的正常发放。为了约束官员的不法行为，孔戣还主持制定了一系列规章制度，严禁官员侵扰民众，使当地官场风气有了较大改观。

孔戣，堪称打击拐卖妇女犯罪活动的先驱性人物。针对当时岭南地区拐卖妇女为奴现象比较盛行的问题，孔戣出狠招严打这类违法犯罪行为，基本刹住了这股歪风，有效地保护了妇女的人权和尊严。孔戣还十分尊重少数民族权益，对他们多方予以安抚保护，致使"交广晏然大治"。

心地坦荡之人，一般都不会恋栈权位。年满七十之后，时任吏部侍郎的孔戣主动申请告老还乡。深知孔戣官德人品的韩愈，十分不舍他的离去，便向唐穆宗建议说，像孔戣这样品行俱佳的重臣，适当延迟几年退休并不过分，希望朝廷能对其予以挽留。但是去意已决的孔戣，坦然淡定地离开了工作岗位。

七十二岁时，孔戣病逝于家中。一身正气、两袖清风的孔戣，不愧为圣人之后代。

## 大唐首位“三元”崔元翰

建中二年(781)辛酉科状元，乃博陵(今河北安平县)人氏崔元翰。

崔元翰又名崔鹏，出身于一个书香世家。他的父亲崔良佐，是明经科出身，做过类似于县政府办公室主任(主簿)这类的小官。崔良佐是个孝子，母亲去世之后便辞官不出，隐居家中一边为母亲守孝，一边潜心治学。崔良佐不仅自己学富五车，而且教子有方，孩子们都很有出息。而崔元翰的堂伯崔日用，曾经做过吏部尚书这样的朝廷大员，并获封“齐国公”爵号。

虽然家学渊源深厚，但崔元翰出道很晚。夺得状元桂冠之时，崔元翰已年满五十。多年不飞，一飞冲天。多年不鸣，一鸣惊人。而厚积薄发的崔元翰，就属于这种情况。在州郡的选拔考试中，崔元翰拿了第一(解头)。在本次进士科考试中，发挥出色的崔元翰又力挫群雄，拿了状元。能取得这样的科举考试成绩，已属惊人。

然而，崔元翰的科场奇迹并没有就此终结。在随后的制举“博学宏词”科考试中，崔元翰再度勇夺第一。在唐代，没有固定的殿试制度，因而唐代科举的“三元”，跟以后朝代特别是明清时期的乡试解元、会试会元、殿试状元之“三元”是有所不同的。崔元翰参加科举考试连拿三个第一，也可以看作是位“三元”得主。因而，崔元翰就成了唐代乃至科举制度创立以来的首位连中“三元”之人。能够创造这样一个纪录，崔元翰真是了不起。

事情还没有完。有人经过考证称，崔元翰后来又在“贤良方正”“直言极谏”两科制举考试中力拔头筹。如此说来，崔元翰就是一位有四个学位在身的“五元”得主了。在科举考试中能有如此优异的表现，史上罕见，实在令人咋舌。

在崔元翰参加科举考试过程中，还发生过两段比较有趣的故事。

本科考试的主考官，是礼部侍郎于邵。于邵在看了崔元翰的卷子以后，大为称奇，对其他考官感叹道：“这个崔元翰不得了，在十五年之内一定能成为朝廷的第一大笔杆子（‘当掌诏令’）。”于邵还真没看走眼，中状元只有七年的时间，崔元翰就经过太常博士、礼部员外郎等台阶，进入翰林院做了知制诰。唐代翰林学士加知制诰衔的官员，承担为皇帝起草诏书文告的任务。这种诏书文告，称为“内制”。而中书省官员中书舍人起草的诏书文告，称为“外制”。“内制”主要是拜免将相、号令征伐、立后建储等方面的重要诏书，“外制”则为一般性诏书。两者孰轻孰重，显而易见。崔元翰的这个角色，相当于皇帝的文字大秘，基本可称之为朝廷的第一大笔杆子了。

虽然崔元翰在知制诰的位置上只干了两年，就因故被降级，但那是由于他的脾气性格之故，而非能力才学之因，不能说于邵眼光不准。关于个中缘由，笔者后面会予以介绍，此刻暂且按下不表。

崔元翰的第二个科举故事，与他的弟弟有关。崔元翰的两个弟弟崔敖、崔备，与他同榜进士及第。本科录取进士总共才十七人，这么少的录取名额，崔家兄弟就占了仨，并且把本科前三名全包揽了。也就是说,崔家三兄弟包揽了本科相当于状元、榜眼、探花的名次,尽管当时还不这样叫。"三崔"兄弟的科举考试成绩,比前面介绍的"三杨"兄弟,有过之无不及。崔良佐教子有方,名不虚传。

据有关野史资料记载,崔元翰那个名叫崔敖的弟弟,在参加诗赋场次的考试时,居然临场要求主考官更换试题。听到崔敖的要求,主考官一脸愕然,不知所措。在崔敖的一再坚持下,主考官无奈之下只得换题。崔敖这么干,是有原委的。崔元翰跟一个名叫杨炎的考官交情不错,事先已从他那里得知了诗赋试题。这应当算是一起比较严重的考试泄题事件了,但此事后来是否得到追究处理,不得而知了。

兄弟三人同时参加考试,哥哥知道了试题,当然不可能自己独享,崔敖知道此事顺理成章。为了保证考试的公平公正,也为了对得起自己的良心,真正凭实力获取好的名次,崔敖才有了临场要求换题之举。崔敖虽然没有大义灭亲,举报自己的哥哥有舞弊之嫌,但这种堂堂正正、不靠歪门邪道取胜的做法,还是足以让人肃然起敬的。崔家兄弟的才学,真是不得了。即便是更换了试题,兄弟三人依然取得了极佳的考试成绩。

崔元翰为人孤僻,不善与人沟通交往。并且他的性格过于刚硬,说话办事不讲方式方法,常常得罪人,上司同僚都不太喜欢他。在坚持原则的同时,善于沟通协调,外柔内刚,方为为官之上佳境界。像崔元翰这样的性格,不太适合在官场上混。所以,崔元翰不仅没能在知制诰位置上干长久,被贬官后也没有了东山再起的机会。

崔元翰一生好学不倦,到老也未曾懈怠。据有关历史文献记载,崔元翰曾依附权贵裴延龄,打击陷害陆贽等忠直之臣。但这种说法,同正史中他的本传所述相矛盾,也不太符合他的性格为人。

# “上天之手”助薛展

建中三年(782)壬戌科状元得主失考,从略。

建中四年(783)癸亥科状元,姓薛名展。薛展的生平籍贯、为官经历等情况,均已不可考。他所留给世间的,只有一段有趣的科举故事。

据传,薛展在少年时代,他的父母曾找算命先生给他看过相。那算命先生见了薛展以后,连连惊叹道:“我看相多年,这么好的面相还真是没怎么遇见过。这孩子不得了,不得了啊!长大以后,必定会有大出息,至少能拿个状元什么的光耀门庭。”

在报名参加科举考试之后,薛展听说本科主考官是李纾。在这之前,薛展跟李纾因故结下过梁子。由于害怕李纾挟嫌报复,薛展就想打退堂鼓。大约是受父母的影响,薛展也比较相信看卦算命那一套。在动身回家之前,心有不甘的薛展,也去找了个算命先生算了一卦。那算命先生摇头晃脑地掐指一算,对薛展说:“从卦象上看,你是本科状元得主呢。如果这么轻易放弃了,那就太可惜了。”

听算命先生这么一说,薛展有了勇气和信心,便放弃了临场退缩的想法,决定留下来试试运气。本来李纾打算把一个皇帝近臣(翰林学士)的女婿确定为本科第一,但是有些官员认为这其中有人情照顾的嫌疑,就议论纷纷,并反映到了上层。皇帝在听取录取人选汇报时,也提到了这件事,认为这么做有所不妥,让李纾再提出一个状元后备人选。李纾提笔之后,竟然鬼使神差地写下了薛展的名字。看来,是薛展在答卷中表现出来的文章才学,在李纾的潜意识中留下了比较深刻的印象。

等到发榜之后，李纾才反应过来，薛展原来就是跟自己有过节的那个人。不知就里的薛展，还以为李纾为了公正选才而不计前嫌，便心存感激地前往李纾府上拜师谢恩。谁料，热脸贴了冷屁股。对于薛展的感激，李纾一点也没领情。他冷冷地对薛展说："你没必要来感谢我，你能中状元，只是老天爷借我的手写出了你的名字而已。这是天意，并非我有心这么做。至于你的才学问题，本官不予评价。"

这个故事，见于宋人所撰《分门古今类事》。有人认为，这个故事疑似杜撰。因此，各位读者不必当真，看了权为一乐即可。尤其是算命等迷信活动，更是不能盲从盲信。

薛展有个很出名的同榜进士同学，此人就是两度担任过大唐宰相的诗人武元衡。

武元衡，乃河南缑氏（今河南偃师市）人氏。武元衡出身显赫，他的曾祖父是女皇武则天的堂兄弟。在少年时代，武元衡就才华横溢、学识过人。夺得状元桂冠之时，武元衡只有二十六岁，堪称青年得志。

武元衡英俊潇洒，曾有唐朝第一美男子之雅称。对这样一个才干过人的大帅哥，唐德宗很是赏识喜欢。因而，武元衡进步很快，曾在一年之内被连升三级。武元衡在掌管全国纪检监察大权（御史中丞）之后，经常被唐德宗单独招去密议国事。唐德宗常常对其他大臣如此夸赞武元衡："这个人是个治国理政的好手，真是有宰相之才干啊！"

唐德宗此言不虚，唐宪宗上台后，因为看重武元衡的清廉正直、能力出众，当真就拜他为相了。不久，由于四川一带乱象丛生，节度使高崇文虽然平定刘辟叛乱有功，但不太懂行政管理，整治地方不得要领，唐宪宗就让武元衡以宰相身份兼任了剑南西川节度使。

武元衡到任之时，蜀地千疮百孔、民众怨声载道。为了收拾这个烂摊子，武元衡制定了一个三年目标规划——民众生活富足、政府财政充裕、少数部族安定。在蜀地，武元衡一干就是七年。在他卓有成效的工作下，蜀地得到有效治理，面貌焕然一新。在此期间，武元衡还发现了唐代名臣裴度的才干，并对他进行了大力培养提携。这个裴度可真不一般，后来成为唐代的中兴名相。

在武元衡治蜀期间，发生了一段浪漫的桃色故事。在那里，武元衡结识了一位名叫薛涛的美女诗人。都说是郎才女貌，武薛二人却都是又有才又有貌。这两个人一经相见，就擦出了情感火花。二人天长日久来往相处，又有共同语言，自然也就发展成了超出正常朋友的亲密关系。在当时，大诗人白居易也对薛涛极为倾慕。对武薛二人的卿卿我我，白居易不免有些嫉妒吃醋。因此就有人说，武元衡与白居易，既是同僚和诗友，又是情敌。

离开蜀地之后，武元衡返朝回京，依然为相。返朝不到两年，淮西节度使吴元济拥兵反叛。不容国家分裂的武元衡，力主朝廷出兵镇压叛乱。武元衡的铁腕，使那些拥兵自重的藩镇头头惶恐不安。在他们看来，武元衡是他们搞武装割据闹独立的最大障碍，必须搬掉这块绊脚石。因而，武元衡也就创造了一个悲惨的记录——中国科举史上首位被暗杀的进士宰相。

兔死狐悲，与吴元济早有勾结的成德节度使王承宗、淄青节度使李师道，对武元衡最为怨恨和忌惮。在申请朝廷赦免吴元济遭拒后，他俩经过一番密议，决定由李师道派出杀手做掉武元衡。一天拂晓，勤政的武元衡早起到朝廷上班。在路上，武元衡被早已踩好点埋伏在那里的杀手刺杀。与其同行的裴度，也受了不轻的伤。这个武元衡，也过于大意了。堂堂一个宰相，安保措施也太不严密到位，以致让杀手轻易就得手了。

那几个作乱的家伙都没有好下场。武元衡遇刺两年后，在裴度的调度指挥下,淮西等地叛乱被平定。吴元济兵败被擒,押送长安后被斩首示众。李师道被击毙于战场,王承宗则被迫献地请罪,表示归顺朝廷,几年后病死。

武元衡擅长五言诗写作,他的诗具有很强的韵律感,特别适合谱成歌曲。因而,他的不少名作都被人们和以管弦,当作流行歌曲一样演唱。

## 洁身自好看崔从

兴元元年(784)甲子科状元得主无考,从略。

贞元元年(785)乙丑科状元,乃荥阳(今河南荥阳市)人氏郑全济。郑全济的生平仕履不详,只能存目。

郑全济有两个同榜进士同学比较出名,值得一说。

其一是清河郡东武城(今山东武城县)人氏崔从。关于崔从的籍贯,还有齐州全节(今山东济南市历城区)一说。好在这两个地方相距不远,只有几十公里的样子,在古代基本就算是一个地方的人。

崔从的父亲是个政府官员,做过渠州刺史,按说级别不算低了。但不知为何,相关史料却称崔从"少孤苦",曾寓居太原附近山中近十年,经常衣食无继。是他的父亲早亡,还是做官之后另娶美女,不管家中糟糠之妻和儿女了?不得而知。

崔从学习勤奋刻苦,再加上天资聪颖,出道比较早。进士及第之时,他只有二十四岁。有了进士身份之后,崔从没有等待太久便被委任了官职——山南西道推官。推官这个官职,始设于唐代,是节度使、观察使手下负责司法刑案事务的最低级官员。此后,崔从进入西川节度使韦皋幕府供职,掌管粮食转运工作。在西川工作期间，崔从曾被指定代理过邛州（今四川邛崃市）刺史的职务。

大约是在西川任职期间，崔从结识了后来出任大唐宰相的裴度。对于勤奋敬业、清正廉洁的崔从，裴度极为欣赏，此后多方予以提携推荐。崔从能够成为朝廷重臣，与裴度有莫大的关系。比方说，在裴度升任宰相之后，就推荐崔从接替自己出任御史中丞。在官场上，一个官员举荐提拔之人的表现，往往能反证他本人是个什么样的人。作为一个正直有为的官员，裴度没有看错人。崔从以自己的实际行动证明，他没有辜负裴度的赏识栽培。

崔从一身正气，遇事敢于坚持原则。在御史中丞任上，崔从干得有声有色，弹劾处理违纪违规官员，从不手软留情。唐宪宗一度打算拜崔从为相，一个唐宪宗极为宠信的太监想借机捞点好处，就暗示崔从破费些银两，打点一下自己。对于这样的龌龊交易，崔从当然不会首肯。大约是因为此人从中作梗，此事不了了之。

崔从曾经四度出任节度使、观察使这样的封疆大吏，具有十分丰富的地方任职经验。所到之处，崔从都颇有政绩，官声极佳。比方说，在担任鄜坊丹延节度使期间，当地一些藩镇军人时常违法乱纪、祸害民众，但历任节度使都投鼠忌器，不敢或不愿依法惩处。崔从到任后，对那些害群之马毫不客气，一一绳之以法，辖区社会秩序大为好转。崔从还很注意保护少数民族的合法权益、善于协调民族关系，从不勒索克扣到辖区进行合法贸易活动的少数民族部落民众。困扰当地多年的党项、羌族部族武装袭扰侵掠问题，基本得到解决。

在崔从担任淮南节度副使、主持节度使工作（知节度事）时，发现当地政府设立了很多不合理的税费收取项目。比如民众做个小买卖要交税、雇用个佣人丫头要交税等，名目繁多，政府还通过垄断酒曲买卖与民争利。崔从到任后，把这些不合理的税费和经营项目统统予以取消，大大减轻了民众负担。

崔从还担任过尚书右丞、户部尚书这样的朝廷高官，权重一时。殊为难得的是，作为封建高官，崔从能够洁身自好，衣食住行简朴低调，从不搞声色犬马那一套，生活情趣十分健康。比方说，当时的士大夫们把蓄养歌舞乐伎作为一种时尚，乐此不疲，而崔从从不做这样的事情，被大家公认为贤者清流。

七十一岁时，崔从病逝于淮南任上。

其二是吴兴(今浙江湖州市)人氏钱徽。钱徽的父亲，是唐代著名才子钱起。关于钱起的事迹，本书前面有过介绍，此处不再重复。

钱徽三十岁考取进士身份，先是被任命为县主簿这样一个小官。他的顶头上司(县令)姓王，是个喜欢吃吃喝喝、结交酒肉朋友，花钱大手大脚的角色。有这样习惯的官员，肯定不会只花自己的薪水，贪污挪用公款是不可避免的事情。王县令贪腐案发之后，主持调查处理此案的观察使发现，该县很多官员都被卷了进去，唯独钱徽清清白白，没有任何问题。观察使认为钱徽是个既有能力又清廉的难得好官，便开始对他进行培养提携。

后来，钱徽入朝做了京官，先后担任过左补阙、员外郎、翰林学士加知制诰、中书舍人、司封郎中、礼部员外郎等职务。在钱徽官职还不太高的时候，一个地方大员为了结交朝臣，为自己建立人脉关系，拿出巨款四处打点。其中也有钱徽的份儿，给了他二十万贯，但钱徽坚辞不受。有人劝他说，你又不是手握重权之人，没有为他办事求官的压力，这钱不拿白不拿，拿了也白拿，白拿为何不拿？钱徽正色道："拿不拿不义之财，是一个原则问题、道德问题，跟办不办事、地位高低没有半毛钱的关系。"

钱徽担任礼部侍郎期间，曾担任过科举主考官。一个姓杨的官员，喜欢收藏古董文物，家中很有些值钱的货色。为了使儿子能被录取，他给时任宰相的段文昌送了几件价值不菲的藏品，托他为儿子说说话。可见，官员搞书画古董这类“雅贿”，是有着长远的历史传统的。

拿人钱财，替人消灾。段文昌不仅给钱徽写了请托条子，还放下身段，亲自跑到他家进行关说。虽然宰相大人亲自出面，但钱徽不为所动，坚持公事公办，那个杨姓官员的儿子便落榜了。钱徽这么不给面子，段文昌很生气，就到皇帝面前告黑状，说钱徽不懂考试业务，看人不准，选了一些高分低能、学识浅薄的人出来。皇帝偏听偏信了一回，因此而将钱徽贬为江州刺史。

受到了这样的不公正处理，钱徽依然淡定自若。有些人看不下去，就给他出主意说，你这人也太老实了，你把段大宰相写给你的条子让皇帝一看，皇帝不就清楚了？钱徽气定神闲地说：“清者自清，浊者自浊。我只求问心无愧就可以了，怎么能像有些人一样，也做打小报告那种不厚道的事情呢?”不仅如此，他还把收到的条子统统付之一炬。

在江州，钱徽体恤民情，关爱民众。前任刺史离任时，留下了一百万贯的小金库钱款。很显然，这笔钱是为了州官自己花用方便的。钱徽到任后，将这笔钱悉数交由财政管理，用以抵充百姓税赋。

此后，钱徽又做过尚书左丞、吏部尚书等高官，七十四岁时病殁于家。

## 兄弟状元再现世间

贞元二年(786)丙寅科状元，乃南阳(今河南南阳市)人氏张正甫。

张正甫的哥哥张式，是大历七年(772)壬子科状元得主。时隔十四年,张正甫又复制了哥哥的科场辉煌。张家兄弟俩,真是不简单。

张正甫中了状元之后,先是在唐代名将樊泽手下服务过一段时间(襄阳从事)。随后几经升迁,进京出任监察御史。张正甫为朝廷服务多年,任职经历比较丰富,先后担任过殿中侍御史、户部郎中、河南府尹、工部尚书、兵部尚书、吏部尚书等要职,是唐代名臣之一。

张正甫为官清廉刚正,十分看重自己的名节,从不阿附权贵、结交宵小之徒。张正甫是个原则性很强的人,不为名利所动,在官场上以行事风格强悍著称。比方说,他在担任河南府尹时,主持科举考试公平公正、唯才是举。有个朝廷重臣曾要求他将一名考生定为河南府第一(解元),被他断然拒绝。

值得称道的是,张正甫为官刚柔相济,既有强硬的一面,又有仁厚的一面。只要不涉及原则问题,张正甫待人宽厚,懂得关爱他人,被人们视为忠厚长者,这很难得。雷厉风行、手腕强硬的官场中人,往往缺乏人文关怀精神,不懂得体恤下属。这样的人,即便是能干出一番成就政绩,也难免会众叛亲离。

张正甫的孙子张祎,也曾担任过吏部尚书之要职。祖孙俩先后担任过吏部尚书,并且官声政绩都颇佳,亦为官场佳话一桩。

张正甫比较长寿,活了八十二岁。

张正甫有两个同榜进士同学比较有意思,在此予以简要介绍。

一个是担任过大唐宰相的李夷简。李夷简进士及第之后,做过蓝田县尉、监察御史、殿中侍御史、户部侍郎、御史中丞等官职。后来,又两度出任封疆大吏(山南东道节度使、剑南西川节度使)。在官场打拼三十多年后,李夷简位极人臣,官拜宰相。

李夷简是个既坚持原则又重情重义的人。在李夷简担任御史中丞时,京兆尹杨凭有贪污腐化行为。在眼里不容沙子的李夷简弹劾下，杨凭遭到断崖式降级处理，由京畿重臣成了一个副县级干部（临贺县尉）。树倒猢狲散，杨凭离京时，那些曾经不离左右的亲朋好友没有一个前去相送，只有状元徐晦一直把他送到任所。

李夷简知道这件事情之后，推荐徐晦出任监察御史。徐晦不知道自己为啥升官，就诚惶诚恐地跑去问李夷简。李夷简对他说：“你是个知恩图报之人，既然不肯辜负有恩于你的杨凭，又怎么会辜负更加有恩于你的国家呢？”

李夷简是个很有自知之明的人。担任宰相不久，他认为自己的能力水平远远不及另一位宰相裴度，就主动申请辞去宰相职务，出任淮南节度使一职。在官场上，盼望升迁是人之常情。因为升迁问题不服气别人、嫉妒别人者大有人在，而像李夷简这样能主动让贤者，很是难得。

年过花甲之后，李夷简以年老体衰为由，提出了提前退休申请，但没有被朝廷批准。六十六岁那年，李夷简病逝于工作岗位上。李夷简为官多年，出将入相，但两袖清风，家无任何遗产。临终前，李夷简立下遗嘱，要求家人丧事从简，并且不要为自己刻碑立传。在封建官员之中，能做到这一点的人十分少见。

另一个是做过殿中侍御史的李棱。说李棱有意思，不是因为他的为官政绩，而是因为他的求官经历。步入仕途之后，特别喜欢蓝田山水的李棱，很想去那里任职居住，就求到一位节度使门下，恳请他推荐自己到蓝田去做个副县长（蓝田县尉）。

求了高官之后，李棱还是不放心，又跑到一个名叫桑道茂的大师那里，请他给自己算一算此事成算几何。这个桑道茂是唐代著名方士，名气大得很。桑道茂特别擅长预测未来之事，据传所言无所不中，深得唐代宗、唐德宗两任皇帝信任。桑道茂其人其事，是进入了正史的。

桑道茂听了李棱的来意之后，对他说：“你命中注定该有此官，但不是现在，要等到二十年之后。”果然，推荐李棱任职的意见报到宰相那里之后，宰相认为，蓝田属于京畿重地，重要性不同于一般地方。而李棱资历尚浅，不适合去那里任职。

李棱求职不得，很是有些失落，便回江南隐居了，因为他有“别业在江宁”。脚有毛病的李棱，在江宁的别墅里一待就是十几年，没有急着出来找工作。元和元年(806)，李棱进京参加吏部官员铨选。通过考核选拔的李棱，如愿以偿地被任命为蓝田县尉。此时，距他进士及第整整过去了二十年。

为了一个副县级职位，李棱的等待也实在是太长久了一些。这种事情放在一般人身上，怕是早就耗没了新鲜感。但因为是自己心仪已久的岗位，再加上当初桑道茂断言神准，李棱没有嫌弃其官职低微，欣然赴任。

## 牛锡庶偶遇贵人

贞元三年(787)丁卯科状元，乃华亭(今上海金山区)人氏牛锡庶。

据《唐摭言》《逸史》等古籍记载，牛锡庶性格沉静，不善交际。虽然学识过人，但因为无人提携举荐，多次参加科举考试均名落孙山。本科考试之前，牛锡庶又来到了京城，准备再冲刺一回。

报上名以后，牛锡庶专门找了个算命先生算了一卦。那算命先生摇头晃脑地掐指一算，断言他吉星高照，本科必中状元。科场的多次遇挫，已使牛锡庶不敢抱有这样的奢望。他想，能侥幸被录取就不错了，哪里还敢想什么状元不状元啊。因而，也就没把算命先生的话太当回事。

有一天，牛锡庶同一个姓谢的人外出散步，此人也是个屡试不第的资深考生。两人边走边交流复习备考心得体会，不知不觉间就走到了官员上朝的官道上。此时，恰逢有高官上朝路过。两人为了回避，就躲进了一处私人花园。在园子里，他俩看到一位气质儒雅的老头儿，在仆人随从下拄着拐杖闲逛。他俩有些好奇，便悄悄问仆人，此老者为何方神圣。仆人说，此乃礼部尚书萧昕萧大人。他俩一听，不由肃然起敬，连忙上前施礼问候，并献上“行卷”，也就是自己所写的诗词文章，请萧大人指导斧正。

萧昕倒没什么高官的架子，没有像有些高官那样冷面对人。他接过牛、谢二人的“行卷”，很认真地看了一阵子。随后，微笑着对二人说：“你们俩的文才都挺不错，回去好好准备吧，本科被录取应该没有什么问题。而这位牛同学，没准儿还能弄个状元当当。”两人一听，不由大受鼓舞，连连作揖谢恩不迭。

牛、谢二人的好运，没有就此终结。本科主考官原本是礼部侍郎薛播，但他还没有把考试工作做完，便因病死在了工作岗位上。作为科举考试主管部门一把手的萧昕，只好亲自出马，代替薛播履行完了主考官职责。就这样，牛、谢二人不仅被如愿录取，牛锡庶还真就拿了状元。在唐代，萧昕以慧眼识人著称。经他之手录取的杜黄裳、高郢，还有下边将要介绍的裴垍等人，都成了唐代名臣。像萧昕这样平易近人、热心奖掖后学、善于发现人才的高官，值得为之点赞。

除了这段科举趣闻，牛锡庶其他事迹无考，没有更多的话可说。

牛锡庶有两个同榜进士同学，值得在此介绍一下。

一个名叫裴墐，乃河东闻喜（今山西闻喜县）人氏。裴墐出身官宦世家，曾祖父裴光庭，曾做过大唐宰相。在良好家风的熏陶下，裴墐酷爱学习，读书手不释卷，并且他多才多艺，特别精通音律。

裴墐为人豪爽仗义，结交朋友只看学识志趣，不问高低贵贱。每当亲友同僚遇到难处，裴墐都会慷慨地施舍救济。裴墐曾在名臣杜黄裳手下做过判官，深受其赏识器重。后来，裴墐做过殿中侍御史、比部员外郎等京官。所谓比部，是刑部的一个司，掌管刑部经费、军用物资器械调拨、审计等事务。裴墐还担任过万年（今陕西省西安市长安区）县令、金州（今陕西安康市）刺史等职务。在金州刺史任上，裴墐被狡猾的下属诬告，受到了贬官处理（谪为吉州长史）。

裴墐的续弦夫人，是文豪柳宗元的二姐。姐夫哥和小舅子俩，还是一生的挚友。因为生平事迹史载不多，跟柳宗元的这段渊源关系，算是裴墐的一个看点。

另一个名叫裴垍，也是河东闻喜人氏。裴墐与裴垍，是不是出自同一个老裴家，史书没有给出明确说法，笔者不好乱加推测。

裴垍进士及第之时，只有二十一岁，堪称少年成名。几年后，他又在制举“贤良极谏”科考试中获得了第一名的好成绩，是一位双学位进士。裴垍踏入仕途之后，做过美原（今陕西富平县）县尉。任期满后，不少藩镇首脑倾慕于他的干才，纷纷向他伸出橄榄枝，邀请他到自己的地盘去发展。大约是觉得这些人不靠谱，裴垍一一予以婉拒。这说明，裴垍是个很有头脑和主见的人。

裴垍后来进京做了京官，先后担任过监察御史、殿中侍御史、考功郎中、翰林学士加知制诰、中书舍人等职务。四十三岁时，裴垍替代李吉甫出任宰相。裴垍工作勤奋，不辞劳苦，夙夜在公。有史书称：“裴垍入相之年，才四十四（虚岁），须发皆白。”

裴垍具有很强的原则性。在担任科举考试主考官时，他秉公办事，拒绝一切请托，坚持唯才是举。裴垍也是个知人善任的官员，他曾推荐提携的李夷简、韦贯之、裴度等人，个个能力出众，业绩不凡，均为唐代名臣。

裴垍还很体恤民情，在担任宰相期间，推出了一些财政税赋改革措施，有效地减轻了民众负担。

## “中兴名相”裴度

贞元四年（788）戊辰科状元得主失考，从略。

贞元五年（789）己巳科状元，乃范阳（今河北涿州市）人氏卢顼。卢顼的生平事迹史载甚少，只能存目。

在卢顼的同榜进士同学中，出了一位唐代名臣，他就是被誉为“元和中兴名相”的裴度。

裴度，乃河东闻喜（今山西闻喜县）人氏。闻喜裴氏一族真不得了，出了好多位大唐名臣。

裴度天资聪颖，自小苦学不辍，出道较早。进士及第之时，裴度只有二十四岁。随后，他又在制举“贤良方正”“博学宏词”“直言极谏”三科考试中连连告捷，成了一位四学位进士。

关于裴度参加科举考试的经历，有个有趣的故事流传。

在进京赶考前，裴度有一天路过一座寺庙，看见有个和尚在给人看相。出于好奇，裴度便让那和尚给自己看一下功名前程如何。那和尚端详了裴度一阵子之后，叹口气说：“我看你还是别费那事去考什么科举功名了，回家吃点好的喝点好的算了。因为从面相上看，你的命太不好了。在不久的将来，你不是饿死街头，就是暴毙而亡。”

听了这番话，裴度是何心情不得而知。几天后，裴度又到另一家寺庙去散心解闷。在庙里，他看到一位妇女在佛像前虔诚叩拜。拜完走后，她把一个包袱遗忘在了佛像前。裴度打开一看，里面有一条很贵重的玉带。拾金不昧的裴度，认定失主一定会回来寻找，就坐在庙里耐心等待。临近傍晚时分,那妇女满头大汗、神色慌张地回来了。裴度询问之下,才知那位妇女家中有危重病人,这玉带是准备拿去典当了换医药费的。如果寻找不到,很可能闹出人命。裴度将玉带奉还之后,那妇女千恩万谢地走了。

在回家的路上,裴度又遇见了给自己看过相的那个和尚。那和尚见了裴度之后,很诧异地说:"你的面相有很大改观啊,不但不会饿死暴死,将来还会大富大贵、出将入相!我敢断定,这几天你必定是积了一件很大的阴德。"裴度一听这话,不由就笑了:"大师您可真逗,一会儿说我饿死暴死,一会儿又说我大富大贵,如此反复无常,该不是忽悠人吧!"那和尚正色道:"我可不是忽悠人,一个人多做好事善事,是可以改变面相和命运的!"

元代剧作家关汉卿根据这段故事,创作了一出比较有名的杂剧《山神庙裴度还带》。不过,关汉卿根据艺术作品源于生活、高于生活的原则,对这段故事进行了必要的艺术加工。在剧中,好人有好报的裴度,有一个圆满的大结局。不仅金榜题名,还高中状元,并且与貌若天仙的失主千金喜结良缘,共度洞房花烛夜。

裴度进士及第后,先是被任命为河阴(治所在今河南荥阳市东北)县尉。随后,在武元衡、裴垍等人的举荐提携下,裴度被一路提拔,历经监察御史、司封郎中、知制诰等台阶,官至御史中丞,成为朝廷重臣。

作为唐代名臣,裴度政绩颇为不凡。他的作为,主要表现在以下几个方面。

其一是大力削藩。"安史之乱"以后,藩镇割据越来越成为大唐的一大顽疾。比方说,自李希烈之后,淮西节度使一职均由军中拥立,朝廷无法干预,形成了事实上的独立。淮西节度使吴少阳死后,其子吴元济图谋继承这一职位。在得不到朝廷认可的情况下,吴元济拥兵反叛,为害地方。武元衡、裴度等大臣,力主朝廷出兵镇压叛乱。心怀不满的成德节度使王承宗、淄青节度使李师道经过密谋，派杀手刺杀了武元衡，裴度也受了重伤。

朝廷决定出兵平叛之后，战事进展很不顺利，政府军吃了大败仗。唐宪宗震怒之下，问责了一些官员，提拔裴度为宰相，委托他全权负责平叛事宜。行事果断的裴度，运筹帷幄、调度有方，废除了太监监军的传统做法，加强了集中统一指挥。在不到两年的时间里，全歼吴元济、李师道所部，吴元济被生擒斩首，李师道被击毙于战场，迫使王承宗主动请罪投降。淮西、成德、淄青三镇被平定，极大地震慑了各路诸侯，有效地保证了中央的政令统一。

其二是抑制宦官。太监干政，是中晚唐的一大政治毒瘤。裴度担任朝廷重臣期间，在抑制宦官势力、约束宦官权力、维护政府的管理秩序等方面，做出了不懈的努力。比如朝廷诛杀杨朝汶、贬谪魏弘简、流放刘承偕等劣迹斑斑的宦官，裴度都在其中起到了非常重要的作用。

在中晚唐，太监极受皇帝宠信。裴度如此打压他们的势力，需要很大的政治勇气。因为对裴度恨之入骨，太监们没少在皇帝面前给他使坏。唐宪宗在执政的后期，偏听偏信了太监和奸臣的谗言，免去了裴度的宰相职务，将他外放为河东节度使。

其三是举贤荐能。选好用好干部，是政府高官的一项重要职责。一个高官，如果只会自己做事情，而不能知人善任，也难称真正称职。公正无私的裴度，举荐提携了很多德才兼备的人才，比如韩愈、李德裕、李宗闵、刘禹锡、李光颜、李愬等。

作为政府高官，裴度为人行事堂堂正正，从不拉帮结派、搞团团伙伙。他也没有像有些高官那样，打着内举不避亲的旗号，推荐提拔自己的亲朋好友入朝做官，搞一人得道鸡犬升天那一套。

从政晚期的裴度，屡受宦官的排挤打压。难以施展抱负的他，闲居于东都洛阳，与白居易、刘禹锡等人饮酒赋诗，琴书相娱，借以排遣心中积郁。裴度不仅政绩卓著，文章也名重一时。刘禹锡《陋室铭》所称“谈笑有鸿儒，往来无白丁”，裴度应该就在“鸿儒”之列。

## 毛遂自荐的老状元

贞元六年（790）庚午科状元得主失考，从略。

贞元七年（791）辛未科状元，乃阆州（今四川阆中市）人氏尹枢。

尹枢是个资深老考生。据《唐摭言》所载，他参加本科考试时，已经年过七十，是个白胡子老头儿了。《唐摭言》这本书，从性质上讲应当归为文学小说类，所言之事未必完全真实准确。比如《三字经》所称宋代状元梁灏八十多岁中状元，就在年龄问题上摆了个大乌龙。因而，尹枢当时究竟有没有这么老，也是可以商榷的。

根据各种情况分析，尹枢是个混迹科场多年、屡试不第的考试老油条，应该是可以确定的事情。能够坚持这么多年不言放弃，说明尹枢具有极强的意志力。这种可贵的坚守精神，值得予以点赞。

尹枢多年不第，是之前考试方法不对路，还是考官们不喜欢他的文章风格，这个笔者不好妄加推测。唐代科举比较看重考生名气声望，“行卷”请托之风较盛，临场考试常常流于形式。尹枢籍籍无名，在朝中又无管用的人脉关系，也可能是他屡屡名落孙山的原因之一。

本科主考官是名臣杜黄裳。不知为何，这位杜大考官此次没有邀请“榜帖（同考官）”，自己一人包揽了本科的命题、阅卷等考试事务。是不相信别人，还是别人有其他更重要的任务抽不出身，不得而知。这样的做法，也反映了唐代科举的一个制度缺陷，就是不够严谨规范，缺乏制约监督，考官特别是主考官的自由裁量权过大。

到了阅卷阶段，杜大考官就感觉有些忙不过来了。在这种情况下，尹枢找到了杜黄裳，自告奋勇地向他提出，自己闲着也是闲着，可以帮着批阅一下考生试卷。杜黄裳倒也很好商量，就同意让尹枢试试看。这样的不规范行为，在以后朝代，特别是明清的科举考试中是不可想象的事情，毕竟这是正规的国家考试啊，怎么能让一个考生既当裁判员又当运动员呢？

熟能生巧。多年的科场经历，使尹枢积累了丰富的考试经验。拿过一份卷子，尹枢大略一看，便能判定其优劣。随后，提笔就判，判词恰当准确，评分客观公正。科场老油条，真是名不虚传。见尹枢精于此道，杜黄裳也就放了心，便放手让他去做。

对于尹枢批阅的试卷，考生们也都十分认可，认为客观公正，眼光准确。因而，没人因为这种考生当考官的不规范行为而不满闹事、上访维权。就这样，身兼运动员、裁判员双重角色的尹枢，创造了一段科场奇谈。

本科考试的录取名单和录取人员的名次大体排定之后，唯独空缺状元人选。感觉尹枢出了大力的杜黄裳，再次放下身段，就此征询尹枢的意见。尹枢当仁不让地说："那还用问吗？状元当然是我了。"听了尹枢这大咧咧的话，杜黄裳不仅没有生气，反而欣然提笔，在状头位置上写下了尹枢的大名。毛遂自荐的尹枢，就此创造了一项纪录——科举制度创立以来的最高龄状元。

大约是因为年龄太大，中了状元之后，尹枢便不知所踪。尹枢的弟弟尹极，二十二年后再度为老尹家夺回一顶状元桂冠。跟哥哥尹枢一样，尹极也是一位高龄状元。尹家兄弟均以高龄夺魁，这在科举史上也是极为罕见的奇观。

本科也是唐代名榜之一，录取的进士中出了三位宰相。尹枢的阅卷识人眼光，真是太老道了，让许多专司此职的高官都相形见绌。就凭这一点，尹枢足以留名史册。

其一是南兰陵（今江苏省常州市武进区）人氏萧俛。萧俛家世显赫，爷爷萧华曾在唐肃宗年间出任过宰相。萧俛靠自己的能力本事孙承祖业，亦为政坛佳话。

萧俛进士及第之后，历任右拾遗、翰林学士、司封员外郎、知制诰、御史中丞等职务。唐穆宗李恒即位后，拜萧俛为宰相。

萧俛也是唐代名相之一。他为人正直，不阿权贵，淡泊名利，疾恶如仇。为官处事，颇受时人称道和敬重。比方说，剑南西川节度使王播，以重金贿赂皇帝宠信的宦官，意图谋取宰相职务。萧俛多次力排众议，坚决不同意这样的人事安排，但唐穆宗有时过于听信宦官谗言，常常不拿萧俛的意见当回事。

有一回，萧俛向唐穆宗提出了一项"消兵"建议。事后，萧俛经过思考，认为自己的这项建议是不恰当的，给国家的事业造成了损失。敢于担当的萧俛，为此主动引咎辞职，离开了宰相官位。后来，唐穆宗赐封萧俛左仆射兼太子少师这样很高的文官封号，但萧俛以年老体衰为由，坚辞不受。

其二是京兆华原（今陕西省铜川市耀州区）人氏令狐楚。令狐楚是唐初名臣令狐德棻的后代，他的儿子令狐绹，也在唐宣宗年间出任过宰相。

令狐楚是个有能力、有才华的官员，做过一些有益的事情。比方说，萧俛出任宰相，就与他的大力推荐有关。著名诗人李商隐，也算是令狐楚的门生。在唐代，令狐楚也是知名诗人，《少年行》是其代表作。令狐楚尤其擅长骈文写作，每成一篇，都被人们传诵一时。但不幸的是，他后来与奸臣皇甫镈搞在了一起，对他的官声造成了一定负面影响。

其三是安定朝那（今宁夏固原东南）人氏皇甫镈。关于皇甫镈的籍贯，还有泾州临泾（今甘肃镇原县）一说。皇甫镈也曾官居大唐宰相，虽然比较有才，却是个不折不扣的奸臣。此人以妒贤嫉能、巧言令色、逢迎媚上著称，在一门心思往上爬的同时，没少干陷害忠良、排斥异己、搜刮民间之类的坏事。早知皇甫镈奸诈的唐穆宗，上台伊始就专门下诏对其痛责，并将其做断崖式降级处理（贬崖州司户参军）。在唐代，参军只是个八品官，相当于科级干部。当年年底，皇甫镈便死于贬所。

有道是文品如人品，但事情并不完全是这个样子的。比如皇甫镈人很坏，却不妨碍他文才过人。尹枢顶替考官阅卷，只能从书面上评定考生水平高低。选拔皇甫镈这种坏人做宰相的责任，跟尹枢没有关系。

## 大家韩愈趣事多

贞元八年（792）壬申科状元，乃贾稜是也。贾稜祖籍河东临汾（今山西临汾市），后迁居浮阳（今河北沧县）。贾稜的叔爷爷贾季邻，比贾稜早五十七年中状元。

本科主考官为唐代名臣陆贽，史称所取进士多为海内文章名士。贾稜本科能够独占鳌头，按说必有过人之处。但不知为何，此人在史上寂寂无闻。

在贾稜的同榜进士同学中，最为出名的当属一代文豪韩愈。

韩愈，乃河南河阳（今河南孟州市）人氏。因为其自称“郡望昌黎”，故世称“韩昌黎”。

韩愈三岁丧父，由兄嫂拉扯成人。大约是身世坎坷之故，韩愈从小就很懂事，学习十分自觉刻苦。七岁即言出成文，十三岁就能写得一手好文章。青年时期的韩愈，曾三度进京赶考，但均名落孙山。

本科考试之时，韩愈年已二十八岁。为了扩大知名度，他也向一些官员名士投递了“行卷”。曾任大唐宰相的郑馀庆，读了韩愈的文章后大加赞赏，多方予以推荐，韩愈因而声名鹊起。韩愈本科能被录取，与识才爱才的郑馀庆之提携推荐不无关系。

韩愈进士及第后，先后在汴州、徐州两处藩镇任节度推官。九年后，四度参加吏部官员铨选考试的韩愈终获通过，成了一名从事教育工作的京官（国子监四门博士）。又过了两年，韩愈被提拔为监察御史。

韩愈心直口快，极富正义感，遇事敢于发表自己的意见。担任监察御史不久，关中地区遭遇重大旱灾。韩愈经过实地调查发现，灾区民众流离失所，饿殍遍地，惨不忍睹。而时任京兆尹的李实，为了自己的官位和面子，却欺上瞒下，封锁消息，谎称关中粮食丰收，百姓安居乐业。怒不可遏的韩愈，就上书奏了李实一本。为民请命的韩愈，不仅没有受到应有的褒奖，反而被李实等人谗言陷害，被贬官为阳山（今广东阳山县）县令。

当时的阳山，山高路远，属于蛮夷之地。韩愈在那里待了接近两年，又被调回内地。跋山涉水上任，翻山越岭北返，其间他吃了多少苦头，可想而知。离开阳山后，韩愈作为裴度的部下（行军司马），参加了平定淮西叛乱之战。在平乱其间，韩愈向裴度提出了一些很有价值的参谋意见。

因为参与平乱有功，在裴度等人的举荐下，韩愈被提拔为刑部侍郎。上任没多久，韩愈再次为自己耿直的性格付出了代价。当时，唐宪宗派出专门使者，前往凤翔府迎请佛骨供奉。上有所好，下必甚焉。一时之间，长安兴起了一股信佛供佛的热潮。韩愈认为此举于国计民生无益，便上书唐宪宗，建议其改变初衷，以免对天下民众形成误导。在建议书中，韩愈言辞尖锐激烈，甚至提出了将佛骨焚毁这样比较极端的要求。

韩愈的建议，使唐宪宗大为震怒，要将其处以极刑。消息传出，朝野对韩愈的遭遇极为震惊惋惜，裴度、崔群等大臣极力劝谏，恳请唐宪宗放韩愈一马。不少皇亲国戚也认为这样处理韩愈过重，纷纷为他说情。余怒未消的唐宪宗，最后决定将韩愈贬为潮州（今广东潮州市）刺史。看来，岭南在当时很不受人待见，除了封疆大吏，安排官员到那里任职，基本算是一种惩罚性措施。

抵达任所之后，韩愈给唐宪宗写了一封信，以表明自己的心迹。唐宪宗看了韩愈的信之后，对大臣们说："韩愈提意见是为我好，这个我明白。但是他作为一个臣子，不应该说什么皇帝只要信佛供佛，就会折寿缩短任期。这样的话，也太难听了，我是因为这个而讨厌他。"却原来，韩愈在给唐宪宗的意见书中说了一些皇帝最忌讳听的话。由此可见，给上司提意见，方式方法、措辞造句是何等的重要。

后悔了的唐宪宗，原本打算重新起用韩愈，但在奸臣皇甫镈的挑唆下，此事只能作罢，韩愈只是被调任为袁州（今江西宜春市）刺史。在袁州，韩愈做了一件为当地百姓口口相传的积德善事。袁州有个习俗，百姓向有钱人借贷，通常会把自己的儿女送去作抵押。到期不能赎回，便由债主收为奴婢。韩愈到任后，由政府出面，赎出了那些已经为奴的贫家儿女，恢复了他们的自由身。随后，又颁布了禁止买卖人口为奴的地方性法规。韩愈，堪称保护人权、尊重人权的模范官员。

韩愈一身傲骨，从不逢迎巴结权贵。在出任京兆尹要职后，他没有按照官场潜规则去参拜感谢皇帝身边的宦官。御史中丞李绅以不懂规矩为由，弹劾了韩愈。韩愈根本不吃他那一套，两人你来我往，争执不已。此事惊动了唐穆宗，韩愈、李绅被各打五十大板，一个免去京兆尹职务改任兵部侍郎，一个摘掉御史中丞乌纱帽，外放为浙西观察使。后来，韩愈又转任吏部侍郎。

在京兆尹任上，韩愈与贾岛共演了一出诗坛佳话。有一天，进京赶考的贾岛，骑着一头小毛驴，闯进了韩愈的车队之中。韩愈的随从们一再吆喝让道，但贾岛不理不睬，兀自在那里比比画画、念念有词。韩愈很好奇，就让人把贾岛招呼过来，问他在那里嘟囔些什么。贾岛说："我刚才琢磨了两句诗，'鸟宿池边树，僧推月下门'，但是我拿不准，是用'推'字好还是用'敲'字好。"韩愈一听，也来了兴致，就耐心地帮贾岛分析起来。分析来分析去，韩愈觉得还是用"敲"字更生动传神，更能反衬全诗"静"的意境。"推敲"的著名诗坛典故，从此流传后世。韩愈与贾岛，也成了很好的诗友。

韩愈那么大的一个官，却能如此礼贤下士，体恤关爱一个穷书生。这样的为人做派，着实让人敬佩。不少人升官之后，变得最快的就是架子。本事不见长，下巴翘上天。指望这样的人全心全意为人民服务，我看很难。

韩愈在做吏部侍郎期间，也做过一件很有意思的事情，那就是有名的"吏部开锁"。吏部是管官的部门，地位重要，大家自然都上赶着巴结吏部的官员。求的人多了，吏部的官员们也就被惯出了一些不好的毛病，存在门难进、脸难看、话难听、事难办等问题。比方说，吏部常常大门紧锁，很多前来办事的官员，长久等待不得而入。韩愈到任后，令部下不得将大门关锁，以方便办事官员进出。"人们怕鬼，是因为没见过鬼。如果经常见到，大家也就不会怕鬼了。"对于"开锁"的初衷，韩愈如是说。

虽为一介书生，韩愈却一身豪气。在他担任兵部侍郎时，镇州（治所在今河北正定县）发生兵变，成德节度使田弘正被部下所杀。朝廷委派韩愈为宣慰使，前去安抚乱兵。在镇州，面对乱兵的刀枪相逼、生死相迫，韩愈大义凛然，毫无惧色，对乱兵晓以利害，最终使兵变得以平息。我很纳闷儿，像韩愈这样胆气过人之人，怎么会有被华山险道吓得魂飞魄散的段子流传世间？

韩愈诗文俱佳，是唐代古文运动的倡导者，被后世尊为“唐宋八大家”之首。他所提出的“文道合一”“气盛言宜”“务去陈言”“文从字顺”等散文写作主张，在文坛上影响非常深远。

人非圣贤，孰能无过。韩愈也有自己的缺点，那就是比较喜好女色，家中妻妾成群。为此，他常服用壮阳丹药，对身体健康造成了很大损害，五十七岁便壮年早逝。

## 本榜名士有“刘柳”

贞元九年（793）癸酉科状元，乃苑论是也。苑论祖籍马邑（今山西朔州市），后迁居荆州（今湖北荆州市）。苑论在进京赶考期间，结识了同科考生柳宗元，两人遂成莫逆。柳宗元对苑论的人品才学极为敬重，尊称他为兄长。然而苑论的生平仕履无考，只能存目。

本科亦为唐代名榜，出了几位名人。其中最为著名的，当属柳宗元、刘禹锡两位大家。

柳宗元，乃河东解县（在今山西运城市境内）人氏，因而柳宗元世称“柳河东”。由于柳宗元官终柳州刺史，所以又称“柳柳州”。

柳宗元少年好学，二十岁就进士及第，成名甚早。此后，因为回乡为父亲柳镇守孝等原因，柳宗元等了三年多才被委任官职，做了秘书省校书郎。在唐代，秘书省是一个文化机构，负责图书档案管理等事务。做了两年校书郎，柳宗元通过了制举“博学宏词”科考试，拿到了双学位。随后，被提拔为副县级干部（蓝田县尉）。

在蓝田干了两年，柳宗元奉调回京，出任监察御史。唐顺宗李诵即位后，重用主张改革的王叔文等人。因为政见相同，王叔文对柳宗元很是赏识，将他越级提拔为副部级官员。王叔文主管朝政后，联合一些赞同改革的官员，包括王伾、韩泰、陈谏、刘禹锡、柳宗元等，推行了一场轰轰烈烈的政治改革，史称“永贞革新”。改革的主要内容，是削弱藩镇势力、加强中央集权、打击贪污腐败行为、整顿财政税收、限制宦官权力等。

很显然，这样的改革势必极大触动利益集团的既得利益。引起他们的激烈反弹，是可以想见的事情。窝囊的唐顺宗，只做了不到八个月的皇帝，就在内外反对派的逼迫下，将皇位转交给儿子李纯，是为唐宪宗。唐宪宗上台伊始，立马废掉改革派领军人物王叔文、王伾，持续仅仅半年的“永贞革新”宣告失败。在封建王朝，这类改革失败的命运是难以避免的。

作为改革派的成员，柳宗元也跟着倒了霉，被贬为邵州（辖区为今山西运城一带）刺史。还没到达任所，感觉还没解恨的反对派，又将其加贬为永州（今湖南永州市）司马。还在路上奔波的柳宗元，只好跋山涉水，掉头继续南下。包括柳宗元在内的王叔文、王伾改革阵营八位核心人物，都被贬为边远州郡的司马，故后人将他们合称为“二王八司马”。

在永州，柳宗元一待就是十年。著名的《捕蛇者说》，就是他在永州任职期间所写。“孰知赋敛之毒，有甚于是蛇者乎！”柳宗元关注民间疾苦、体恤民生的情怀，以及对官场腐败现实极度不满的情绪，跃然纸上。因而也就不难理解，柳宗元为何会加入改革派阵营。

在永州任职十年之后，柳宗元奉诏回京。由于政见相左，主持朝政的武元衡不愿意重用柳宗元，只是将他官升一级，外放为柳州（今广西柳州市）刺史。在柳州，柳宗元又干了四年多。在裴度等人的建议下，唐宪宗后来同意让柳宗元回京任职。但还没来得及动身，柳宗元便病逝于任所，年仅四十六岁。

柳宗元也是唐代古文运动的领军人物，与韩愈并称为“韩柳”。柳宗元勤于笔耕，诗文俱佳，著述颇丰。在他的作品中，散文成就大于诗歌。广为人知的作品，除了《捕蛇者说》，还有《封建论》《天说》《断刑论》《至小丘西小石潭记》等。虽然政见不尽相同，但柳宗元与韩愈私交甚笃，友谊深厚。

刘禹锡，祖籍洛阳，乃汉代中山靖王刘胜后裔。人所共知的著名文物金缕玉衣，就是出土于刘胜墓葬。

刘禹锡自幼随父在江浙一带居住，在求学过程中得到不少江南名士的点拨，因而进步很快。十八岁时，刘禹锡为了求取功名，孤身闯荡京城。不久，就凭才学在京城文学圈拥有了较高的知名度。

刘禹锡比柳宗元大一岁，二十一岁进士及第。刘禹锡的早中期仕途经历，可以说与柳宗元步调十分一致。比方说，刘禹锡也做过校书郎，也通过了“博学宏词”科制举考试。担任监察御史时，又跟柳宗元做了同事。更为巧合的是，考中进士后没几年，刘禹锡也曾回乡为亲人丁忧守孝。

“沉舟侧畔千帆过，病树前头万木春。”刘禹锡的这两句诗，如今常常被人们所引用，借以表达破旧立新向前看的志向观点。比如笔者在机关撰写讲话、总结之类公文时，就多次顺手牵羊拿来充门面。通过这两句诗，确实可以看出刘禹锡志在革除积弊痼习、开创一番全新天地的价值取向和政治抱负。

由于政见志趣相投、学识才华相仿，刘禹锡跟柳宗元成了一对很好的朋友。因而，时人将二人并称为“刘柳”。“永贞革新”失败后，作为改革派阵营重要分子的刘禹锡，被从户部员外郎职位上贬为郎州（今贵州遵义市）司马，是为有名的“八司马”之一。

在郎州，刘禹锡也呆了将近十年。后来，他又做过六个州的一把手（刺史）。在地方上转了二十三年之后，刘禹锡被象征性照顾安排到东都洛阳做了个闲差。几年后，刘禹锡病逝于洛阳，享年七十岁。

刘禹锡也是个诗文俱佳的多面手，但与柳宗元不同的是，他的诗歌成就大于散文，有“诗豪”之美誉。刘禹锡的《乌衣巷》《酬乐天扬州初逢席上见赠》《陋室铭》等，都是人们耳熟能详的名篇。“朱雀桥边野草花，乌衣巷口夕阳斜。昔日王谢堂前燕，飞入寻常百姓家”（《乌衣巷》）、“巴山楚水凄凉地，二十三年弃置身。怀旧空吟闻笛赋，到乡翻似烂柯人。沉舟侧畔千帆过，病树前头万木春。今日听君歌一曲，暂凭杯酒长精神”（《酬乐天扬州初逢席上见赠》），谁人不知，谁人不晓？刘禹锡在哲学方面也颇有建树，所著《天论》三篇，表述了尊重自然规律、人与自然和谐相处（“交相胜，还相用”）的朴素唯物主义哲学观点。

## 为人切忌太刻薄

贞元十年（794）甲戌科状元，姓陈名讽。陈讽的生平籍贯、仕履政绩等，史料记载甚少，只能存目。

本科进士中，倒是出了两位曾经担任大唐宰相的人物。但这二位人品都不怎么样，原本不说也罢。但是本科考试发生了一段科举趣闻，并且与其中的一个人有关，因而有必要介绍一下。

在本科进士中，有个名叫陈通方的人。此人进士及第时只有二十四岁，年纪轻轻就金榜题名，不免有些志得意满。陈通方又是个很自负的人，言辞尖刻，嘴巴不饶人。那些只图一时嘴皮子痛快的人，在让别人难堪的同时，往往也会给自己招来意想不到的麻烦。因而，只要不是涉及原则、立场等重大问题，得饶人处且饶人，是比较可取的为人处世态度。这么做，不应当被简单地视为庸俗哲学、犬儒主义。

在新科进士的同学聚会上，嘴巴闲不住的陈通方，又找到了开涮的对象。他当众嘲笑一个名叫王播的进士，说人家年近半百、胡子一大把了，能被录取纯属侥幸，绝对不会有什么大出息。他还使劲儿捶着王播的后背调笑道："王老，王老！奉赠一第。"那意思是，考官们同情王播年老，把他给照顾录取了。王播尴尬地回应："陈少，陈少！切莫作恶。"其实王播当时只有三十五六岁，并不算老，可能只是长得比较老相而已。

陈通方这一番尖酸刻薄的笑闹，让王播很没面子。而王播绝非大度之人，虽然很有政治才干，但睚眦必报，应归为小人之列。小人很生气，后果很严重。陈通方没有想到，自己的一时口舌之快，却为自己树立了一个终生的敌人。而这个敌人又比较有才，还能爬上高位，那就更麻烦了。

"年轻有"的陈通方，步入仕途之后却"前途无"了。混迹官场多年，久久原地踏步走。为母丁忧守孝之后，陈通方工作一时又没了着落，生活穷困潦倒，不免熬得心急火燎。而当初被他瞧不起的王播，却钻营有方，仕途得意，步步高升。考取进士只有十几年的功夫，王播已经官居相当于副部级的盐铁转运使，主管全国的盐铁专卖事务。

陈通方见自己当初看不起的王播发达了，就拉下脸皮哀求他，看在同学一场的面子上，拉兄弟一把，赏自己个一官半职。比较有才的陈通方，还写了一首诗献给王播，其中有"应念路傍憔悴翼，昔年乔木幸同迁"这样凄楚哀怨的句子。早知如今可怜巴巴，何必当初轻浮张狂？

早就记了仇的王播，原本不想理陈通方那个茬。他俩有个同榜进士同学，名叫李虚中。李虚中是个厚道人，他劝王播不要计较陈通方年轻时的轻浮不懂事，该拉他一把还是要拉他一把，毕竟是同学嘛。在这种情况下，王播也不想把事情做得太难看，就勉强答应帮陈通方一回，让他到江西去做个管盐铁买卖事务的小官。

陈通方得到消息之后，想必会为老同学王播的不计前嫌而心存感激。但是王播可没有那么简单，陈通方还没走到江西任所，王播又发出了新的任职通知，要他赶到浙东去报到。于是，陈通方赶紧收拾好行李包裹掉头东返。即将抵达浙东之时，王播又发来了新命令，让陈通方到南陵（今安徽南陵县）去上班。

如此指东打西，陈通方怎么也走不到领工资的地方了。事已至此，陈通方方才明白，王播哪里是不计前嫌啊，分明是在像耍猴一样折腾着自己玩嘛。思前想后，陈通方不由为自己年轻时轻易无谓地得罪人而懊悔不迭。郁闷劳累之下，陈通方一病不起，竟然死在了奔波的路上。这个王播，比陈通方更刻薄。陈通方的刻薄是在嘴皮子上，王播的刻薄是在骨子里。

其实王播也是个苦出身。少年时期，他因为家贫，曾在一座寺庙里读书学习，顺便蹭些免费的斋饭吃。时间长了，僧人们便开始讨厌这个白吃白喝的穷书生了。按照寺庙的规矩，每当开饭前要敲钟为号。为了捉弄王播，僧人们就故意吃完饭以后再敲钟，让王播赶不上饭点饿肚子。被捉弄了几回之后，不堪其辱的王播，就在寺庙墙上写下“上堂已了各西东，惭愧阇黎饭后钟”两句顺口溜之后，愤然离去。自此之后，“饭后钟”也就成了一个著名典故，代指落魄才子因穷困而遭受冷落歧视。

这个王播确实有一套。在为官早期，他倒也能认真工作，并且政绩不俗。比方说，王播曾担任过两个县的主官（三原、长安县令）。在他的治理下，属地“奸盗弭息”，社会安定，百姓生活安宁。在年终考评中，王播管理的地方曾被誉为“畿邑之最”。在担任监察御史时,他也敢于弹劾惩处贪赃枉法之徒。

但王播是个过于看重官帽之人,在为官中后期,王播为了向上爬,可以说是不择手段。在唐穆宗、唐文宗年间,王播曾两度出任宰相。他之所以能爬上这样的高位,主要靠重金贿赂皇帝身边的宦官近臣。至于这些钱财的来路,自然是靠搜刮民脂民膏。比方说,王播在担任淮南节度使期间,当地遭遇重大旱灾,百姓穷困潦倒。在这种情况下,王播依然不收敛、不收手,照常盘剥敲诈不误,“民皆怨之”。唐文宗李昂上台后,王播为表忠心,一次就进献玉带十三条、大小银器三千四百多个、绫罗绸缎二十万匹。

王播,是一个忘本官员的典型。

## “春风得意”与“人面桃花”

贞元十一年(795)乙亥科状元得主无考,从略。

贞元十二年(796)丙子科状元,乃陇西(今甘肃陇西县)人氏李程。

李程是个挺有意思的人。为官之后,李程担任过监察御史、兵部郎中、中书舍人、礼部侍郎、吏部侍郎,还做过四任封疆大吏(河东、河中、汴州、山南东道节度使),曾经官居大唐宰相,也是唐代重臣之一。

说李程有意思,是因为他虽然是朝廷重臣,史料关于他的政绩记载却甚少。李程之所以留名于史,在很大程度上是由于他创造了一个专有名词——“八砖学士”。

李程曾经做过翰林学士。唐代的翰林学士,既无品秩也无专门官署从员,都是由各级官员兼任。兼任者从最低级的校书郎,直到六部尚书都有可能。翰林学士的职责,是撰写起草皇家诰命诏令。

在唐代，没有欧米茄、西铁城，也没有康巴斯、北极星。翰林学士到翰林院上班，主要靠日照光影计时。比方说在冬季，大家都在日光照到翰林院一条砖道的第五道砖时上班。李程是个很懒的人，喜欢赖床不起。直到日照八道砖之时，他才姗姗来迟。久而久之，大家就给他起了个“八砖学士”的外号。自此，“八砖学士”就成了一个专有名词，特指懒惰散漫、经常迟到的官场中人。

奇怪的是，对于李程的这种习性，皇帝不仅不生气，反而对他青睐有加，屡屡予以提拔重用，后来还让他位极人臣。大约，这就是人们常说的看对了眼吧。

在李程的同榜进士同学中，出了两位唐代著名诗人。

其一为湖州武康（今湖州德清县）人氏孟郊。孟郊少年好学，早有才名。然而他的科举之路异常不顺，屡试不第。四十岁时，他才通过州郡选拔考试，有了进京赶考的资格，此后两赴进士举不第。

科场屡遭挫折，本来已使孟郊有些心灰意冷，打算就此收手不干了。在母亲的督促鼓励下，孟郊才硬着头皮三度进京赶考。孟郊在此前进京时，结识了比他小十七岁的韩愈。韩愈对孟郊的才华极为看重，两人遂成莫逆。本科考试举办之时的韩愈，已经有了较高的知名度。孟郊能进士及第，大约也与韩愈的宣传推荐有关。

四十五岁的孟郊，本科终于如愿以偿，金榜题名。录取结果公布之后，孟郊的狂喜之情一点也不亚于《儒林外史》中那个中举发疯的范进。极度兴奋之下，孟郊写下了科举名篇《登科后》：“昔日龌龊不足夸，今朝放荡思无涯。春风得意马蹄疾，一日看尽长安花。”在诗中，诗人金榜题名的喜悦激动、多年苦读后终于放下包袱得以解脱的轻松无羁之情，表达得淋漓尽致。如今的学子们，在参加完高考之后，最强烈的感受不就是“解放”二字吗？

孟郊是个诗人,但不会做官。年过五十之后,孟郊好不容易盼来了个副县级干部任命(溧阳县尉)。到任之后,孟郊却不务正业,整天游山玩水、吟诗作赋,表现很不称职。他的上司(县令)见他经常误事,只好找了个人代理他的工作,并将他的工资分出一半,用作那人的工作报酬。当官有点业余爱好没什么,但不能像孟郊这样主次不分,耽误正事。

孟郊后来又在赏识他的大臣郑馀庆手下做过事,六十四岁时暴病而亡。孟郊身无积蓄,以至于死后家人都没法为他办理丧事,还是郑馀庆出钱买了棺木,方才将其安葬。

孟郊诗作以五言古诗见长,有"诗囚"之称,世人将其与贾岛并称为"郊寒岛瘦"。"慈母手中线,游子身上衣。临行密密缝,意恐迟迟归。谁言寸草心,报得三春晖。"孟郊的这首《游子吟》,也是老幼皆知的名作。

其二是博陵(今河北安平县)人氏崔护。崔护做过京兆尹、御史大夫、岭南节度使这样的高官,但史籍少有他的政绩记载。崔护之所以名传久远,全靠他那首七绝名作《题都城南庄》。

崔护进士及第前,有一次去郊外春游。因为口渴,他便到一户农家去讨水喝。进得院门,崔护看到院中桃树花开正盛。闻声为崔护送水解渴的,是一个美貌的妙龄村姑。人面桃花,相映相衬,红得水灵活泼,红得充满诗意。崔护看得如醉如痴,不免有些心猿意马起来。

回家之后,崔护对那位村姑再也无法释怀。来年桃树花开之际,崔护重返旧地,寻访梦中佳人。来到村姑门前,却见院门紧锁。院中的桃树,繁花盛开依旧,村姑却不知所踪。物是人非,崔护心中无比怅然。感慨失落之余,他提笔在院门上写下了一首七绝:"去年今日此门中,人面桃花相映红。人面不知何处去,桃花依旧笑春风。"这就是著名的《题都城南庄》。

苍天不负有情人。崔护与那村姑,后来倒是有了一个有情人终成眷属的圆满大结局。

## 高元裕梦守襄州

贞元十三年(797)丁丑科状元,是为郑巨源。此人生平籍贯、仕履政绩等均无从查考,只能存目。

在郑巨源的同榜进士同学中,有位山东考生比较出名,他就是曾担任刑部尚书、吏部尚书等要职的高元裕。

高元裕祖籍渤海,其家乡故址在今山东利津县境内。渤海高氏乃唐代望族,出了不少文武高官,比如高士廉、高开道、高崇文、高骈,还有高元裕的儿子高璩等。

高元裕出道很早,进士及第之时只有十九岁,堪称少年成名。进入官场后,高元裕做过翰林学士、太子宾客等官职。太子宾客官职为唐代始置,大体相当于太子的文字秘书兼私人教师。

高元裕本名高允中,被提拔为殿中侍御史时,大约是出于避讳方面的原因,就把名字给改了。此后,高元裕又担任过司勋员外郎、中书舍人等职务。

高元裕是个很重情义的人,李宗闵做宰相的时候,因为看重他的人品才干,曾多次将他提拔重用。后来李宗闵得罪了唐文宗,被贬官外放。不忘旧恩的高元裕,特意出城为李宗闵饯行。此举让时任宰相的李训大为不满,自然会把高元裕视为对立面进行打压。

奸臣郑注原本是个江湖游医,因为有高官引荐他给唐文宗治过病,从而受到唐文宗的赏识,此后平步青云,成为朝廷高官。高元裕在为郑注起草任命书时,按规定如实写明了他的行医简历。这让郑注觉得很丢面子,因而对高元裕怀恨在心。在李训、郑注的共同操作之下，高元裕受到了贬官为阆州刺史的不公正处理。

李训、郑注被杀后，高元裕再度得到重用，历任御史中丞、京兆尹等要职。御史中丞是朝廷纪检监察机关御史台实际上的掌门人。在担任这一职务期间，高元裕敢于大胆整顿纪检监察官员队伍风纪，铁腕清理门户。对那些尸位素餐、不敢负责的纪检监察官员，以及与贪腐分子内外勾连的“内鬼”，高元裕一概清理惩处没商量。有的调离岗位外放地方任职，有的干脆撤职罢官。

好了，现在可以说说高元裕那个比较神奇的梦了。在担任司勋员外郎期间，高元裕曾在一个名叫“南宫”的官方宿舍寄宿。有一天午睡时，他梦见有人对他说：“十年以后你将担任襄州刺史。”高元裕不由从梦中醒来，却见梦中对他说话的那个仪表堂堂的美男子，仿佛还清晰地站立在眼前，过了一会儿才消失不见。

大感神奇的高元裕，就找了一支笔，在一根被花草遮掩、不易为人发现的柱子上，写下了大意为“大和三年梦见十年后做襄州刺史”这样一句话。十年之后，高元裕做了御史中丞，而没有做襄州刺史。于是，他就觉得自己的那个梦并不准确。虽然梦中之事并未应验，但襄州刺史这个职位，因为这个梦而在高元裕心中变得神圣庄严起来。他认为，只有德高望重的官员，才配出任这一职务。

又过了将近十年，高元裕以刑部尚书衔兼任山南东道节度使。在唐代，山南东道这一行政区，管辖现今湖北北部、河南南部、重庆东部的部分地区。而山南东道节度使的驻地，正好在襄州。并且山南东道节度使，还是节制襄州刺史的顶头上司，是治理襄州地方名副其实的一把手。顺便说明一下，六部尚书在唐初地位很高，权力也很大。到了中晚唐，六部尚书职务长期由宰相或藩镇首领兼任，从而逐渐被架空，以致失去了实权。

接到任命之后，高元裕对自己的部下说了当初做的那个梦。他的部下们很好奇，便纷纷到他住过的宿舍去察看。时间过去了这么久，那片宿舍虽然几经翻修改造，高元裕当初所写的那行字依然清晰可见。这样的事情，不仅大家感觉十分神奇，就连高元裕也觉得有些不可思议。他以为天长日久，那行字早已湮没不在了。

得知自己的题字尚存之后，高元裕掐指一算，时间刚好过去了二十年。“双十”也是十，自己此番出任的职务，虽然不是襄州刺史，但还是管理襄州地方，并且官职也比襄州刺史高出了一大格。这么说来，自己当初那个梦还是应验了。于是高元裕就想，难道是神灵在冥冥中昭示引导自己，要造福襄州地方、庇佑当地百姓吗？这样的心理暗示，自然也会转化为高元裕做好本职工作的动力。对于一个封建官员而言，只要他能为国为民做些好事，也就足矣。作为后人，我们无法苛求他不能有迷信思想之类的东西。

在山南东道节度使任上，高元裕干了五年，工作倒也尽职尽责。之后，朝廷召他回京出任吏部尚书。在回京的路上，高元裕因病去世，享年七十五岁。高元裕去世后，大书法家柳公权为他题写了碑文，这就是被书法爱好者奉为临帖珍品的《高元裕碑》。

高元裕的儿子高璩，比自己的老爸晚五十二年中进士。在唐懿宗年间，高璩曾担任宰相职务，但上任只有一个多月便病故了。

## 韩门大弟子李翱

贞元十四年（798）戊寅科状元，是曾任大唐宰相的李揆之侄李随。关于李随的生平事迹，史料所载甚少，姑且存目。

李随有个同榜进士同学，值得介绍一下。此人名叫李翱，乃陇西成纪（故址在今甘肃天水市境内）人氏。

李翱自幼“勤于儒学，博雅好古”，二十四岁与韩愈相识。李翱十分推崇韩愈的文章见解，从此追随韩愈左右，做了韩门大弟子，并成为韩愈推行古文运动的得力帮手。不仅如此，爱屋及乌的李翱还娶了韩愈的一个侄女，与韩愈建立起了师生、战友加亲戚的亲密关系。

二十六岁时，在韩愈的宣传推荐下，李翱得以金榜题名、进士及第。进入官场之后，李翱长期在校书郎、京兆府参军、国史馆修撰这类级别很低且无实权的文官位置上打转转，久久得不到提拔重用。究其原因，问题主要出在李翱的性格上。

据有关史料记载，朝廷官员们虽然很佩服李翱的才学，但“恶其激讦”。也就是说，李翱性格过于耿直，耿直得近乎偏激。对于他来说，在遇事敢于发表自己意见的同时，不管不顾出口伤人的事情也是经常发生的。因为具有这样的性格，所以大家都很讨厌李翱。

中国是一个人情社会，大家都很讲究面子。一个人如果言辞过于尖锐，常常让别人难堪，那这个人的人缘肯定不会好，即使他说的句句是真理。在官场上，人缘基本等同于官员的民意基础。一个民意基础很差的官员，除非他有很过硬的背景靠山，否则得不到提拔重用是很正常的事情。

在官场上熬了二十多年，李翱才好不容易爬到副局级干部的位置上（考功员外郎）。一个名叫李景俭的谏议大夫，是少有的几个赏识李翱的官员，曾推荐他接替自己的职位。谏议大夫跟左右补阙、左右拾遗一样，都是唐代门下省的专职谏官，但品级比后两者要高。谏官的职责，是研究审核国家的政策法规以及重要制度。认为不妥的，有权直接向皇帝规谏。唐代的谏议大夫和给事中，都被称作侍臣。

李景俭也是个口无遮拦的主儿，这点跟李翱很像。有一次喝高了之后，李景俭去见王播等几位宰相。借着酒劲，李景俭不仅直呼几位宰相的大名，还当面指责他们的种种过失，让他们很下不来台。这样一来，李景俭就把他们给彻底得罪了。老谋深算的这几位，当面倒没说什么，但背后一个小报告打上去，就让皇帝也烦了李景俭。于是，李景俭就受到了贬官外放的处理。好不容易熬出头的李翱也跟着倒了霉，一同被贬官外放，出任朗州刺史。

感觉受了极大委屈的李翱，就跑到另一位宰相李逢吉那里大倒苦水，并指责李逢吉手握重权却只知道明哲保身，不敢主持公道，在原则问题上和稀泥。李翱还发牢骚说，自己既然报国无门，不能施展抱负，不如干脆辞职回家养病算了。李逢吉倒是比较有肚量，他不仅没有计较李翱的冒失无礼，反而建议安排李翱改任庐州刺史。这个位置，相比朗州刺史应属重用。

虽然把官帽前程看得比较重，但李翱还算是个能干事也能干成事的官员。比方说，他到庐州上任之后，正值当地遭遇比较严重的旱灾。一些黑心的豪门大户，趁火打劫，大肆低价兼并灾民田产。兼并之后，又不及时向政府申报田产交易情况，致使失地灾民还要承担相应赋税。根据这种情况，李翱下令清查豪门大户田产，责令他们按实际占有产业缴纳赋税，不得有所隐瞒。李翱的所作所为在一定程度上减轻了灾民的负担，使他们得以度过灾荒。

在唐文宗年间，李翱又做过郑州、桂州、潭州、襄州刺史，以及湖南观察使等地方大员，还担任过谏议大夫、知制诰、中书舍人、御史中丞、刑部侍郎、户部侍郎等京官。李翱官终山南东道节度使，六十九岁时病故于任上。

作为韩愈的学生，李翱的文学思想受其影响很深。李翱一生极为推崇儒学，反对把佛学抬得过高。他认为，孔子是“圣人之大者也”，主张人们的言行都应当符合儒家的“中道”标准。反映在文学创作上，李翱终生不懈地推行韩愈倡导的古文运动，认为文章应当义、理、文三者并重，坚持“文以载道”的创作理念。

李翱一生著述颇丰，有《李文公集》传世。李翱的文章和创作主张，对宋代散文和理学均产生过不小的影响。

## 张籍孟寂惺惺相惜

贞元十五年(799)己卯科状元，姓封名孟绅。在《全唐诗》中录有封孟绅诗作一首，除此之外，封孟绅的生平仕履难以查考，只能存目。

在封孟绅的同榜进士同学中，有两个人值得介绍一下。

其一是著名诗人张籍。

张籍，祖籍吴郡(今江苏苏州市)，祖上迁居和州乌江(在今安徽和县境内)。张籍早有诗名，年轻时与诗人王建一起学习过诗歌创作。孟郊前往和州的时候，曾专门拜访过张籍。在孟郊的介绍下，张籍结识了韩愈。正是由于韩愈的推介提携，三十二岁的张籍得以金榜题名、进士及第。

考取进士之后，张籍先是被任命为秘书郎。几年后，调任太常寺太祝。太祝，基本上算是太常寺最低级的官员，品级为正九品上。官职这么低，薪水自然也就低，因而张籍日子过得很穷困。在此期间，张籍又患了眼病，有段时间几近于双目失明。于是，人们就称他为“穷瞎张太祝”。

在太常寺太祝的位置上，张籍一干就是十年。在这期间，张籍结识了大诗人白居易，两人诗歌唱酬，时常交流切磋。这段交往经历，对于张籍、白居易二人的诗歌创作，都产生了比较积极的影响。

离开太常寺之后，张籍又到国子监做过低中级教师(助教、博士)。在古代，国子监博士是个教职，而不像如今这样是个学位。在国子监工作期间，张籍的眼疾得以初步治愈。张籍也是一个进步缓慢的官场典型，在国子监又干了好几年之后，他才被提拔为水部员外郎。前面介绍过，水部是工部的一个司，员外郎是其中的副职。因为在水部的这段任职经历，世称张籍为“张水部”。

张籍的岳父，是本书前面曾简略介绍过的胡珦。曾经做过大理少卿的胡珦，能把女儿嫁给这样一个“穷瞎张太祝”，无疑是看中了他的才华。张籍也很尊重自己的老泰山，胡珦去世后，张籍专门请恩师韩愈为他撰写了墓志铭。比较巧合的是，胡珦跟女婿一样，也是三十二岁中的进士。

张籍六十三岁去世，官终国子监司业。司业是国子监的副职，品级为从四品下。

张籍虽然为官不显，但诗歌创作成就颇高。张籍长于乐府诗创作，与王建被后世并称为“张王”，是新乐府运动的积极倡导者和践行者。张籍的诗作，内容关注社会现实、同情民间疾苦，语言凝练、流畅自然。张籍的五律也很有特色，词句不事刻意雕琢，平易自然而又不乏委婉深沉，对晚唐的五律影响较大。

张籍是个比较多产的诗人，存世作品多达四百八十余首。在张籍的诗作中，不乏佳品名句。比如《塞下曲》《征妇怨》《行路难》等。爱情名句“还君明珠双泪垂，恨不相逢未嫁时”，便出自张籍手笔。

其二是孟郊的堂弟孟寂。

孟寂进京赶考前夕，孟郊曾赋诗一首为他壮行。此诗题为《送孟寂赴举》：“烈士不忧身，为君吟苦辛。男儿久失意，宝剑亦生尘。浮俗官是贵，君子道所珍。况当圣明主，岂乏证玉臣。浊水无白日，清流鉴苍旻。贤愚皎然别，结交当有因。”在诗中，孟郊在殷殷告诫孟寂的同时，也对这位堂弟寄予了很高的期望。

孟寂没有辜负堂兄的厚望，本科顺利进士及第。然而不幸的是，孟寂还没有能够展现出自己的才干、成就一番事业，便英年早逝。与孟寂交情不错、惺惺相惜的张籍，闻讯大为伤感，特作七绝

《哭孟寂》，以悼念这位同榜好友。这首诗情真意切，堪称悼亡诗中的佳作，不妨照录于此，与各位读者共赏：“曲江院里题名处，十九人中最少年。今日春光君不见，杏花零落寺门前。”

从张籍的这首诗中可以得知，孟寂是本榜进士中最为年轻的一位。本系少年得志之人，但早早告别人世，身世殊为可叹，难怪张籍为之伤感不已。此诗通篇不见悲痛哀伤这类字眼，但对于亡友的深深悼念之情，充盈于字里行间。

本科的主考官，是唐代名臣高郢。本榜共录取进士十七人，孟寂排名第十六。张籍之所以说“十九人中最少年”，是因为在此后进行的“博学宏词”科制举考试中，又录取了二人。由此可见，唐代的“博学宏词”之类制举考试，录取率也是很低的。那些能够获得双学位、三学位乃至四学位的状元进士们，难度可想而知。

孟寂本身没有在历史上留下什么，但是由于孟郊、张籍的这两首诗，他的名字就被历史永远地记住了。文学的力量，有时真的很强大。

## 由“居大不易”到“居之大易”

贞元十六年(800)庚辰科状元，姓陈名权。陈权的生平仕履已经失考，姑且存目。

在陈权的同榜进士同学中，有一位大名鼎鼎的人物，他就是有“诗王”之称的著名诗人白居易。

李白、杜甫、白居易，是唐代诗坛无可争议的三大巨头。三位中如果少了任何一位，唐代诗歌史乃至整个中国古代文学史都会失色不少。因为种种原因，李白、杜甫在唐代科举进士科考试中榜上无名。好在白居易比较争气，不仅诗写得好，科举考试成绩也不赖，称得上是文学、科举两不误。不然的话，笔者写作这本《大唐状元》，也会感到有个很大的缺憾。

白居易，祖籍太原，祖上迁居于下邽（在今陕西渭南境内）。白居易出身于中小官宦家庭，父亲白季庚做过副市级官员（徐州别驾）。白居易自幼聪颖过人，读书学习十分刻苦。为了背书，他能累得满嘴口疮。为了练字，他的手指磨出了厚厚的老茧。因为过于辛劳用功，白居易年纪轻轻便满头白发，显得十分老相。

十五六岁时，白居易孤身闯荡京城，立志打拼出一番属于自己的天地。在京城长安，白居易为了求取科举功名，也按照当时流行的规则，四处向名流显贵投送“行卷”，以求得到他们的提携推荐。在这个过程中，就留下了一段流传久远的佳话。

白居易曾向名士顾况投送过“行卷”。顾况是个很有幽默感的人，见到白居易之后，一看他还是个半大孩子，就拿他的姓名幽默了一下：“居易？长安这地方物价很贵啊，要想在这里居住可不是一件容易的事，应该是居大不易才对嘛！”及至看了白居易写的《赋得古原草送别》一诗之后，顾老先生不由大为称奇，立马改口道：“这么年轻，却能写出这么好的诗来，不得了啊！有这样的才华，你在长安待下去就不算个事儿了。居易居易，居之大易，真是名副其实啊。”这首诗全文如下：“离离原上草，一岁一枯荣。野火烧不尽，春风吹又生。远芳侵古道，晴翠接荒城。又送王孙去，萋萋满别情。”

在顾况的大力推荐宣传下，白居易名声大震，为科场成功奠定了坚实的基础。进士及第之时，白居易只有十八岁，实乃少年成名之典范。考取进士身份之后，白居易又通过了制举“书判拔萃”“才识兼茂明于体用”两科考试，拿到了三个学位。白居易的应试能力，真是不得了啊！

踏入官场之后，白居易先是做了校书郎，随后升任盩厔（今陕西周至县)县尉。因为才学过人,白居易被选调进京,先后出任翰林学士、左拾遗、左赞善大夫等职务。左赞善大夫,是为太子服务的一个文官官职名称,大体相当于太子府办公室主任。

为官早期的白居易,很有一股初生牛犊不怕虎的劲头,遇事敢于发表自己的意见,说话无所顾忌。这种性格,使他得罪了不少达官贵人,就连唐宪宗也对他很不满意。很快,白居易就为此付出了代价。武元衡遇刺之后,白居易上书皇帝,强烈要求缉拿凶手,彻查此案。一些权贵认为白居易此举属越权行为,要求皇帝予以处理。还有人无限上纲,指责白居易在母亲因为赏花不慎落井身亡之后,还有闲心思作"赏花""新井"诗,是个不忠不孝之人。在这种情况下,白居易就受到了贬官江州司马的处理。

白居易的名作《琵琶行》,就创作于贬谪江州期间。"座中泣下谁最多?江州司马青衫湿。"同是天涯沦落人,白居易的感伤,恐怕不仅仅是为琵琶女的遭遇而发。正是因为这次人生之挫折,使白居易变得有些世故圆滑、明哲保身起来。此后,他不再像从前那样锋芒毕露。对于社会官场的不满与抨击,也不再表现在他的言语行动上,而是比较含蓄委婉地体现在其诗作之中。

离开江州之后,白居易又担任过忠州(治所在今重庆市)、杭州、苏州刺史以及河南府尹等地方大员。在地方任职时,白居易能够尽心尽力地为百姓做一些事情。比如在担任杭州刺史期间,他主持整修疏浚了六口古井,解决了当地居民的饮水问题。他还组织民众修筑加固西湖堤坝,积蓄湖水用作农业灌溉,此坝名为"白公堤"。如今西湖的"白堤",虽然跟"白公堤"并不是一回事,却表达出杭州民众对于白居易这位好官的缅怀之情。

离任杭州时,白居易将自己的一笔不菲薪酬留在了州财政,用作官员们的公务周转。官员办公有急用,可以从中临时支取,使用之后再按原数补足,这简直就是现代基金制度的雏形啊。白居易的经济头脑，不是一般的超前。在担任苏州刺史期间，为了便于交通和民众出行，他组织力量开挖了一条七里长的河道，并在河边修筑了一条等长的道路。在定居洛阳期间，白居易自行出资，在河道中开凿了八节石滩，以利于船只通行。

除了上述地方任职经历，白居易还担任过秘书监、刑部侍郎、刑部尚书等职务。秘书监是秘书省的主官，品级为从三品。晚年的白居易，常住于洛阳香山寺附近的别业中，因而自号“香山居士”。白居易与元稹交情深厚，世称“元白”。元稹去世后，白居易为他撰写了墓志铭。为此，元家给了白居易一大笔稿费（约六七十万钱），但他把这笔钱都捐给了香山寺。

白居易是唐代新乐府运动的领军人物。作为重量级诗坛大佬，白居易的诗作质高量多。他的诗题材广泛、内容丰富、形式多样，语言于平易中见精妙。关于白居易诗歌艺术成就的评述，可谓汗牛充栋，笔者在此就不再赘述了。

金无足赤，人无完人。白居易是个风流才子，比较喜欢声色犬马，身边美女如云。“樱桃樊素口，杨柳小蛮腰”，白居易在自己的诗中，曾如此描述自己宠爱的两位歌伎。“小蛮腰”，自此成了少女窈窕身材的代称。

七十四岁时，白居易病逝于洛阳。

## 柳宗元作序鼓励的考生

贞元十七年（801）辛巳科状元，乃卫州汲（今河南汲县）人氏班肃。

班肃出身于官宦世家。他的父亲班宏，做过东川节度使。外祖父严震，做过山南西道节度使。

有关史料称，班肃喜欢交友，很重情义。做过大唐宰相的奸臣皇甫镈，曾经是班肃的直接上级。当皇甫镈受到断崖式降级处理（贬为崖州司户）时，不忘旧情的班肃，独自前往郊外为其饯行。皇甫镈的政敌很多，班肃此举，很有可能使自己遭受牵连之厄运。因而，班肃的行为让一些人很是佩服，认为他是个仁义之人。当然了，对班肃这样的举动，也可能有人认为是良莠不分、只讲人情不讲原则。

班肃做过坊州（治所在今陕西黄陵县）刺史、司封员外郎、仓部郎中等官职。仓部是户部的一个司，负责国家储备钱粮管理、出纳等事务。除此之外，班肃的其他事迹无考。

班肃有个同榜进士同学，名叫辛殆庶。此人之所以青史留名，是因为大名人柳宗元曾专门为他写过一篇文章，这就是科举史上比较有名的《送辛殆庶下第游南郑序》。

在辛殆庶的家乡，他是个有名的才子。在州郡组织的选拔考试中，辛殆庶的成绩无人与之争锋。然而，辛殆庶三次进京赶考，却都名落孙山。柳宗元的《送辛殆庶下第游南郑序》，就是写于辛殆庶的一次落榜之后。柳宗元写作此文，目的是为辛殆庶鼓劲打气，勉励他不要为一时的失利而灰心气馁，要振作精神从头来过。只要不轻言放弃，就一定会取得成功，最终金榜题名。

有人撰文称，柳宗元虽然是科举制度的受益者，却比较厌恶乃至反对科举制度。原因是柳宗元感觉这项制度存在太多弊端，亟须予以变革。而这篇《送辛殆庶下第游南郑序》，就是证据之一。在这篇文章中，柳宗元罗列了科举制度的种种问题，比如讲究门第、注重名声，忽略真才实学，寒门子弟难以得其门而入；录取人数太少、竞争过于激烈，宛如当今的高考“独木桥”，致使许多学子皓首穷经也难以圆梦；等等。有人据此而认定，柳宗元对科举制度是持批判否定态度的。

在阅读古人的文章时，按照自己先入为主的观点，断章取义地去寻找论据，是不少人爱犯的毛病。在《送辛殆庶下第游南郑序》中，柳宗元确实认为，对于寒门学子来说，科举之路极为艰难曲折。一是竞争过于激烈，成千上万人报考，每年录取不过二三十人，“凡九年于今，其间得意者，二百有六十人”。二是门第、声望以及考官取向等人为因素的影响，考生十有八九不能凭文章才学脱颖而出，“有司抑之则已”“其果以文克者，十不能一二”。但如果因此而断定柳宗元否定科举制度，则是一种轻率而不科学的结论。

唐代的科举制度，存在这样或那样的弊端，不够完善严谨，是一种客观事实。比如门阀的影响依然比较大、请托的风气较盛、主观随意性因素较多，寒门子弟胜出者较少等。任何一种制度，都有一个不断发展完善的过程，科举制度也是这样。唐代的科举制度，毕竟还处于创立之后比较初级的阶段。在宋代以后的科举制度中，这种状况就得到了很大改观。从另一个方面讲，唐代的科举制度，总归是初步改变了做官靠“拼爹”的世袭制度，寒门学子靠“拼分”也有希望改变命运了。这种竞争的因素，即使只是部分存在，也比没有要强，也是一种进步。

通观《送辛殆庶下第游南郑序》全文，笔者认为，柳宗元对于科举制度的看法其实很正面。他在文章中关于科举制度种种艰难的说法，其实意在鼓励辛殆庶不要轻言放弃。唯其不易，坚持下去才更有意义。柳宗元还以自己的切身经历现身说法：“尝从俊造之后，颇涉艺文之事，四贡乡里，而后获焉。”意思是，自己也是经过四次考试，方才得以通过。你辛殆庶尽管三次落榜，但也不必灰心，曙光就在眼前了。在文章的结尾部分，柳宗元还说了一些勉励的话，预祝辛殆庶早日取得成功。

柳宗元为科举考生写的文章，不止《送辛殆庶下第游南郑序》这一篇。在为别的考生写的文章中，柳宗元还用兵法“先虚后实”

的道理为其支招，点拨他在考前要先广造声势，提升自己的知名度，以赢取考官们的印象分。试想，如果柳宗元真是否定抵制科举制度，还会如此煞费苦心地给考生们鼓士气、出主意，教给他们如何应对考试的方法吗？那他还不如干脆如是说：兄弟啊，哥是过来人，听哥一句劝，科举制度那劳什子害死人呐，别再费心劳神地忙活那没用的玩意儿了，趁早自己打拼创业去吧。

进士及第之后，辛殆庶就不知所终了，枉费了柳宗元一番苦心。

## 徐状元与“徐公砚”

贞元十八年(802)壬午科状元，乃晋江安海(今属福建泉州市)人氏徐晦。

徐晦的少年时代，正是曾担任过宰相的大唐状元常衮主政福建之时。因而，徐晦应是常衮大力发展福建教育事业的受益者之一。徐晦是唐代乃至科举制度创立以来的首位福建籍状元，并且是位大龄状元，夺冠之时已经四十有二。

徐晦还跟山东有些关联。在山东沂南县，有个徐公店村。徐公店村以盛产鲁砚名品“徐公砚”而闻名。当地有个民间传说，称唐代有个姓徐的南方书生，在进京赶考途中路过该地。在村外的山沟中，徐书生无意中发现了一些很好看的奇石。文人就是文人，徐书生在欣赏把玩这些奇石之余，试着把它们打磨成了一方砚台。一用之下，感觉十分趁手，就把它带到了京城的考场上。

在考试过程中，这方色泽瑰丽、图案奇特的砚台，极大地诱发了徐书生的灵感，使得他文思泉涌，佳句迭出，洋洋千言，挥笔立就，从而一举夺魁。这位徐书生，就是大唐状元徐晦。著名的“徐公砚”，也就此问世。此为民间传说，转述在此，权为花絮。

虽然科举之路并不十分顺畅，但徐晦夺得状元桂冠之后，一发不可收拾，又连续考取“贤良方正”“直言极谏”两个制举身份，成了一位三学位状元。徐晦能取得这样优异的科举考试成绩，很是了不起。

踏入官场之后，在大臣杨凭的推荐下，徐晦被任命为栎阳（在今陕西西安市境内）县尉。后来，徐晦奉调进京，担任过殿中侍御史、中书舍人、工部侍郎、兵部侍郎等职务，还出任过晋州刺史、同州刺史、福建观察使等地方大员。

史载，徐晦“为官守正，不随世态”。也就是说，他为官很讲原则，做事有自己的主张，不随波逐流。杨凭在担任京兆尹期间，因为犯事被御史中丞李夷简弹劾，从省级地方大员的位置上一下子被贬成了一个副县级干部（临贺县尉）。这样的降级处理，堪称断崖式。

受到了这样的处理，前去赴任的杨凭自然很是灰溜溜。树倒猢狲散，是官场之常态。他的那些亲朋好友，没有一个肯去为他送行。有的人是怕受牵连，有的人则属于过河拆桥。只有重情重义的徐晦，孤身一人前去为杨凭送行。此时的徐晦，官职还很低微。

时任宰相的权德舆，原本与杨凭交情极深，此时也避之不迭。徐晦夺得状元之时，主考官就是权德舆。出于对门生的关心，权德舆在得知徐晦为杨凭送行之后，私下里对他说：“你去给杨凭送行，政治风险不小啊，搞不好会受连累的。”徐晦则说：“我受杨先生那么多恩德，如果在他落难之时只考虑自己的得失，连送个行这样的事都不做，怎么能对得起自己的良心呢？”听了徐晦的这番话，权德舆不由自叹不如。

徐晦的举动，不仅令杨凭大受感动，也使很多人大为敬佩，包括杨凭的政敌。比如李夷简，在听说徐晦冒着风险为杨凭送行之后，主动推荐他出任监察御史。有些不明就里的徐晦，专门找到李夷简问道："我跟您从来没有什么交往，说起来还算是您政敌阵营的人，您为啥还要推荐我升官呢?"李夷简说："因为你是个重情重义的人。你既然不肯辜负有恩于你的杨凭，又怎么会辜负更加有恩于你的国家和朝廷呢?"人格的力量，有时连政敌都能够折服。这个李夷简，外举不避仇，不以个人成见定取舍，也是个很有原则的人。

徐晦官终礼部尚书。有点遗憾的是，史籍文献关于徐晦的政绩记述过少，笔者也不好胡编乱造。徐晦也有点小毛病，那就是过于贪恋杯中之物。因为饮酒过度，徐晦晚年因眼疾而失明。白居易有一首题为《吟四虽》的杂言诗，其中有"眼虽病，犹明于徐郎中"这样的句子。"徐郎中"，指的就是徐晦。可见徐晦在做郎中的时候，眼疾就很严重了。嗜酒伤身，徐晦是为例证。

虽然双目失明，徐晦却比较长寿，享年七十八岁。

徐晦有个同榜进士同学比较有意思。此人名叫许稷，是徐晦的福建老乡。在进士及第数年之前，许稷就进京游学做了"京漂"。有一回，名士欧阳詹召集一帮在京城的福建老乡聚会，许稷也应邀参加。席间，有个名叫林藻的人，已经考取进士十年有余。功成名就的林藻，大约是觉得许稷才学平平、没啥前途，也可能是看不上这个土老帽的言谈举止，因而对他大加奚落挖苦。

受了很大刺激的许稷，一气之下就跑到终南山中隐居去了。在那里，许稷心无旁骛，发奋读书，苦学三年，本科终于金榜题名。可见，别人的轻视冷落，如果处理得当，也会成为一种奋发向上的强大动力。所以，当我们被别人瞧不起的时候，不要怨天尤人，也不必自怨自艾，更不要自暴自弃，只管埋头做好自己的事情就是。不是有这样一句名言吗？走自己的路，让别人说去吧。

## “冠绝一代‘武三头’”

贞元十九年(803)癸未科状元得主无考,贞元二十年(804)停贡举,从略。

贞元二十一年(805)乙酉科,是唐顺宗李诵做皇帝期间组织的唯一一次科举考试。这个李诵也太悲催了,只做了七八个月的皇帝就被赶下了台,连年号都没有来得及改。本科状元亦无考,也只能从略。

元和元年(806)丙戌科状元,乃河南缑氏(今河南偃师县)人氏武翊黄。这个武翊黄的身世,可是大有来头。他的老爸,就是被藩镇将领谋杀的大唐名相武元衡。不过在武翊黄中状元的时候,武元衡还健在,并且还没有登上宰相高位。

武翊黄天资过人,不仅学富五车,应试能力也超强。在州郡考试中,他勇夺第一(“解头”)。在进士科考试中,他又摘得状元桂冠(“状头”)。随后,在制举“博学宏词”科考试中,他再度名列榜首(“敕头”)。于是,科举史上就有了“冠绝一代‘武三头’”的说法。“武三头”武翊黄,一时成为万众倾慕的人物。

武翊黄官至大理寺卿。大理寺卿,是大理寺的一把手。而大理寺,是唐代中央司法机关,负责重大刑事案件审判工作。凡是犯罪人员应被判处流放、死刑的重大案件,都必须经由大理寺认真审核复议后,再报刑部处理。在中国古代,司法信奉“人命关天”的理念,在死刑的适用问题上,是十分慎重的。这种尊重生命的理念,直到如今也不过时。

史料关于武翊黄的政绩记载颇少,他之所以青史留名,除了冠绝一时的“武三头”,还因为他的私生活问题没有处理好。

武翊黄的原配夫人姓卢，卢氏嫁给他的时候，带来一个姓薛的贴身丫鬟。薛小姐天生丽质，又能说会道，很会来事。天长日久的，就把武翊黄给迷得神魂颠倒了。于是，两人就如胶似漆地搞在了一起。对于封建士大夫来说，把随嫁丫鬟发展成二奶、三奶，原本也不算个事。但对武翊黄来说，不该因此而百般虐待原配卢氏。

至于武翊黄虐待卢氏都用了一些什么方式，史籍语焉不详，笔者也不好乱编。不过，时常使用些比较过分的家暴手段，估计是有的。不然的话，此事也不会激起那么大的反响。在中国古代，虽然妇女的地位不高，但在夫妻关系中，很重视原配的地位。“糟糠之妻不下堂”，是古代社会遵循的主流价值观。作为男人，你可以娶二奶、三奶，甚至四奶、五奶，但不能对原配太过分。否则，就会受到社会的谴责乃至政府的惩罚。著名戏剧《铡美案》所反映的其实也是这样一种价值观。

因为对待原配太过分，当时虽然没有妇联之类组织为卢氏维权，但武翊黄还是犯了众怒。社会舆论普遍指责不说，有的纪检监察官员也对他提出了弹劾。时任宰相的李绅，看在同窗的份上，为武翊黄做了一些斡旋调停工作，但无济于事。无奈之下，武翊黄竟然收拾细软，四处流浪去了。至于薛小姐是不是与其同行，不得而知。自此，名冠一时的“武三头”不知所终。

武翊黄的经历说明，官员的家庭问题可不是什么枝节问题。它同官员的政治前途密切相关，处理不好，就有可能带来很大的麻烦。

武翊黄有个同榜进士同学很有名，他就是大名鼎鼎的书法家柳公权。据徐松《登科记考》所载，柳公权是元和三年(808)状元得主。但有些现代学者经过考证认为，此说有误。

柳公权，乃京兆华原(在今陕西铜川市境内)人氏，哥哥是唐代名臣柳公绰。

柳公权少年好学，能诗善文。二十八岁时，柳公权进士及第。之后，做过秘书省校书郎、藩镇幕府文字秘书（掌书记）等工作。唐穆宗李恒上台后，柳公权有一次回京公干，唐穆宗专门召见了他。作为一个小人物，柳公权能够有幸见到皇帝，全因写得一手好字。见面之后，唐穆宗对柳公权说："我在佛寺里看到过你的书法，写得太好了。从今往后，你就留在京城工作吧。"于是，柳公权就被任命为右拾遗、翰林学士。之后，又升任右补阙、司封员外郎。

唐文宗李昂也非常喜欢柳公权的书法。他上台以后，又提升柳公权担任过谏议大夫、中书舍人等职务。柳公权不仅书法文才过人，口才也很好，唐文宗很喜欢和他谈话聊天，经常一聊就是大半夜。有时谈兴正浓，蜡烛点完了，唐文宗连让人拿蜡烛的时间都来不及等，就让宫女点燃蜡纸照明接着谈。

有一回，唐文宗召集几位翰林学士谈天。在谈到汉文帝的节俭时，唐文宗扯着自己的袖子说："我这件衣服也洗过好多次了。"善抬轿子的几位学士，便纷纷奉承唐文宗崇尚节俭、品德高尚，有古代明君之风范。只有柳公权默默坐在那里，一声不吭。大家散了之后，唐文宗特意留下柳公权，问他为何不表态。柳公权说："重用德才兼备的优秀人才，远离奸佞小人，广开言路，赏罚分明，才是皇帝的主要职责。至于穿什么衣服吃什么饭，那都是枝节问题，没啥好说的。"听了柳公权的话，连在旁边侍奉的太监都惊出了一身冷汗，但唐文宗没有生气。

唐文宗在任命郭旼为封疆大吏（节度使）之后，曾问柳公权外界有何议论。柳公权坦言，外界对这一任命确实议论纷纷。唐文宗有些不解，便说："郭旼是郭子仪的侄子，资历政绩都说得过去，大家为啥还议论不满？"柳公权答："按照资历、政绩等条件，郭旼担任节度使确实没啥不妥。大家议论纷纷，是认为郭旼之所以升官，原因在于把两个女儿送到了宫中。"唐文宗解释道："郭旼的两个女儿进宫，是来看望看望她们的堂姐（太后）的，又不是给我当妃子。”柳公权反问：“人道是瓜田李下，有些嫌该避还是要避的吧？不然的话，此事何以弄得街谈巷议、沸沸扬扬？”唐文宗不由恍然大悟，当天就打发人把郭旼的两个女儿送回了家。这说明，柳公权直言敢谏，唐文宗也是个明白人。

柳公权一生痴迷书法，成就斐然，与颜真卿被世人并称为“颜柳”。在书法界，“颜筋柳骨”的说法人尽皆知。作为著名书法家，柳公权赚取润笔费无数，但不甚爱财，也不会理财。他的家财，基本都被家仆丫鬟偷走骗光了。但对自己喜欢的笔砚书画，柳公权锁得严严实实，不容别人染指。书痴至此，也是一种境界。

柳公权官终工部尚书。书画家多长寿，比如柳公权，去世时八十七岁。

## 嗜酒误事王状元

元和二年（807）丁亥科状元，乃王源中是也。王源中祖籍山东琅琊，是东晋丞相王导之后裔。其祖先为避战乱，后来迁居江东，又至咸阳。

王源中夺得状元桂冠之后，又通过了制举“博学宏词”科考试，也是个双学位状元。

王源中初任职务为何，已不可考。步入官场数年之后，王源中被选拔做了谏官，出任左补阙。后来，又担任过户部郎中、翰林学士、兵部侍郎、礼部尚书等职务，仕途也算比较顺利。

王源中一身正气，是个直言敢谏之人。在做谏官时，宦官手握重权，甚至到了统领皇家禁卫军的程度。这些宦官依仗皇帝宠信，为所欲为，经常违法乱纪。朝中百官忌惮他们心黑手辣，怕招来祸患，多数人敢怒不敢言。王源中不顾个人安危，挺身而出，强烈要求皇帝剥夺宦官兵权。王源中的建议，被唐宪宗所采纳。

史载王源中为官清廉，淡泊名利，对自己要求也比较严格，很受舆论称颂。然而，在史籍中难以查到这方面的具体例证，笔者也不好乱编一气。

王源中也有个不好的毛病，那就是他太过贪杯，并且酒量十分惊人。据传，在唐文宗主政时期，有一次招王源中进宫议事。知道他好这一口的唐文宗，在谈正事儿之前，特赐王源中御酒二十金碗，每碗容量在一升左右。王源中一气喝光，面不改色心不跳，一点也没影响谈事儿。那时的御酒，度数大约跟米酒差不多，绝不会像如今的烈性白酒那样。不然的话，王源中酒量再大，也是喝不了二十大碗的。

像王源中这样的人，因酒误事是难以避免的事情。在礼部尚书任上，有一次皇帝有事召见他。但是王源中大醉不起，无法前往。酒醒之后，王源中深为自己如此怠慢皇帝而懊悔不迭，立誓今后一定加强自我约束，决不再因酒误事。但是一见了酒，王源中就故态复萌，把自己的誓言丢到了九霄云外。看王源中这情况，基本到了酒精依赖的程度，算是一种病态了。

如此一而再地因酒误事，皇帝自然会对他有很大的看法。王源中也比较知趣，就以眼睛不好为由，申请朝廷外放自己到地方任职。皇帝乐得顺水推舟，就委任他为山南西道节度使。在唐代，山南西道这一行政区划的管辖范围，包括陕西南部、四川东部、重庆西部的一些地区。

在山南西道节度使任上干了一年多，朝廷又将王源中召回朝中，出任刑部尚书，旋即又让他出任天平军节度使。天平军节度使的辖区，主要在山东的鲁西南地区，是从淄青节度使的辖区分离出来的。在天平军节度使任上干了不到三年，王源中病逝于任所。

王源中有两个同榜进士同学比较有意思，值得在此一说。

一个名叫窦巩，是做过工部尚书的唐代诗人窦叔向的儿子。窦巩博学多才，写得一手好诗，与白居易、刘禹锡等人相友善，多有往来唱和。窦巩曾长期担任著名诗人元稹的副手，如果不是有些真才实学，他也是很难入元稹之法眼的。

虽然有才，但是窦巩的口才很差，属于肚子里有货倒不出来的那种人。作为士子名流，凑在一起谈天说地是经常会有的事情，窦巩也常参加这样的场合。大家在那里夸夸其谈之际，窦巩却呜呜噜噜，只见嘴巴乱动。但他究竟说了些啥，谁也听不清。于是，人送窦巩外号“嗫嚅翁”。窦巩因为“嗫嚅翁”而留名于史，也算是奇景一道。

另一个是大诗人白居易的弟弟白行简。白行简进士及第之时，刚过而立之年。进入官场后，白行简做过秘书省校书郎、藩镇幕府文字秘书（掌书记）等工作。白居易被贬为江州司马后，白行简随哥哥一道前往任所。白居易出任忠州刺史时，白行简又一同西行入川。由此可见，白家两兄弟的感情十分深厚。

白居易回到京城后，白行简还是跟随其身后。进京后，白行简担任过左拾遗、主客郎中等职务。主客郎中，是礼部负责外事接待事务的官员，大体相当于外交部礼宾司司长。白行简在京城任职期间，一个名叫贺拔志的官员，在年终考核时弄虚作假，伪造政绩，骗取荣誉。朝廷责令白行简复核此事，认真负责的白行简，经过细致调查取证，揭穿了贺拔志的舞弊事实。自感无颜以对天下的贺拔志，最后畏罪自杀。

白行简工于辞赋，史称其文笔颇有乃兄白居易之风范。白行简还擅长传奇写作，有名作《李娃传》传世。白行简比较有名的作品，还有《天地阴阳交欢大乐赋》，文笔虽然优美流畅，但内容实为少儿不宜。因而，有人将其视为中国历史上第一部色情文学作品。

# 高官之后不纨绔

元和三年(808)戊子科状元得主失考,从略。

元和四年(809)己丑科状元,乃京兆万年(今陕西西安市)人氏韦瓘。

韦瓘的科举之路很顺,夺得状元桂冠之时,刚满二十岁,堪称少年得志。

参加工作之后,韦瓘历任左拾遗、右补阙、司勋郎中、中书舍人等职务,进步也算比较快。后来由于卷入了“牛李党争”,韦瓘的仕途之路变得有些坎坷起来。

“牛李党争”,是唐代一个比较著名的政治事件,指的是都曾担任过宰相的牛僧孺、李德裕两派之间的争斗。“牛李党争”延续时间长达四十年之久,对唐朝后期的政治社会产生了很大影响,加剧了大唐王朝的统治危机。唐文宗曾经发出过这样的感叹:“去河北贼易,去朝中朋党难!”

大凡官员之间的党争,核心诉求都是争权夺利,基本没有什么是非对错可言,“牛李党争”也是这样。对于一个官员来说,卷入这样的争斗之后,事态的发展往往身不由己,只能是随波逐流,漂到哪里算哪里,要承担很大的政治风险。因为官员之间的党争,最常见的结局是两败俱伤。

韦瓘在“牛李党争”中,属于李德裕阵营的人。时任宰相的李德裕,对韦瓘很是赏识,两人私交甚好。据传,李德裕为人眼眶子很高,基本不在家中招待客人,但唯独韦瓘是个例外。韦瓘经常出入李德裕家中,与其喝酒聊天。韦瓘进出宰相的宅邸,就跟出入自己的家一样方便,这很让一些官员眼红羡慕。

李德裕在“牛李党争”中失势之后，被罢免宰相职务，贬为崖州司户参军。在唐代，参军只是个八品官，李德裕基本等于被一撸到底。而崖州的辖区，在今海南三亚一带。虽然现在成了旅游胜地，但在古代，那里是名副其实的天涯海角、不毛之地。此后，李德裕再也没有东山再起的机会，最终死在了贬所。值得一提的是，李德裕多才多艺，是中国象棋的发明人。

作为李德裕的死党，韦瓘也跟着倒了霉，被贬为明州长史。韦瓘被贬的任所和职位，倒是比李德裕强出很多。此后，韦瓘又担任过楚州（今江苏淮安市）刺史、桂管观察使（辖区为今广西桂林一带）等职务，结局也比自己曾经的主子好很多。

韦瓘有个同榜进士同学，名叫郭承嘏。这个郭承嘏，身世可是大有来头。他的曾祖父，是大唐名将郭子仪。郭承嘏自幼聪颖过人，对笔墨文具有种天生的亲近感，拿起来就爱不释手。这样的孩子，长大以后考试成绩自然不会差。

关于郭承嘏，有个有趣的科举故事流传。郭承嘏有册经书，被他视为珍宝，须臾不离身边。参加考试的时候，他也把这册经书带进了考场。看来，唐代科举考场的搜检措施不够严格，或者说是没有不准携带参考资料进考场之类的规定。答完试卷之后，距离交卷时间还早，郭承嘏就把试卷和经书一同锁进了随身携带的小箱子里。交卷的时候，郭承嘏忙中出错，把经书当作试卷交了上去。

当晚回家之后，郭承嘏打开箱子想看那本经书，却发现那册书已被自己错当成卷子上交了。郭承嘏不由急出了一身汗，赶紧跑到考场外，看看还有什么补救的办法。当他在考场外急得打转转，一筹莫展之际，一个看门的老头儿过来问他为啥事着急，郭承嘏便据实相告。那老头儿告诉郭承嘏，他有办法替郭承嘏把卷子换出来，但是自己家里很穷，希望事情办成之后，郭承嘏能往自己家里送一笔钱，并且把自己的住址告诉了郭承嘏。

换完试卷之后，郭承嘏第二天拿着钱找到了那老头儿的住址。老头儿的家人听了郭承嘏的来意，大为惊讶，说是老头儿已经死了三个月了，因为家里太穷，到现在还没有凑够置办棺材等安葬用品的费用。郭承嘏一听，方才明白自己昨天夜里遇见的是鬼魂。喟叹之余，郭承嘏把带来的钱赠送给了老头儿的家人。此故事见于唐人所著《尚书故实》(亦名《尚书谈录》)。这个故事有神神道道的迷信色彩，各位读者看了不必当真，权为一乐即可。

郭承嘏做过监察御史、起居舍人、兵部郎中、谏议大夫、给事中、刑部侍郎等官职，在任期间，郭承嘏工作尽职尽责，多有政绩。郭承嘏为人正直，从不阿附权贵，遇事敢于坚持原则。比如皇帝在决定提拔奸臣郑注时，郭承嘏就上书坚决反对。

虽然是高官显贵子弟，郭承嘏却一点也不纨绔，这很难得。郭承嘏为人谦和，待人诚恳，为官清廉，不贪钱财，生活简朴。他去世以后，因为家无余财，丧葬所需费用，都是由亲友凑集的。郭承嘏遇见鬼魂的事情未必是真的，但他资助看门老头的事情有可能是真的，不然也不会为古籍所记载。郭承嘏资助了别人丧葬费，自己的丧葬费又由别人来资助。这样的巧合，让人唏嘘不已。

## 本科前二都姓李

元和五年(810)庚寅科状元，名叫李顾行。李顾行的生卒年及籍贯等情况，均已不可考。

李顾行做过监察御史、金部员外郎等官职。金部是户部的一个司，主要掌管库藏出纳、权衡度量等事务，相当于政府的财务部。

本科第二名进士得主(唐代还没有榜眼的固定称呼)，名叫李仍叔。李仍叔做过水部郎中、道州(今湖南道县)司马、湖南观察使等官职。李仍叔也在东都洛阳任过闲差，其时白居易、刘禹锡等人也在洛阳，李仍叔与他们多有交游往来、诗歌唱酬。

本篇之所以用了“本科前二都姓李”这样一个小标题，是因为他俩一个同榜进士同学所做的神梦。

本科第三名进士得主（唐代也没有探花的固定称呼），名叫陈彦博。

在《太平广记》中，记述了这样一个故事。陈彦博年轻时，曾与一个名叫谢楚的同学同在一所公办学校（太学）读书。日有所思，夜有所梦。在进京赶考前夕，陈彦博做了一个梦。他梦见自己考后到朝廷发榜之处看榜，看到自己名列皇榜第三名。而前两名得主，都是姓李的考生。

陈彦博把这个梦告诉了谢楚之后，谢楚是何反应不得而知。及至来年春天皇榜贴出，陈彦博果然名列第三。第一名、第二名分别是李顾行和李仍叔，与陈彦博所梦分毫不差。而谢楚，则于下一榜（元和六年）进士及第。

李顾行、李仍叔、陈彦博三位状元进士的仕履事迹，史料均语焉不详，但是他们的一个同榜进士同学有一定的历史知名度。当然，这里所说的历史知名度，是跟“流芳百世”相对应的那种意思。

此人名叫杨虞卿，乃虢州弘农（今河南灵宝市）人氏。杨虞卿的堂兄，是做过刑部尚书的杨汝士。而杨汝士，又是白居易的大舅子哥。

杨汝士颇具诗才，据《唐摭言》记载，因为联句对诗，杨汝士曾两次让妹夫白居易难堪。一次是一帮官员文人聚餐时，席间大家赋诗助兴。众人的诗作都已完成，唯独杨汝士迟迟不能成篇。等杨汝士写完之后，白居易、元稹拿过来一看，不由为之色变，自愧不如。那天，杨汝士喝得烂醉，回家之后对弟子们夸耀道：“我今天压倒了‘元白’！”另一次是裴度召集大家夜宴，觥筹交错之际，又玩开了联句游戏。裴度破题之后，白居易、元稹立马联上，并且面露自得之色。等到杨汝士联出“昔日兰亭无艳质，此时金谷有高人”两句之后，白居易自知难以再接下去了，赶紧顾左右而言他：“喝酒喝酒，别光顾扯这些闲篇子辜负了良辰美景！”元稹调侃白居易道：“你老兄倒是很会给自己找台阶下啊！”

杨汝士、杨虞卿堂兄弟俩，都是“牛李党争”中“牛党”的重要成员。有关学者称，杨汝士虽然历史知名度不太高，却是引爆“牛李党争”的关键人物。根据司马光《资治通鉴》的说法，因为杨汝士参与其中的一起科场弊案，自此“德裕、宗闵各分朋党，更相倾轧，垂四十年”。

杨汝士、杨虞卿都是“牛党”另一头面人物李宗闵的铁哥们儿。在历史上，人们习惯于把党争的头面人物、骨干分子，称为“党魁”“党棍”之类。因为铁心追随李宗闵，杨虞卿成为“牛党”的骨干分子，为“牛党”鞍前马后出了很多力，从而被人们称为“党魁”。笔者翻了很多史料，没发现在杨虞卿之前有哪个官员“荣膺”过这一称号。因而，可以把杨虞卿视为“党魁”称号的始作俑者。杨虞卿，因此也就创造了一个不光彩的纪录。

因为善于钻营，喜欢阿附权贵，杨虞卿为官早中期仕途很顺，担任过吏部员外郎、谏议大夫、给事中、工部侍郎、京兆尹等要职。在担任吏部员外郎时，杨虞卿所从事的是官员铨选任用这一重要工作。在提出官员任用调配意见时，杨虞卿唯李宗闵马首是瞻，完全看他的脸色行事。因为特别会来事，李宗闵几乎拿杨虞卿当自己的亲儿子一样看待。何为人身依附？请看杨虞卿。

杨虞卿在担任京兆尹时，京城发生了这样一件事。民间盛传奸臣郑注为了给皇帝炼丹药，需要使用幼儿的心脏当药引。于是，就秘密抓了很多幼儿，以供炼丹之用。此事越传越凶，以至于百姓都把自家的小孩锁在家里，不敢让他们上街。唐文宗听说这事后，非常不高兴，郑注也挺害怕。大臣李固言比较厌恶杨虞卿的为人，就借机报告唐文宗说，“这事儿我派人认真调查了，是京兆尹衙门里的人造的谣，杨虞卿却不管不问，以至于闹得不可收拾。”唐文宗闻听大怒，立即下令将杨虞卿抓捕入狱。杨虞卿的弟弟和儿子，跑到政府机关门口击鼓鸣冤，唐文宗可能也觉得这么做有点太过轻率，就把杨虞卿给放了。

虽然逃过了牢狱之灾，杨虞卿还是遭到断崖式降级处理，被贬为虔州（今江西赣州市）司户参军，并且死在了那里。这个杨虞卿，发迹于党争，毁灭于党争，教训啊！

## 李固言被捉弄反受益

元和六年（811）辛卯科状元得主失考，从略。

元和七年（812）壬辰科状元，乃赵郡（今河北赵县）人氏李固言。

李固言是个农村人，家里没什么背景。为了求取科举功名，李固言从家乡来到京城，寄居在一个姓柳的表亲家。这表亲家有两个儿子，为人都比较尖酸刻薄。柳氏兄弟打心眼里瞧不起李固言这土得掉渣的乡下穷亲戚，有一天为了解闷取乐，就问他进京赶考托过什么关系没有，李固言说没有。柳氏兄弟见他如此老实木讷，就想捉弄捉弄他，说是自己有关系可以为他引见。

柳氏兄弟为李固言介绍的，是一个担任无足轻重闲差的许姓官员。为李固言引见这样一个人，柳氏兄弟无非是想看他的笑话。见面之后，许姓官员有些惭愧地对李固言说，自己人微言轻，又不管科举事务，恐怕帮不上他什么忙。李固言不是那种势利眼，他以一种十分谦虚恭敬的态度，虚心向许姓官员讨教，对其表现出了足够的尊重。这让那人很受感动，因而对李固言印象极好。

好人有好报。出乎柳氏兄弟和李固言意料的是，来年许姓官员不仅升了官，还被指定为本科主考官。对李固言印象深刻的他，自然会高看李固言一眼。就这样，李固言不仅金榜题名，还光荣地戴上了状元桂冠。此时的李固言，已经三十有七。有道是人算不如天算，面对这样充满戏剧性的结果，柳家那俩促狭鬼不知会做何感想。

李固言参加工作后，历任驾部郎中、给事中、华州刺史、吏部侍郎、御史大夫等职务。驾部是兵部的一个司，负责军用车辆、军事驿站、军用马匹等事务管理。在唐代，兵部并不直接处理带兵打仗事宜，主要负责中下级军官选拔任用、军事训练等工作。

李宗闵失势后，李固言取代其成为宰相。后来，由于李训、郑注等人的排挤打压，李固言被罢相外放为兴元节度使。兴元节度使是山南西道节度使的别称。在兴元节度使任上干了一年左右，李固言曾短暂复任宰相，旋即又外放西川节度使。此后，李固言还出任过兵部和户部尚书。

在平时，李固言不善言谈，有些口吃。但奇怪的是，一旦谈论政事，李固言就一反常态，说起话来头头是道，言辞条理清晰，逻辑性很强，一般人根本不是他的辩论对手。这说明，李固言对于工作的专注度很高，满脑子都是国事政事。因而，一旦谈起工作来，他就像换了一个人。

李固言为官清正，处事不计私利，也从不利用职权为亲友谋取官职利益。无论在什么职位任职，李固言都颇有政绩。比方说，他在担任华州刺史时，出重拳严打地方黑恶势力，惩处贪官污吏毫不留情，有效地保护了民众的合法权益，把辖区治理得井井有条。

李固言为人正直，从不搞拉帮结伙那一套。担任朝廷重臣时，在用人问题上不计亲疏远近，能做到任人唯贤、唯才是举。在“牛李党争”势头已成之际，李固言是两派争相网罗拉拢的对象。但是心中有数的李固言不为所动，谁的账也不买，在两派争斗中做到了独善其身。作为一个官员，能有李固言这样的胸怀和定力，实属难得。

在为官晚年，李固言以太子太傅的文官荣誉头衔被朝廷委派“分司东都”。所谓“分司东都”，其实就是一个在东都洛阳只领工资不做事的闲差。李固言比较高寿，七十七岁时因病去世。

李固言的同榜进士同学李汉，是大文豪韩愈的东床佳婿。李汉，乃陇西成纪（今甘肃秦安县）人氏，系大唐宗室后裔。李汉少时，曾受教于韩愈。对这个聪明伶俐、勤奋好学，且又为人正直的学生，韩愈极为喜欢，就把自己的一个女儿嫁给了他。

进士及第之后，李汉在藩镇幕府服务多年。其后几经升迁，李汉成了谏官左拾遗。不是一家人，不进一家门。李汉为人行事，颇有其岳父韩愈之风，刚正不阿，直言敢谏。有的官员为了讨好唐敬宗李湛，千方百计地搜罗了一些珍贵的沉香木进献给他，唐敬宗就打算用这些沉香木修建一座亭子。李汉进谏道：“用这样珍贵的木材修建一座亭子过于奢侈，跟天上的琼楼玉宇差不多，天下百姓会怎么看？”因为言辞尖锐，惹得唐敬宗很不高兴。没多久，就找了个借口打发他离开京城，到兴元节度使手下做事去了。

在唐文宗年间，李汉历任屯田员外郎、兵部员外郎、驾部郎中、御史中丞、礼部侍郎、吏部侍郎等职务。因为意见相左，李汉又得罪了后来担任宰相的李德裕。虽然为人正直，李汉却不慎卷入了“牛李党争”，成了李宗闵的拥趸。在李宗闵排挤打压李德裕的过程中，李汉也从中出了不少力。李汉参与党争，不仅使自己的官声前途受到了影响，也有辱其岳父韩愈之声望。

李德裕东山再起之后，李汉被作为李宗闵的死党，受到了贬官汾州司马的处理。唐文宗曾专门指示官员管理部门，二十年内不得重新起用李汉。这说明，李汉的所作所为也让唐文宗深感厌恶了。

李汉官终宗正少卿。宗正少卿是宗正寺的副职。宗正寺是皇族管理服务机构。值得指出的是，历朝历代的皇族管理服务机构都是最为庞大的机构，唯独唐代是个例外。在唐代的九寺中，宗正寺人数最少，编制只有四十四人，同动辄几百人甚至一两千人的其他寺相比，实在不成比例。这说明，唐代皇室对自身的要求比较严格，对于皇族利益看得没有那么重，这一点比较令人称道。

## 宰相惨遭腰斩

元和八年（813）癸巳科状元，乃阆州（今四川阆中市）人氏尹极。

尹极的哥哥尹枢，就是那个毛遂自荐、以将近七十高龄夺魁的老状元尹枢。时隔二十二年之后，尹极再度以高龄勇夺状元桂冠。尹家两兄弟，一对老状元，亦属科举佳话一桩。

尹极的仕履政绩史籍无载，只好说说他的两位同榜进士同学。

其一为江州（今江西九江市）人氏舒元舆。

舒元舆的仕途早期还是比较顺畅的。进士及第后，舒元舆由裴度推荐，被兴元节度使征召为幕僚。由于文笔出众，舒元舆很快便声名远播。凭借过硬的笔头子，舒元舆后来奉调进京，出任监察御史。进京任职后，舒元舆的才学文笔很受大臣李训赏识。两人因此而结交往来，建立起了比较深厚的友谊。

李训手握重权之后，自然不会忘记与自己志趣相投的舒元舆。在李训的提携推荐之下，舒元舆步步高升，历任刑部员外郎、刑部侍郎、兵部侍郎等职务，最后官至宰相高位。当时，大唐政府在政务方面说了算的宰相有两位，一位是李训，另一位就是舒元舆。

舒元舆不仅与李训脾气性格相投，政见也很一致。当时，宦官势力很大，经常干预扰乱朝政。李训、舒元舆都认为，这种情况再也不能持续下去了，否则必将祸国殃民。在唐文宗的首肯下，李训、舒元舆密谋铲除宦官势力，从而引发了震惊天下的“甘露之变”。

有一天，有官员向唐文宗报告说，一处皇家花园里的石榴树上降下甘露，这是很吉祥的天文现象，恳请皇帝前去观赏。李训、舒元舆认为这是个好机会，就建议唐文宗把宦官头子仇士良等人召来一起欣赏甘露，到时由事先埋伏好的刀斧手将他们一并斩杀，一举铲除这个政治毒瘤。

然而，李训、舒元舆做事不密，锄奸计划被前来观赏甘露的仇士良等人看出了端倪。仇士良处事倒很果断，他没有按李训、舒元舆设好的套子进入花园，而是立马召集了五百多皇家禁卫军（神策军），与李训、舒元舆安排好的伏兵真刀真枪地拼杀起来。

不只是做事不密，李训、舒元舆的应急预案也没做好。他俩安排下的伏兵，很快就被仇士良召集的精锐神策军打得溃不成军。如果李训、舒元舆事先多做几手安排，设计好后援策应，事情也不一定会是这个样子。结果，有一千多名官员士卒在事变中被杀。李训、舒元舆虽然当时侥幸逃走，但随后被神策军生俘。李训在遭受一番拷打后被斩首，舒元舆则惨遭腰斩酷刑。

事件发生后，很多反对宦官势力的官员被灭族，几千人因此而丢了性命。真个是官场争斗，血流成河。这哪里是什么“吉祥甘露”啊，简直就是血雨腥风。舒元舆的一个儿子反应比较快，闻听消息立即带领一些家人逃入深山老林，隐姓埋名十几年。舒元舆被平反昭雪后，他们才得以重见天日。这个事件，就是史上著名的“甘露之变”。

"甘露之变"的另一个重要参与者,是奸臣郑注。比较奇怪的是,郑注之所以能发迹,与宦官的提携有很大关系。在"甘露之变"中,他却跟李训、舒元舆站在了一起,是铲除宦官势力的重要支持者。究其原因,无非是为了争权夺利,获取更大的政治好处。他参与其中的动机,与李训、舒元舆两人并不相同。

郑注的心理素质极佳,事变发生时,他正带领一些手下从外地赶往长安。还没进城,就传来了李训、舒元舆事败的消息。对于一般人来说,在这种情况下,赶紧跑路是第一选择。但是郑注并没有惊慌失措,他的选择是返回家中静观其变。郑注很相信自己的口才和应变能力,因为他曾多次借此化险为夷。

仇士良派人给宦官张仲清送去密信,让他设法杀掉郑注。张仲清以议事为名,请郑注到自己的住处会面。郑注明知这是一场鸿门宴,但还是欣然应约前往。郑注是个赌徒式的投机分子,他想靠自己的三寸不烂之舌,说服张仲清接受自己改换门庭。但是这一次郑注失算了,张仲清根本没给他开口的机会,就让手下将其一刀毙命。郑注死后,紧跟着又是一场血腥大屠杀。他的全家老幼、亲信幕僚、亲兵警卫等千余人为他陪了葬。

"甘露之变"对唐代后期的政治社会危害极大,使大唐王朝进一步走向衰落。著名诗人李商隐有感于这一事件,曾专门赋诗《重有感》:"玉帐牙旗得上游,安危须共主君忧。窦融表已来关右,陶侃军宜次石头。岂有蛟龙愁失水,更无鹰隼与高秋!昼号夜哭兼幽显,早晚星关雪涕收。"

"甘露之变"发生后,宦官势力进一步坐大,皇权旁落,大唐皇帝基本成了傀儡。唐文宗贵为皇帝,竟然经常被身边的太监奴仆欺负,以至于发出自己连汉献帝都不如的哀叹。直到将近七十年之后,朱温对宦官大开杀戒,宦官势力才基本被连根铲除。成也朱温,败也朱温。过后不久,大唐王朝也被朱温所颠覆。

舒元舆的诗赋水平较高，他所作《牡丹赋》，时人给予了很高的评价。舒元舆被杀后，唐文宗在观赏牡丹花的时候，还每每情不自禁地吟诵其中妙句，并为之潸然泪下。

其二为著名诗人张籍的弟弟张萧远。张籍有《送萧远弟》《弟萧远雪夜同宿》等诗存世。张萧远也颇负才名，工于诗歌写作。有关史籍称："张萧远元和进士第，与舒元舆声价俱美。"但张萧远的生平仕履史料记载不详，因此没有太多的话可说。

## 世间又现"张三头"

元和九年(814)甲午科状元，乃深州(今河北深州市)人氏张又新。

张又新出身于书香世家，他的曾祖父和父亲都是名重一时的著名才子。由于家学渊源深厚，张又新自幼受到了良好而又系统的教育。这一点，为张又新日后求取科举功名奠定了坚实的基础。

张又新的科举考试成绩，堪称傲人。在州郡组织的选拔考试中，张又新勇夺第一，是为"解头"。在进士科考试中，张又新荣登榜首，是为"状头"。在制举"博学宏词"科考试中，张又新力挫群雄，是为"敕头"。这样的"三头"状元，世所罕见，人间少有。在此之前，只有武翊黄获得过这一殊荣。一时之间，张又新风光无限，羡煞无数学子。由于张又新的生卒年月史籍无载，他获此殊荣年方几何，不得而知。

虽然聪明有才，但张又新的人品比较成问题。他为人圆滑，善于投机，十分擅长巴结讨好高官权贵。踏入官场后，他很快就抱上了宰相李逢吉的大腿，成了他的心腹干将。当时，李逢吉在朝中的党羽，号称"八关十六子"，而担任左补阙的张又新，即为其中之一。

据传,李逢吉跟大臣李绅不和。这个李绅,就是创作过两首著名《悯农》诗的唐代诗人。这两首诗,老幼皆知,不妨照录于此:其一:“锄禾日当午,汗滴禾下土。谁知盘中餐,粒粒皆辛苦。”其二:“春种一粒粟,秋收万颗子。四海无闲田,农夫犹饿死。”为了协助李逢吉打压李绅,张又新跑前跑后,搜集整理了不少关于李绅的黑材料,扮演了一个不光彩的文字打手角色。

还没等张又新爬到更高的位置上,李逢吉就失势了。张又新也跟着倒了霉,受到了贬官外放的处理。李训执掌朝政之后,善变的张又新又投靠了他。在李训的提携下,张又新做过刑部郎中等职务。也合该张又新倒霉,靠上李训没几年,李训又在“甘露之变”中被杀,张又新再度遭遇贬官外放厄运。

张又新比较喜欢美色,找老婆对相貌曾经极为挑剔。然而造化弄人,挑来拣去,他的原配夫人杨氏却是个“有德无色”的丑女子,这令他很是郁闷。据传,张又新的岳父曾劝解他说,自己的夫人,也就是张又新的岳母,也是这样一个女人。自己当初也曾很不爽,但有德之女是家中一宝,天长日久过起日子来,还是很幸福的。老泰山的现身说法,并未使张又新释怀。后来,张又新在李绅家的宴会上邂逅了一位绝色歌伎。在李绅的撮合下,张又新终于抱得美人归。李绅如此有恩于张又新,张又新却恩将仇报,做人也太不厚道了。

因为喜欢投机钻营,一门心思巴结依附权贵,张又新名声很差,有关史籍称其“以谄附丧其家声”。风光一时的才子“张三头”,堪称才高品低之典型。这真是,做人切忌搞投机,为官莫学张又新。

张又新酷爱茶艺,也很想在这方面有所著述。可能自感无法超越茶圣陆羽的《茶经》,张又新就想另辟蹊径,写了一篇题为《煎茶水记》的文章，专门论述水质对于茶叶口味的影响。在这篇文章中，走了不少地方的张又新，根据泡茶口味的高下，将各地水质分为二十等，逐一排定座次。除此而外，《煎茶水记》再无其他实质性内容，有点文字游戏的味道。这样的文章，跟陆羽的《茶经》相比，实在是不可同日而语。

张又新有个同榜进士同学，名叫高锴。这个高锴，堪称科举考试扩招的鼻祖。

高锴进士及第之后，又通过了制举“博学宏词”科考试，也是个双学位进士。

高锴担任过吏部员外郎、司勋郎中、谏议大夫、中书舍人、吏部侍郎、刑部侍郎、河南府尹等职务，亦属朝廷重臣。高锴为官清正，处事公道，声誉颇佳。尤其是在他以同考官的身份协助主考官组织科举考试的时候，原则性强，办事公道，表现得到了各方面的一致肯定。

高锴最为人所称道的政绩，是在他连续三年出任进士科考试主考官期间所为。在唐代，虽然进士科考试基本上是年年搞，但录取人数过少。每年录取少则十几人，多则二十来人，最多也不过三十人。高锴在担任主考官期间，力主进行扩招，三年共录取进士一百二十人，平均每年录取四十人。录取的绝对数虽然看上去不是太多，但扩招的比例还是不低的。在当时，这么做也是需要一定胆识和魄力的。所以，将高锴称为科举考试扩招的鼻祖，应不为过。

高锴虽然力主扩招，且大幅度地增加了录取人数，但一点也没有因此而降低录取的标准和质量。在主持考试工作期间，高锴大力提倡朴实无华、学以致用的文风，抑制华而不实、空洞无物的习气，不重门第虚名，坚持唯才是举，全力拔擢有真才实学的寒门子弟。他所录取的人员，文章才学受到了朝野的一致认可。

这真是，高锴积极搞扩招，量多质高人称道。

# 过江船费引发的问责

元和十年(815)乙未科状元得主失考,从略。

元和十一年(816)丙申科状元,姓郑名澥。郑澥的生卒年月及籍贯何方等,史籍无载,在这方面笔者无话可说。

为了撰写郑澥的事迹,笔者翻阅了不少史料,但所获甚少。这位郑状元的一个仕途亮点,是他在跟随名将李愬平定吴元济叛乱过程中的表现。

吴元济叛乱爆发后,裴度受命统一指挥平叛事宜。时任山南东道节度使的李愬所部,是平叛的主力部队。当时,郑澥在李愬手下做文字秘书(掌书记)。此时,郑澥中状元只有一年多的时间。

李愬率部抵达平叛前线后,一个名叫李祐的部将向他建议道,吴元济叛军的主力,都部署在洄曲(在今河南漯河市境内)一线,其老巢蔡州(今河南汝南县)城内兵力空虚,基本由一些没什么战斗力的老弱病残防守。我军不妨趁其不备,乘虚而入,直捣蔡州。李愬认为这个建议可行,就派郑澥星夜去向裴度汇报作战方案。

郑澥不辱使命,把李愬的作战构想、敌我态势汇报得一清二楚。作战方案得到裴度首肯后,李愬指挥部队在一个风雪交加之夜奇袭蔡州,一举擒获叛乱头子吴元济。事后,郑澥写了一篇题为《凉国公平蔡录》的文章,专门记述介绍这一史上有名的避实就虚的经典战例。凉国公,是李愬的封号。除此之外,唯一能查到的郑澥任职经历,就是他曾经担任过开州(今重庆万州区)刺史。

郑澥有两个同榜进士同学,科举经历很有些意思。

一个名叫廖有方。元和十年(815),廖有方进京赶考落榜。有些失意的他,就想到四川一带旅游散心。走到宝鸡地面之后,有一天廖有方住进了一家小旅馆。刚安顿好行囊，他就听到隔壁房间有人呻吟不止，那声音听上去很是痛苦不堪。廖有方是个很有同情心的人，于是就赶忙走过去探问究竟。隔壁房间的床上，躺着一个形容枯槁的年轻人，一看就知道病得不轻。廖有方很关切地询问他从哪里来、又想到哪里去，得了什么病。那人断断续续地回答说，自己是个赶考的书生，几番进京赶考，却难遇伯乐。本科落榜之后，不承想病在了回家的路上。随后，他硬撑着给廖有方磕了个头，说是自己恐怕不行了，希望廖有方能帮助照料一下后事。

一听此人还是个同榜考友，廖有方自然更加同情其不幸遭遇。于是，赶紧跑出去四处找大夫，打算为这个书生治病。穷乡僻壤的，大夫哪那么好找啊。还没等到廖有方找到大夫，那个书生已经咽了气。唏嘘感叹之余，廖有方卖掉了自己的行李、马匹，安葬了那个书生。

在为这位不知姓甚名谁、家住何方的书生办完丧事之后，感慨良多的廖有方，特意赋诗一首记述此事兼作书生悼词："嗟君没世委空囊，几度劳心翰墨场。半面为君申一恸，不知何处是家乡。"同是天涯沦落人，相逢何必曾相识。廖有方的这首悼亡诗，真切地道出了自己的心声。

在旅游结束返家的途中，廖有方住进了一家政府招待所（驿站）。这家招待所的所长不仅对他很是关照，还热心地邀请他到自己家做客。到了所长家中，他的妻子身穿孝服，泣不成声地跪拜了廖有方。随后，又一再挽留他在家中多待些日子，以尽地主之谊。有些迷惑不解的廖有方尽管几经推脱，还是在所长家住了半个多月，受到了所长夫妇无微不至的款待。

临别之时，所长夫妇又赠送了廖有方一些贵重的礼品。廖有方大惑不解，对所长夫妇说，咱们素昧平生，二位能如此热情招待，我已感激不尽，何以又送如此大礼？所长此时才揭开谜底，告诉廖有方道，你今年春天帮助安葬的那位书生，就是我妻子的哥哥。我们这么做，是为了替哥哥谢恩。廖有方一听，方才恍然大悟。他对所长夫妇说，帮助他们落难的哥哥是自己应当做的事情，不然的话，就对不起自己读的那些圣贤之书。至于所送礼品，是断不能收受的。

好人有好报。这件事情传开之后，廖有方的古道热肠，以及所长夫妇的知恩图报，受到了社会各界的广泛赞誉。在来年的进士科考试中，再度报考的廖有方被顺利录取。而他的这一义举，在考试中为他增加了不少印象分。

另一个名叫周匡物。周匡物是福建人，在进京赶考途中，他住进了钱塘江边的一个小旅馆。因为没钱买过江的船票，周匡物在小旅馆中延宕多日。能住得起旅馆而买不起船票，无非是有两种可能。其一是他所住的旅馆，有可能是免费的政府驿站。其二是住宿费可能比较便宜，但是船夫漫天要价收黑钱，船票太贵。

无钱过江的周匡物，纠结之下，就在旅馆墙壁上题下了这样一首诗："万里茫茫天堑遥，秦皇底事不安桥。钱塘江口无钱过，又阻西陵两信潮。"大唐不愧是个诗歌的朝代、风雅的朝代，一个穷书生因为买不起船票发的牢骚，都发得这么有文化、这么有情调。

比较巧合的是，周匡物的这首牢骚诗，被当地政府最高长官(刺史)看到了。这位长官比较关爱读书人，看到了这首诗之后，不仅帮助周匡物解决了过江的难题，还对负有管理责任的渡口管理人员(津吏)进行了严肃问责。自此之后，当地船夫们再也不敢向进京赶考的举子们收取过江船费了。

廖有方与周匡物，除了一人有一段有趣的科举故事之外，其他仕履政绩等情况，史料记载不详，笔者在这方面也无话可说。

元和十二年(817)丁酉科状元得主无考,从略。

元和十三年(818)戊戌科状元,名叫独孤樟。此人的生平籍贯以及仕履政绩等情况,史籍均无载,姑且存目。

独孤樟有两个同榜进士同学比较有名,值得一说。

其一名叫李廓,此人是曾经担任过宰相的"八砖学士"李程的儿子。据有关史籍记载,李廓少年时期即胸怀大志,勤奋好学。然而,李廓的科举之路不是很顺,曾经几次报考均告不第。李廓曾写过一首题为《落第》的诗,表达科场不顺的纠结郁闷之心情。这首诗是这样写的:"榜前潜制泪,众里自嫌身。气味如中酒,情怀似别人。暖风张乐席,晴日看花尘。尽是添愁处,深居乞过春。"这说明,李程作为高官,虽无多大政绩作为,但为官比较清正,没有利用职权在科举考试中为儿子谋取不当利益。

李廓曾担任过鄠县(今陕西户县)县尉、刑部侍郎、颍州(今安徽阜阳市)刺史、武宁节度使等职务。武宁节度使的辖区,在今江苏徐州一带。李廓作为一介书生,并不懂如何治军带兵。因而,对于这一人事安排,不少人持有异议。一个谏官曾断言:"朝廷这么个乱点鸳鸯谱法,等不到吃上今年的新麦子,徐州就会出乱子。"

果然,此后不久就传来了徐州发生兵乱,李廓被乱兵赶跑的消息。因为管理无方导致兵变,李廓被朝廷问责,受到了降级为唐州(治所在今河南唐河县)司马的处理。

李廓在当时是个知名度比较高的诗人,与贾岛的关系很好,有六十余首诗作传世。

其二名叫李石,乃陇西(今甘肃陇西县)人氏。李石进士及第之后，曾经四任藩镇幕府幕僚。李石口才超好，机智善辩，很有谋略。有一次跟随领导进京汇报工作时，言辞条理清晰、论事极富逻辑性的李石，引起了唐文宗的注意。此后，唐文宗专门指示有关部门，将李石调入京城任职。

李石进京后，先后担任过工部、刑部、兵部三个部的郎中，以及给事中、户部侍郎等职务。“甘露之变”发生后，唐文宗将李石提拔为宰相。

李石是个比较富有人文关怀精神的官员。在“甘露之变”中，宰相衙门的办事员和安保人员基本被杀光了。李石担任宰相之后，江西、湖南两地的观察使，派人押送了大量布匹和粮食到京城，以便于宰相衙门重新招聘办事员和安保人员使用。李石知道这些物资都来自于民间，为了减轻民众负担，李石将这批物资如数退回。至于衙门办事员和安保人员，李石按照精兵简政的原则，大幅度减少了编制员额。他还建议唐文宗减免税赋，以使民众得以休养生息。

李石是个比较有骨气的官员。他做宰相期间，不肯屈服于宦官的淫威，在一定程度上抑制了他们的权势，打压了他们的嚣张气焰。在李石卓有成效的工作下，大唐的国力有所增强，威望有所恢复。

由于李石不屑与宦官为伍，自然会被宦官们视为眼中钉、肉中刺，必欲除之而后快。李石做宰相三年多之后，宦官头子仇士良派出杀手，埋伏在李石上朝的路上，试图将其刺杀。一天清早，李石在骑马上朝路上，被杀手冷箭射伤。李石见情势危险，立马调转马头，飞奔回自己的宅院。但心黑手辣的仇士良，派出的是连环杀手。在李石快到家的时候，又一个杀手挥刀杀出。幸亏李石骑的那匹马速度快，杀手只是砍到了马尾，李石幸免一死。

李石遇刺的消息传开之后，举朝震惊，朝中百官都吓得不敢上朝办公了。李石遇刺当天,满朝竟然只有九个胆大的官员敢到办公室去上班。这种情况,一直持续了十几天才有所改变。李石尽管比较有骨气,但也被吓得不轻。此事过后,他说啥也不肯再做宰相了,一再申请皇帝安排自己去外地任职。

唐文宗无奈之下,只好安排李石以宰相身份出任荆南节度使。荆南节度使的管辖范围,为今湖北荆州、重庆万州一带。可能是不满于李石执意撂挑子不干的态度,在他离京赴任时,唐文宗都没有按惯例为他设宴饯行,这让朝中百官很是寒心不已。李石到达任所后,主动提出辞去宰相头衔,只是以兵部尚书身份兼任荆南节度使。唐武宗李炎即位后,又恢复了李石的宰相兼职。

在荆南节度使任上干了几年之后,李石改任河东节度使。河东节度使的管辖范围,为今山西太原、忻州一带。跟李廓一样,李石也不太擅长治军带兵。到任不久,治下兵马就发生哗变,李石被乱兵赶跑,河东节度使的职务自然无法再干下去了。唐代的藩镇割据之乱象,由此可见一斑。

两年后,李石病逝于洛阳,时年六十一岁。当时,他正以太子少傅头衔“分司东都”。

## 李家小女眼力强

元和十四年(819)己亥科状元,乃京兆万年(今陕西西安市)人氏韦谌。韦谌做过刑部尚书这样的政府高官,并且三度出任封疆大吏(节度使),按说也属朝廷重臣。但不知为何,此人的生平仕履史载不多。笔者翻了一些史籍,只是查到在唐宣宗年间,为了避讳皇帝李忱的名讳,韦谌改名为韦损。这名字改得也太不讲究了。

韦谌有个同榜进士同学名叫李让夷，此人倒是做过几年大唐宰相。但令人有些不解的是，身为这样的朝廷重臣，李让夷的生平事迹史料记载也不多，同样难以独立成篇。因而，本科相关情况只能略过。

元和十五年(820)庚子科状元，姓卢名储。卢储的生平籍贯无考，他留给世间的，只是一段与科举有关的有趣故事。

在进京赶考前，卢储也按照唐代科举流行的规则，四处拜访一些官员名流，向他们投递“行卷”。当时，韩愈的侄女婿李翱，正在江淮一带做地方官(刺史)，卢储也拜见了李翱。大约是早就听说过卢储的才学为人，李翱很热情地接见了他。卢储告辞之后，李翱就顺手把他请自己指正的“行卷”放在了桌子上。

此时，李家有女初长成。年方二八、待字闺中的李小姐，不仅容颜俏丽，而且天资聪颖，知书达理。李小姐看到卢储的“行卷”之后，不由来了兴趣，顺手拿来翻阅起来。看过之后，李小姐大为赞叹，断言卢储学识过人，将来参加科举考试必拿第一(状头)。李翱的家庭作风比较民主，他看出了宝贝女儿的心思，就打趣她道，你既然这么看好这个卢书生，不如干脆把他招为咱家女婿算了。见老爸如此善解人意，做女儿的哪有不应允之理。这真是，选择东床佳婿，父女之见略同。

李翱让手下找到卢储，把自己的意思转告了他。李小姐有貌又有才，又有个名气不小的老爸，能娶到如此名门娇女，卢储喜出望外还来不及呢，又怎么会推却李家父女的这番美意。于是，便欣然应允。随后，卢储信心满满地踏上了进京赶考的征程。李小姐的眼力真不是白给的，卢储没有辜负她的厚望。在第二年的进士科考试中，收获爱情、春风得意的卢储，果然发挥出色，力挫群雄，成了一名万众瞩目的状元郎。

卢储荣归故里之后，立马向李家提出了完婚请求。迎娶李小姐那天，占了“洞房花烛夜”“金榜题名时”这人生两大喜的卢储，即兴赋“催妆诗”一首：“昔年将去玉京游，第一仙人许状头。今日幸为秦晋会，早教鸾凤下妆楼。”那种迫不及待要抱得美人归的幸福喜悦之情，充盈于字里行间。

李翱是韩愈的侄女婿，娶了李翱女儿的卢储，就是韩愈的侄外孙女婿了。在书写了这段科场人生佳话之后，卢储便不知所踪了。也许是情投意合的一对才子佳人，缠缠绵绵双双飞，隐居于田园山野，做了一对自由自在的恩爱蝴蝶。

卢储有个同榜进士同学，名叫陈越石。陈越石的生平籍贯，也已不可考。他之所以比较知名，同样是因为一段比较有趣的故事。不过发生在陈越石身上的这段故事，很有些神怪志异传说的色彩。

在唐代传奇小说《宣室志》中，记述了这样一个故事。陈越石原名陈黄石，在进士及第之前，他曾与家人在王屋山下结庐隐居。有一天晚间，陈越石一时兴致大发，与小妾张氏玩起了小资情调，在屋外共进烛光晚餐。正吃得兴起，突然来了一个夜叉，说是他们的晚餐太过美味，自己馋得不行，能不能也让自己品尝一点。

陈越石是个胆大包天的人，他不但没有被夜叉吓得灵魂出窍，反而因为被其搅扰了进餐雅兴、惊坏了心爱的小妾而勃然大怒。陈越石顺手抄起一根棍子，照着那夜叉就是一顿猛揍。由于用力过猛，那夜叉的皮都被打掉了。因为疼痛难忍，那夜叉连皮都顾不上捡，就落荒而逃了。在这个过程中，不知他那位小妾被吓成了什么样子。

那夜叉逃走之后，自然不会轻易放过陈越石。一个夜叉没有皮，还怎么有脸再在圈子里混下去。因而，它就天天晚上跑到陈越石的住处，连连大呼：“陈黄石，还我皮来！”陈越石胆子就是再大，也经不起夜叉天天这样骚扰。更何况，还有他的妻妾家人呢。这么个搞法，晚上可怎么睡觉啊，不被弄成精神失常才怪。于是，惹不起躲得起的陈越石，只好另找地方，再造一处房子居住了事。为了彻底躲开夜叉的骚扰，陈越石索性连名字也改了，从此不再叫陈黄石。这个陈越石也是，你把夜叉的皮给弄到哪里去了嘛，还给人家不就结了？

陈越石的这段故事，有趣归有趣，但是只能作为花絮，当然是不可以信其有的。

进士及第后，陈越石做过蓝田县令。除此之外，无法查询到他的其他情况。

## “八仙”之一出本榜

长庆元年(821)辛丑、长庆二年(822)壬寅两科状元得主失考，从略。

长庆三年(823)癸卯科状元，姓郑名冠。进士科拿了状元之后，郑冠又通过了“军谋宏远”“堪任将帅”两科制举考试。从郑冠参加的这两科制举考试名称分析，他应当是个军迷，很想带兵驰骋天下，建功立业。除此之外，这位三学位状元的其他事迹都不可考，只能存目。

郑冠有个同榜进士同学，在中国民间的知名度那可是太高了，男女老幼，几乎无人不知。此人名叫韩湘，是大文豪韩愈的侄孙。说韩湘的民间知名度高，是因为他成了神话传说中的人物，这个留待后面再说。韩湘为人博学多才，洒脱不羁，志趣高远，言谈举止颇具仙风道骨。作为韩愈的侄孙，韩湘跟韩愈的关系也十分亲密。

韩愈被贬官潮州时，韩湘从长安一直将其远送至蓝田。韩愈有诗《左迁至蓝关示侄孙湘》，专门记述此事。这首诗是这样写的：“一封朝奏九重天，夕贬潮州路八千。欲为圣明除弊事，肯将衰朽惜残年！云横秦岭家何在，雪拥蓝关马不前。知汝远来应有意，好收吾骨瘴江边。”韩愈自知此行吉凶难料，此诗颇有向韩湘托付后事的意味。如果不是关系格外亲密，韩愈是不会这么做的，他自己又不是没有儿孙。而诗中的“云横秦岭家何在，雪拥蓝关马不前”，则成了人所传诵的千古名句。

韩湘官至大理寺丞。大理寺丞是大理寺的中层干部，品级为从六品上。此后，韩湘便不知所终。大约是因为韩湘的性格为人，也因为他比较喜欢奇门异术，道家就传说他后来成了神仙，是为“八仙”之中的韩湘子。

“八仙过海”的故事，在中国民间哪个不知、谁人不晓？相传白云仙长在蓬莱仙岛牡丹盛开之时，邀请“八仙”登岛赏花。返程时，铁拐李建议不再乘船，由各位自想办法过海。于是，就有了“八仙过海，各显神通”的说法。在山东的蓬莱，就有一个传说中的八仙过海处，如今是著名的旅游景点，游客如织。在那里，时常会看到海市蜃楼的奇景，颇有点缥缈仙境的感觉。

有人言之凿凿地论证说，韩湘与韩湘子其实并不是一个人。当然不是一个人了，这还用说？一个是现实中的人物，一个是传说中的神仙嘛。因为韩湘后来云游四方，不知所终，道家就传说他成了仙，这不难理解。传说总归是传说，纠结于韩湘子的前世究竟为何人，就有点文字游戏的性质了。作为神话传说，把韩湘子看作是韩湘的化身，浪漫而富有诗意，又有何不可？

郑冠还有个同榜进士同学，名叫李馀。李馀是四川人，但家住四川哪个地方，史料语焉不详，有人称其祖籍成都。

李馀进士及第回乡省亲的时候，张籍、贾岛、姚合等诗人，都专门题诗为他送行。而他们的饯行诗，题目都是《送李馀及第归蜀诗》。这件事情说明，李馀在进士及第之前，已经是个比较有知名度的诗人了。不然的话，已经成名的张籍、贾岛等人，也不会跟他有这样不同于常人的交情。人以群分,物以类聚嘛。

张籍送给李馀的饯行诗,是这样写的:“十年人咏好诗章,今日成名出举场。归去唯将新诰牒,后来争取旧衣裳。山桥晓上芭蕉暗,水店晴看芋草黄。乡里亲情相见日,一时携酒贺高堂。”从张籍这首诗透露出的信息看,李馀这个人确实早就比较有名气,但科举之路很不顺畅,久困科场。他是历经十年苦读拼搏,方才得以金榜题名的。

张籍的这首诗还讲述了一个唐代科举习俗。官方公布新科进士录取名单后,被录取人员要到相关主管部门履行身份确认、做官资格登记等方面的手续(吏部关试)。而这些人员的衣着,也是有讲究的。在他们的正常服装外面,要套上一件粗麻布做的外套。履行完相关手续之后,新科进士们就要脱掉罩在衣服外面的麻衣,也就是张籍诗中所称的“旧衣裳”。那些落榜之人和打算参加科举考试的学子们,此时就会一哄而上,争抢那些旧麻衣,以讨个吉利的彩头,庇佑自己日后能够顺利金榜题名。

张籍诗中的“后来”一词,指的就是尚未金榜题名的学子。在古代科举术语中,“先辈”一词,则是未登第者对已经进士及第者的尊称。因此,“后来”与“先辈”,是科场中相互对应的一对称呼。

虽然在当时颇负诗名,但李馀的作品存世不多。他有一首题为《临邛怨》的七绝,写得还是蛮有味道的,算是闺怨诗中的佳作:“藕花衫子柳花裙,多著沈香慢火熏。惆怅妆成君不见,空教绿绮伴文君。”

李馀的仕履政绩等情况史籍无载,关于这方面笔者无话可说。

## 又见迟到考生拔头筹

长庆四年(824)甲辰科状元,乃合肥(今安徽合肥市)人氏李群。

少年李群,早有才名。在参加本科考试之前,李群就与杨衡、符载、李渤三人在庐山隐居。这四个人,在附近一带名气挺大,被人们视为四大才子,号称“山中四友”。关于“山中四友”的成员,还有杨衡、符载、崔群、李渤一说。还有人认为,“山中四友”中没有李渤,另一人是宋济。本书不是考证性著作,因为李群是本科状元得主,姑且采用李群为“山中四友”之一的说法。十五六岁就成了著名隐士,这个李群真是有一套。

“山中四友”在风景如画的庐山,吟诗作赋,往来唱酬,名气越来越大、越传越远。到后来,他们的名声就传到了京城长安。时任中书舍人的李宗闵,在读了“山中四友”的诗文之后,大为赞赏。他曾对人如是说:“这四个人都是不世出之才,要是参加科举考试,都是状元的材料。如果将来我做主考官,我会动员他们四人分成四年来考,那样我就能把他们一一录取为状元。而假如他们非要一起来考,那我只好按他们来到京城的时间先后确定状元人选了。”

后来,李宗闵对于“山中四友”的评价传到了庐山。杨衡、符载、李渤三人大约是做惯了优哉游哉的闲云野鹤,因而不为所动。唯有年龄最小的李群,闻听此言有点耐不住寂寞了。在功名心的驱使下,他请江州刺史写了推荐信,收拾好行李包裹,赶往京城报名参加本科考试。到了京城之后,李群专门前去拜见了李宗闵。一见之下,李宗闵对这位英俊潇洒、神采飞扬的十八岁翩翩少年,更是打心眼里透着喜欢。此时,他还没有得到出任本科主考官的正式任命,不好把话说得太死,因而就对李群说:“如果你本科当不了状元,那就干脆投靠我门下,做我的学生算了。”

据传,不知是何原因,李群参加第一场考试的时候就迟到了。当他赶到考场之后,考场大门已经关闭。李群不甘心就此离去,就使劲敲打考场的大门。考场门卫问李群想干啥,李群说自己是来考试的。门卫对他说,考试已经开始,按规定你不能进场了。李群一听就急了,赶忙自报家门道:“我就是李宗闵大人常说的‘山中四友’之一啊!”那门卫比较富有同情心,一看李群确实气度不凡,而李宗闵又恰好是本科主考官,便没有轻率地把他拒之门外,而是对他说:“你不要着急,先在门口稍等片刻,待我替你去请示一下主考官大人再说。”

唐代科举考试主考官的自由裁量权很大,李宗闵见自己十分喜欢的李群迟到了,不忍看他就此错过这次机会,便援引当年常衮允许迟到考生黎逢参加考试的先例,同意让李群进场考试。对于李宗闵的这一决定,其他考官和考生也没人提出不同意见。就这样,李群也像黎逢一样,幸运地获得了状元称号。

李群曾任左拾遗、户部员外郎、吏部员外郎、吏部郎中等职务,但他的政绩事迹等情况均不详。

大文豪韩愈的儿子韩昶,是李群的同榜进士同学。作为一代文豪,韩愈自然会十分重视子女的教育问题。因而,韩昶自幼就受到了老爸的严格管教和点拨。然而,韩昶性格比较顽劣,对老爸的教育采取了阳奉阴违的态度,没有学到韩愈严谨认真的治学方法,更没有打下扎实深厚的学问功底。

进士及第之后,韩昶做过校书郎的工作。在校对整理古籍的时候,一些史书中有“金根车”的说法。韩昶在不加仔细查证的情况下,一律想当然地将其改为“金银车”。韩昶的轻率行为,一时间被同事们传为笑谈。作为名家之后，韩昶所为实在有辱韩愈的家风。

因为工作不认真，韩昶就坏了名声。他的上级和同事，对他评价都不好，以至于有关部门在准备提拔他担任左拾遗时，谏官管理机构的负责人竟然坚决拒绝接受。这真是，治学忌轻浮，韩昶是教训。

李群还有个同榜进士同学，名叫李甘。李甘是个敢说敢为、不畏权贵之人。在李甘担任殿中侍御史时，奸臣郑注四处活动，图谋出任宰相，而朝中盛传此事可能成真。李甘闻言拍案大怒道："那个郑注是个什么东西，不就是个江湖游医吗？我一定竭尽全力，绝不能让他弄成这件事。"因为得罪了郑注，李甘后来受到了贬官外放的不公正处理。"注何人，欲得宰相？白麻出，我必坏之。"凭借这番言辞，李甘被载入了史册。

李甘与著名诗人杜牧关系很亲密，杜牧曾作长诗《李甘诗》，记述李甘其人其事。

## 柳璟有个"坑爹"儿

宝历元年（825）乙巳科状元，乃河东（今山西永济市）人氏柳璟。

柳璟出身于书香世家，祖父柳芳、父亲柳登都是当时的著名学者。河东柳氏是一个名门望族，出过柳公绰、柳公权这样的名臣大家。而本科状元柳璟，就是柳公绰、柳公权的族孙。

虽然出身名门，自小就受到了良好系统的教育，但柳璟的科举之路并不顺畅。有史籍称其"久在名场淹屈"，曾经屡试不第。本科拿了状元之后，柳璟又通过了制举"博学宏词"科考试，也是一位双学位状元郎。

柳璟获得状元称号之后，历任监察御史、吏部员外郎、户部员外郎、知制诰、礼部员外郎等职务。因为学识过人，柳璟参加工作没几年，就以比较低的职务层次兼任了翰林学士。当时，他的本家爷爷柳公权，也以工部尚书的身份兼任着翰林学士。柳家祖孙二人，年龄一大一小，职务一高一低，同为翰林院同事，被大家称为“大柳舍人”“小柳舍人”，在朝野传为美谈。

柳璟为人宽厚、处事公允，颇具君子之风。他在担任礼部侍郎期间，曾两次出任主考官，主持科举考试。在工作中，柳璟能够坚持原则，严格按规章制度办事，不搞请托照顾，做到了唯才是举。柳璟所录取的那些学子，不论门第贵贱，都是具有真才实学的人。柳璟主持科举考试的表现，受到了朝野的一致好评。

然而，柳璟家教不严，家中有个“坑爹”的儿子。据有关史籍记载，柳璟在担任政府高官期间，他的一个儿子利用老爸的职权地位，收受了他人的贿赂。事发之后，对家人管教不严的柳璟被朝廷连坐问责，受到了贬官为信州(今江西上饶市)司马的处理。

柳璟的这个“坑爹”儿，叫什么名字已不可考。他收受贿赂的动机，史料也语焉不详。综合各方面情况分析，他可能是想利用老爸的职务影响，为他人谋取科举考试方面的利益。因为柳璟是在礼部侍郎位置上受到降级处理的，正好主管这方面的事务。柳璟主持科举考试，以公道正派著称，他的儿子却背着他在外面胡乱搞事，从而毁了他的一世清名。这样的不肖之子，实在是太“坑爹”了。

苟不教，父之过。对于政府官员特别是高级官员来说，管束好家人子女，是一个恒久的话题。如今有不少官员之所以犯事，家属子女倚仗其权势胡折腾是重要诱因。但是，管束好家人子女，又是一件比较难的事情。他们老实听话没问题，但如果他们自以为是，不肯听话，就是一件很伤脑筋的事情了。总不能天天把他们锁在家里，或者动辄使用家暴手段管教吧？比如柳璟的儿子，就是在他完全不知情的情况下，在外面搞了一些不法勾当。

官员管教家人子女，应当一以贯之。也就是说，从一开始就要立下规矩，抓早抓小，使他们养成遵纪守法的良好习惯。不然的话，等到他们的不良习惯已经养成，再想去纠正改变，难度就太大了。就拿柳璟来说，他本人为官清正，自然不会放任儿子打着自己的旗号胡作非为。但由于他性格宽厚，很可能自小对儿子的管教失之于宽、松、软。而他的儿子又不是个明白事理、很有定力的人，长大之后对老爸的教诲提醒，不是当了耳旁风，就是阳奉阴违了。

从柳璟的遭遇看，唐代对于官员家属子女违法违规问题的连带问责，还是比较严格的。柳璟的儿子收受了贿赂，朝廷并不认为这只是他自己的事情。柳璟自己虽然没啥事、不知情，但也没有因此而相安无事，最终受到了比较严厉的降级处理。至于他的儿子受到了什么样的惩处，已经无法查考了。

柳璟官终郴州（今湖南郴州市）刺史。根据这一情况分析，原本能力官声不错、仕途大好的柳璟，可以说被他那个“坑爹”的儿子基本断送了政治前途。在家属子女的教育问题上，柳璟留给了世人一个教训。

柳璟有个同榜进士同学，名叫李从晦。李从晦是皇室宗亲，《新唐书》称其“姿质伟岸”，是个仪表堂堂的大帅哥。李从晦担任过吏部郎中、工部侍郎、镇海军节度使（辖区为今苏南、浙西一带）、京兆尹、山南西道节度使等职务。史载李从晦以魄力干练著称，并且礼贤下士，喜欢奖掖后进。比如曾任大唐宰相的杨收，在身为布衣时曾拜谒过李从晦。李从晦见他谈吐不凡、学识过人，就没有因为他是一介平民而慢待他，而是待之以王公贵族之礼遇。此事，为李从晦赢得了极佳的口碑。

唐代名臣杜黄裳的儿子杜胜，也是本榜进士出身。

## “画眉深浅入时无”

宝历二年(826)丙午科状元，乃河东闻喜(今山西闻喜县)人氏裴俅。关于裴俅的籍贯，还有孟州济源(今河南济源市)一说。

裴俅有两个哥哥，一个名叫裴俦，一个名叫裴休，都曾做过大唐政府高官，裴休还曾经出任过大唐宰相。有关史料称，裴氏三兄弟，当时在朝中都颇负盛名。但若论三兄弟的能力品德，则有“俅不如俦、俦不如休”的说法。除此之外，裴俅这位状元的其他事迹，就不得而知了。

裴俅有个名叫朱庆馀的同榜进士同学，很有些意思。他与著名诗人张籍，共同演绎了一段有趣的科举故事。

关于朱庆馀，有的史籍称他名叫朱可久，字庆馀。至于朱庆馀为何方人氏，也有浙江、福建两种说法。综合各方面情况分析，朱庆馀是浙江人的可能性更大一些。

朱庆馀在进士及第之前，也像其他考生一样，向一些官员名流投送了“行卷”，希望得到他们的推荐提携。在朱庆馀的拜谒名单中，最为著名的人物当属时任水部员外郎的张籍。张籍虽然官职不是太高，但他的名声大得很，在朝野颇具影响力。如果谁的作品被张籍所认可并加以宣传推介，那么对于这个人知名度的提升，还是有很大帮助的。

朱庆馀向张籍投递了“行卷”之后，张籍粗略一看，就觉得这个人的才华不一般。于是，就让朱庆馀把自己的新作旧作整理一下，多送一些给自己赏读。过后，朱庆馀精心挑选了二十多首诗作，交给了张籍。张籍把这些诗作顺手塞进了自己的袖子里，啥话也没说,就匆匆忙忙地同朱庆馀告别了。

张籍仔细阅读了朱庆馀的作品后,认为这个人确实才华过人。因而,便向很多人宣传推荐了朱庆馀。张籍的宣传推荐,使朱庆馀在短时间内声名鹊起,知名度迅速提高。然而,有些书呆子气的张籍,这一切都是在背地里做的,并没有告诉朱庆馀。

把作品送给张籍一些日子之后,左等右等不见有啥回音,朱庆馀就有些沉不住气了。都快临近考试了,张籍那边依然没有什么动静,心怀忐忑的朱庆馀,就想询问一下张籍,自己的作品水平究竟如何,参加考试有无被录取的可能。朱庆馀也有文人的一些酸毛病,想问又不好意思直接问,就采用了诗人特有的手法——写诗。

有一种说法称,朱庆馀是在考试完毕、等待放榜的那段日子里,以写诗的方式向张籍探寻录取结果的。从朱庆馀那首诗的题目以及张籍所处的地位分析,这种说法似乎不太准确。张籍当时既不在考试主管部门工作,也没有担任考官或者主考官,因而,朱庆馀给张籍写诗的时间,应在参加考试之前。他这么做的动机,无非是想听听张籍对自己的评价,从他那里获取一些精神鼓励和心理暗示。

朱庆馀写给张籍的那首诗,就是著名的《近试上张水部》。从题目上分析,此诗也应当是写于考试之前。"近试"者,临近考试也。诗人就是诗人,朱庆馀的这首七绝,写得委婉含蓄,一点也不赤裸裸。单从字面上看,这首诗是一首彻头彻尾的闺情诗,跟科举考试一点都不搭界。这首诗是这样写的:"洞房昨夜停红烛,待晓堂前拜舅姑。妆罢低声问夫婿,画眉深浅入时无?"

在诗中,朱庆馀把自己比作一个刚出嫁的新娘子,把张籍比作新郎官,把考官们比作公婆。一个刚过门的新娘子,清早化好妆之后,含羞带怯地征询新郎的意见:我这副模样是否能让公婆满意?那潜台词就是,张大人啊,你看我那些作品所展现的才学,能否入考官们的法眼？这样的比喻手法，这样的修辞技巧，高，真高。

作为著名诗人，张籍又怎么会读不懂朱庆馀的心思。但他大约是这样想的，你朱庆馀既然不明说，那我自然也不会直言。来而不往非礼也，你有诗来，我当以诗还。于是，他便还赠朱庆馀一首七绝。张籍的这首《酬朱庆馀》，同样写成了闺情诗的形式："越女新妆出镜心，自知明艳更沉吟。齐纨未足时人贵，一曲菱歌敌万金。"

张籍的这首诗，同样一字未提考试之事。在这首诗的前两句，张籍把朱庆馀比作一位清水出芙蓉般的淡妆"越女"，虽然美艳过人但不够自信，因而对自己能否得到认可心怀忐忑。"越女"之称，佐证了朱庆馀是浙江人无疑。张籍这首诗的后两句，是想告诉朱庆馀，对于科举考试之事，你完全可以放心，没必要着急上火。文采像个天生丽质采菱女的你，不必靠华丽的衣饰包装自己，只要展现出你那原生态的美妙歌喉，就一定能够力压群芳，脱颖而出。将宣传包装之类的手段比作华丽服饰"齐纨"，将朱庆馀的水平实力比作"敌万金"的"菱歌"，张籍的手段也够高明。

朱庆馀和张籍的这两首诗，堪称科举史上最有才、最耐人寻味的对答诗。但如果不清楚这两首诗的写作背景，人们很可能以为这就是两首不错的闺情诗。

朱庆馀进士及第后的仕履政绩情况难以查考，但这无关紧要。仅凭这首《近试上张水部》，就足以使他青史留名。

## 李郃仗义让官职

大和元年（827）丁未科状元，乃永州延唐（今湖南宁远县）人氏李郃。

在本科考试中，李郃的答卷条理清晰、逻辑严密、用词考究，其中虽不乏对时政的褒贬，但言辞温和平缓，一点也不刺激人，从而受到了考官们的一致好评，顺利摘下了状元桂冠。在科举考试中，对施政者提出批评意见，措辞造句是一门艺术。有些学识超群的才子，在答卷时因为言辞过激而吃亏的例子，在科举史上不胜枚举。

夺得状元的第二年，李郃又参加了“贤良方正”科制举考试，并顺利通过。跟李郃一起参加这次考试的，还有一个名叫刘蕡的考生。刘蕡在答卷中，痛陈宦官专权之危害，建议朝廷采取断然措施，彻底铲除这一政治毒瘤。其中，有“宫闱将变，社稷将危”“四凶在朝，虽强必诛”这样振聋发聩的句子。

对于刘蕡的观点文采，考官们在私下里虽然很赞同、很欣赏，但畏于宦官们的淫威，害怕引火烧身给自己带来麻烦，无奈之下，就违心把刘蕡给淘汰了。对于刘蕡的策论试卷，毛泽东十分赞赏，曾特意赋《七绝·刘蕡》一首以赞之：“千载长天起大云，中唐俊伟有刘蕡。孤鸿铩羽悲鸣镝，万马齐喑叫一声。”

极富正义感的李郃，在得知刘蕡被淘汰之后，于义愤填膺的同时，又有些自惭形秽。他对同事亲友说，像刘蕡这样有胆气、敢担当的有识之士都不能被录取，而我辈却能榜上有名，实在感到羞愧难当。随后，李郃专门给朝廷写了一份请示，提出将自己的官职转让给刘蕡，自己可以回家继续等待，哪怕一辈子当平头百姓也在所不惜。李郃当时的职务，是河南府参军。这个职务虽然级别不高，但李郃此举蕴含一定的政治风险——搞不好今后就没官可做了。

刘蕡是幽州昌平（今北京市昌平区）人氏，跟李郃非亲非故，也没有什么深交。所以，李郃提出将官职让给蒙屈的刘蕡，纯属仗义之举。虽然李郃的申请没有被朝廷批准，但他的行为受到了人们尤其是学界士子们的一致好评。大家认为，李郃不愧为勇于伸张正义之典范。什么是士子之风，请看李郃。

李郃后来官拜贺州刺史，但他的施政事迹鲜见史籍记载。李郃也是个诗人，写过不少作品，但存世甚少。有一种说法称，李郃是风靡中国的民间游戏麻将的创始人。如今对这种游戏乐此不疲的人们，不知道又有几个能知晓这一点。麻将，原本是一种文化色彩浓厚的益智游戏。但是搞来搞去，很多人把它当成了一种赌博手段，悲乎。

在李郃的同榜进士同学中，有个人比较有名。此人姓萧名仿，是唐代名相萧俛的堂弟。萧俛是一代名臣，萧仿也不含糊。萧仿中进士后，先后担任过谏议大夫、给事中等职务，在各个岗位上都干得有声有色。在萧仿担任给事中期间所发生的一件事情，很能说明他的胆识和负责精神。

有一回，唐宣宗决定任命禁军将领李燧出任岭南节度使。任命书在送给萧仿履行相关文档手续的同时，唐宣宗指派一名宦官前往李燧的官邸宣布任命。萧仿看到任命书之后，认为这项人事安排有所不妥，便行使了给事中的职责，将任命书封还皇帝重审。

收到萧仿封还的任命书时，唐宣宗正在看戏。他不仅没有因为萧仿对自己权威的冒犯而生气，反而出于对这位认真履行职责的给事中的尊重，赶紧让身边人安排人去追回那个前去宣布任命的宦官。由于一时找不到合适的人，竟然抓了一个演员临时当差，好歹在任命宣布之前截回了宣布者。后来，唐宣宗改任李承勋为岭南节度使，后者倒也不辱使命，到任后成功平定了岭南叛乱。

萧仿封还任命书的行为，被一些大臣视为越权之举，从而遭到了纪检监察官员的弹劾。而有的大臣认为，萧仿的这种行为，是敢于负责、勇于担当的表现，不但不应当受到责罚，反而应予鼓励提倡。有些人还在唐宣宗面前极力为萧仿说好话，唐宣宗倒也能从善如流，没有对萧仿采取什么惩戒措施。这件事情，为萧仿在朝野赢得了极佳的口碑。

萧仿从政业绩颇佳。比如他在担任滑州刺史期间,针对当地黄河水患频发的情况,采取多种措施对黄河进行治理,取得了不错的效果,造福了一方百姓。萧仿还是个清廉的官员,对自己和家人要求非常严格。他在担任岭南节度使期间,廉洁从政、两袖清风,没有利用职权为自己捞取任何好处。而在当时的很多人看来,岭南节度使辖区对外经贸活动发达,这一职位大有油水可捞。萧仿不仅没有利用职权为自己谋取私利,对公家的便宜也是一点都不占。有次他夫人生病,配药时缺了一味中药,手下人就到公家药房取了一些。萧仿知道后,命令手下立即将药物如数退还。在一般人看来,就那么一点中草药,多大点事儿嘛,没必要这么认真的。这件事,是上了史书的。萧仿的廉洁,受到了任所官员百姓、外国商人的交口称赞。

跟自己的堂哥萧俛一样,萧仿在唐懿宗主政时,也曾官拜大唐宰相。萧俛和萧仿,是梁高祖武帝萧衍的后裔。在唐代,老萧家可真是不得了,在政界混得风生水起,先后出过八位宰相,史称"八叶宰相"。在整个中国古代史上,这是一种极为罕见的现象。唐太宗的名句"疾风知劲草,板荡识诚臣",说的就是萧俛和萧仿的祖先萧瑀。这首诗的全文是这样的:"疾风知劲草,板荡识诚臣。勇夫安识义,智者必怀仁。"这首诗的前两句,可以说是人尽皆知。而后两句,很多人未必知晓。其实"智者必怀仁",也堪称名言警句。真正的智者,必怀仁爱之心。

## 杜牧只能拿第五

大和二年(828)戊申科状元,姓韦名筹。

韦筹的出生年月及籍贯均不详,金榜题名后为官亦不显,只是做了个太学博士这样的小官。韦筹本人籍籍无名，著名诗人温庭筠为他写的一首诗《题韦筹博士草堂》，倒是青史留名了。这首诗是这样写的："玄晏先生已白头，不随鹓鹭狎群鸥。元卿谢免开三径，平仲朝归卧一裘。醉后独知殷甲子，病来犹作晋春秋。沧浪未濯尘缨在，野水无情处处流。"

从温庭筠这首诗的内容看，这位韦筹状元日子过得比较清贫简朴，平日里只知一门心思做学问，笔耕不辍，即使有病在身也不曾有所松懈。看起来，他是一个两耳不闻窗外事、一心只读圣贤书的老学究，为人生活都很单纯。

著名诗人杜牧，是韦筹的同榜进士同学。杜牧，乃京兆万年（今陕西西安市）人氏。他在参加本科考试期间，发生了一段比较有趣的科举故事。

跟其他考生一样，杜牧在考试之前也向一些名人投递了"行卷"，请他们对自己进行提携推荐。在杜牧请托的人中，有当时德高望重的大名士吴武陵。吴武陵读了杜牧的诗文之后，对他的才学极为赏识，决定对其参加科举考试之事帮忙到底。

本科的主考官是崔郾，吴武陵跟他有些交情。有一天，吴武陵找到了崔郾，对他说："听说你主持本科考试，我特意来向你推荐一个优秀考生。我知道你很忙，不一定有时间仔细看他的作品，不如我来给你朗诵一下，你听听水平到底如何。"说罢，就展开一篇文稿，有板有眼、字正腔圆地朗读开来："六王毕，四海一，蜀山兀，阿房出……"

吴武陵所朗诵的，便是杜牧的名作《阿房宫赋》。崔郾也是个很有学问的人，一听之下不由大受震撼，深为杜牧的才华所折服。朗诵完毕之后，吴武陵对崔郾说："怎么样？这个杜牧水平没的说吧，本科状元是不是应当归他呀？"崔郾心说，若论文采，这样的文章不要说是其他考生，就连我这主考官也写不出来。平心而论，状元头衔自然应当归这样的考生。

尽管这样想，崔郾嘴上却如是说："不好意思啊吴老先生，本科状元人选已经基本定了，没法考虑杜牧了。"吴武陵听了，跟崔郾商量道："既然状元不行，那我做个让步，就让他进前三吧。"崔郾面露难色，说道："前三也不好办了。"吴武陵就有点发急，不依不饶地追问："前三都不行，那前五总可以了吧！"老先生话都说到这个份上了，崔郾只能点头应允。

吴武陵走了以后，在场的其他人都对崔郾说，杜牧这个人是个有名的风流才子，喜欢拈花惹草，社会影响不太好，能录取他就不错了，不该给他一个好名次。崔郾说："其实对杜牧这个人的品行我也有所耳闻，但吴老先生的面子我总是要给的。哪怕杜牧是个杀猪卖肉的或者二傻子，我既然答应了吴老先生，也不好再更改了，更何况他还那么有才呢。"就这样，杜牧本科考试就得了第五的名次。

从这段故事可以得知，生性风流不羁的杜牧，因为做事不拘小节，从而在社会上造成了不良影响，坏了名声，进而对自己的科举仕途带来了负面影响。人在江湖，名声为重。所以，为人处事不能只图一时痛快，不计后果。不然的话，就可能给自己带来意想不到的麻烦。

虽然没有拿到状元称号，但心态很好的杜牧并没有因此而牢骚不满。在他看来，能拿第五也是一件值得庆贺的事情。录取结果公布之后，杜牧特意赋七绝一首，表达了自己进士及第后的无比喜悦之心情。这首七绝，就是比较有名的《及第后寄长安故人》："东都放榜未花开，三十三人走马回。秦地少年多酿酒，已将春色入关来。"

纵观杜牧的一生，确实桃色故事多多。比如他与美女张好好、杜秋娘之间的风流韵事，再比如他与一位吴越少女著名的十年之约，等等。而这些风流韵事的发生，又都激发了杜牧的创作灵感，催生了一些脍炙人口的诗歌名篇，例如《张好好诗》《杜秋娘诗》

《叹花》等。由此看来，爱情确实是一种强大的文学创作动力。

人性是复杂的、多面的。虽然杜牧风流不羁，但他也是一个有能力、有作为的官员。杜牧做过膳部员外郎、比部员外郎、吏部员外郎、中书舍人这样的京官，也出任过黄州刺史、池州刺史、睦州刺史、湖州刺史这样的地方大员。所到之处，杜牧倒也能尽职尽责，展现出了不俗的理政才干。尤其是在地方任职期间，杜牧能够关注民间疾苦，积极兴利除弊，为百姓做了一些好事善事。杜牧还是个军事迷，喜欢谈兵论战，他的一些军事见解也颇有独到之处。

杜牧是唐代杰出诗人、散文家，人们喜欢将他与杜甫合称为"大小杜"，又将他与李商隐并称为"小李杜"。杜牧的诗作，以七绝著称，内容多为咏史抒怀之类，情感深沉凝重，遣词造句精到别致。比如七绝《赤壁》，就是人们耳熟能详的佳作："折戟沉沙铁未销，自将磨洗认前朝。东风不与周郎便，铜雀春深锁二乔。"他的一些写景之作，也广为人们传诵，比如著名的七绝《山行》："远上寒山石径斜，白云生处有人家。停车坐爱枫林晚，霜叶红于二月花。"

让人有些费解的是，作为一代文豪，杜牧辞世之前为自己撰写的墓志铭，文笔却平实无奇，全然不见昔日风采。写完自己的墓志铭之后，杜牧在家闭门不出，将自己的大部分文稿付之一炬，仅保留下十之二三。这件事，也挺让人费解。

杜牧以四十九岁之壮年便溘然长逝，令人不由为之扼腕。不然的话，他一定会留下更多的传世佳作。

## "无解进士"与"白衣宰相"

大和三年(829)己酉科状元无考，从略。

大和四年(830)庚戌科状元，姓宋名祁。关于宋祁的生平事迹,史料记载极为简略,现有材料难以独立成篇,只能存目。

在本榜录取的两位进士身上,都发生过与科举考试有关的有趣故事,在此不妨向读者介绍一下。

一位名叫令狐绹,乃京兆华原(今陕西省铜川市耀州区)人氏。令狐绹是唐代著名政治人物兼才子令狐楚的儿子。令狐楚曾担任过大唐宰相,擅长骈文写作,对著名诗人李商隐有过教导提携之恩。令狐楚的骈文,与杜甫的诗、韩愈的古文,在当时被人们公认为“三绝”。

令狐绹跟自己的老爸一样,也曾担任过大唐宰相,并且任期长达十年之久。父子同为大唐宰相,亦为古代政坛佳话一桩。据相关史料记载,令狐绹为人胆小懦弱,遇事不敢决断,因而政绩乏善可陈。令狐绹做宰相时的皇帝,是做事比较强势的唐宣宗李忱。也许正是因为有那样的性格,令狐绹才能在宰相的位置上待那么久。在唐代,能够连续在宰相位置上坐十年的人,为数很少。

令狐绹在做宰相期间,有个在皇帝身边工作名叫刘蜕的官员很看不惯令狐绹的为人做派,就利用工作之便,经常向皇帝写密信检举揭发他的一些违规违纪行为。有一次,刘蜕向皇帝告发了令狐绹的两件违规之事。其一,是令狐绹的一个儿子没有经过地方选拔推荐,就被录取为进士,违反了科举考试的规定程序,因而被人们称之为“无解进士”。这其中的“解”字,指的就是地方选拔推荐程序。“无解进士”,也就成了唐代一个比较有名的科举名词,用以代指那些违反规定程序被录取的考生。其二,是令狐绹对属下疏于管教,他的一个门徒弟子,打着他的旗号为人办事谋利,从中收受巨额贿赂。

唐宣宗很信任令狐绹,君臣二人配合十分默契。因而,收到刘蜕的告发信后,唐宣宗只是就其中涉及的有关事项向令狐绹做了诫勉谈话性质的提醒,而没有对他做出什么组织处理,也没有透露具体的检举人。虽然比较胆小，但令狐绹是个心机缜密之人，他很快就知道了此事系刘蜕所为。于是，令狐绹不露声色地派出一个亲信，潜伏到刘蜕身边做卧底，监督刘蜕的一言一行。傻乎乎的刘蜕，不仅对令狐绹的阴谋毫无察觉，还把这个人当作心腹信任使用。不久，这个卧底就掌握了刘蜕在科举考试中受人请托、收受贿赂的确凿证据。事发之后，刘蜕受到了贬职的问责。

常言道，正人先正己。己身不正，何以正人。一个正直清廉的官员检举打击贪腐行为，人们自然会将其视为出于公心，从而给予其应有的尊重。而一个贪腐分子去举报别的贪腐分子，则只能被看作是动机不纯的行为。刘蜕自己不干净，却去检举别人的贪污受贿行为，到头来自取其辱，在当时也成了人们的一桩笑料。

行事谨慎的令狐绹，确实对家人亲属疏于管教，家风很成问题。比方说，他有个儿子名叫令狐滈，身上不仅骄奢淫逸、吃喝玩乐的衙内病一大堆，还利用老爹的权势大搞买官卖官，从中收受巨额贿赂。因为这种行为，令狐滈在当时被人们称为“白衣宰相”，也就是不穿宰相官服的宰相。有意思的是，桀骜不驯的温庭筠，却跟令狐滈玩得很好，出入相府跟自己的家一样随便。令狐绹也很喜欢儿子这个有才的酒肉朋友，曾请求温庭筠代写《菩萨蛮》词二十首。令狐绹不知其中“玉条脱”一说的出处，还专门向温庭筠请教，温庭筠告诉他出自《南华经》。

另一位名叫郑滂，籍贯应在京兆一带。郑滂是个屡试不第、久困科场之人。据有关史籍记载，郑滂常常为自己的科场失意而长吁短叹，慨叹自己时运不济。有一天，郑滂做了一个梦，梦见自己终于进士及第，同榜之人中有个名叫韦周方的同乡。梦醒之后，郑滂不免有些兴奋，便多方打听。问来问去，却没听说家乡姓韦的举子中有叫这名字的，不免又感到很受伤，再度闷闷不乐起来。

有一年，郑滂家乡有个名叫韦景方的举子进京赶考。赶考途中，韦景方遇到了以京官身份外出巡察的族兄韦弘景。在当时，韦弘景也算是个知名人物，曾经做过礼部尚书这样的朝廷高官。两人相见之后，韦弘景有些不高兴地对韦景方说：“我叫韦弘景，你哥哥叫韦弘方，你又叫韦景方，你兄弟俩把我的名字一分为二，这算怎么回事儿嘛。我作为堂堂朝廷命官，脸面又往哪里搁？”

韦景方是个明白人，他不想让身为显赫京官的这位族兄不爽。得罪了这样的亲戚，可不是闹着玩的，于是，就赶紧把自己的名字改成了韦周方。郑滂听说此事之后，不由喜极而泣，激动地对家人亲友说：“我的科举仕途终于有指望了！”在本科考试中，郑滂果然与韦周方同榜及第。

## 看人不能太片面

大和五年(831)辛亥科状元，姓杜名陟。杜陟的生平籍贯、为官经历等均已失考，只能存目。

在杜陟的同榜进士同学中，有个名叫李远的人有点意思，在此作个简要介绍。

李远，乃夔州云安(今重庆云阳县，一说为奉节县)人氏。李远性格豪放，洒脱不羁，酷好棋酒，风流才子派头十足。进士及第之后，李远做过县丞、县令这类的地方小官，还做过福建观察使幕僚。后来，李远奉调进京，出任过殿中侍御史、司勋员外郎这样的京官。

李远跟担任过宰相的令狐绹过从甚密，两人私交不错。在李远担任京官期间，令狐绹曾建议唐宣宗对其委以重任，外放为杭州刺史。对李远的性格为人、业余爱好等情况，唐宣宗早有耳闻。他有些疑惑地对令狐绹说：“我听说这个人可是有些不务正业啊。你看看他写的诗，‘青山不厌千杯酒，白日唯销一局棋’，这简直就是玩物丧志嘛，怎么可以委任他去治理一方土地，造福一方百姓呢？”

虽然身上有些毛病，但令狐绹看人还是比较准的。他对唐宣宗说：“李远这个人我还是比较了解的，他能干事也能干成些事。他诗中的那些话，不过是表达了一种文艺青年的小资情调和做派而已，不能简单地把他看成一个不务正业的人。派他去做杭州刺史，我相信他是能够胜任的。”

话虽这样说，但唐宣宗没有松口。过了一段时间，令狐绹再次向唐宣宗建议，委任李远出任杭州刺史。在令狐绹的坚持下，唐宣宗只好退让一步：“那好吧，就让他去干一下试试看吧。不过丑话说在前头，你可是要为你的这个人事安排建议负责啊。如果李远不好好干、耽误正事儿，到时候本皇帝可是要连你一起问责的！”应该说，推荐李远出任要职，令狐绹也是承担了一定风险的。

事实证明，令狐绹没有看错人。李远到任之后，倒也勤勉敬业，工作很是认真负责，并没有把时间精力都耗费在写诗、喝酒、下棋上。他重视农耕生产，积极发展商贸活动，为当地百姓做了不少好事实事，把辖区治理得井井有条。史载，李远在杭州任职期间，业绩卓著，“颇有政声”。但笔者翻了一些史籍，没有查到这方面的具体事例。史料语焉不详，因而笔者在这里也不好胡编乱造。

在官场上，官员的业余爱好与本职工作之间的关系，是一个恒久的话题。作为官员，如果本末倒置，把业余爱好玩过了头，甚至弄到玩物丧志的程度，确实不应该。但在不影响本职工作的前提下，适当有点书法、绘画、弹琴、打球之类的爱好，调节一下业余生活和精神，倒也无伤大雅。可问题是，有些人看人看问题常常喜欢以偏概全，一些官员因为业余爱好而被上司误解甚至打压的事情，在现实中也是经常发生的。

笔者在一个单位供职时，本科室有两个借调人员。这两人的原单位、地位、待遇等都不如借调单位，他们自然都很想正式调进来。一次在外开会期间，单位领导晚上有事去了他俩的房间，结果看到一个人正聚精会神地跟人下围棋，而另一个则抱着本书一本正经地在看。于是，那个下围棋的人就给领导留下了一个爱玩的坏印象，而看书的那个则被领导先入为主地认为是爱学习。到了研究二人调动问题的时候，领导一句话，就把那个下围棋的人否决了。而那个看书的人，则如愿以偿地正式调入进来。根据笔者观察，那个下围棋的人，工作能力其实挺强，做事情也比较认真。而那个看书的人，倒是个喜欢做表面文章的伪君子，除了会讨好领导，是做不来多少事情的。

笔者在另一家单位工作的时候，顶头上司是个没有任何业余爱好的人。下属们的所有业余爱好也都被他视为不务正业，动辄训诫有加。为了不给领导留下坏印象，大家就拼命伪装自己，把自己装扮成清心寡欲的清教徒，平日里不苟言笑，谨小慎微。但在背地里，该怎么玩还怎么玩。下属做假象哄骗领导固然不好，但这种做法的根源，是因为领导的偏见。在这样一种伪装之下，指望这些下属们能心无旁骛、全身心地投入到工作之中，也是不现实的。对下属的业余爱好，也需要正确对待，宜疏不宜堵。

李远还做过忠州、建州、江州、岳州等地刺史，跟在杭州一样，他在这些地方任职期间，也多有政绩。李远官终御史中丞，也算是一位朝廷要员了。由此看来，令狐绹所言不虚，李远确实是有两把刷子的。

李远是晚唐比较有名的诗人，与杜牧、李商隐、温庭筠、许浑等人多有交游。李远与许浑的作品在当时颇负声望，有“浑诗远赋”之名头。《唐才子传》称李远“夸迈流俗，为诗多逸气，五彩成文”。李远的诗清新脱俗，注重意境营造，其中颇多佳句。比如“愿君千万岁，无岁不逢春”(《剪彩》)、“杜魄呼名语，巴江作字流”(《送人人蜀》)、“野鸟翻萍绿,斜桥印水红”(《游故王驸马池亭》)等,读来韵味十足,深受后人喜爱传诵。

## 本榜有个“千首湿”

大和六年(832)壬子科状元,姓李名珪。李珪的生平籍贯、仕履政绩均不详,只能存目。

在李珪的同榜进士同学中,有两个人比较有名,且容笔者分别道来。

看了本篇的题目,也许有人会以为笔者用了错别字,把千首诗写成“千首湿”了。其实笔者没弄错,这个“千首湿”,指的就是本篇所要介绍的两位进士中的一位。具体缘由,容后再表。

此人名叫许浑,祖籍安州安陆(今湖北安陆市),后迁居润州丹阳(今江苏丹阳市)。许浑进士及第之后,担任过当涂、太平两个县的县令,以及监察御史、润州司马、睦州刺史、郢州刺史等职务。晚年辞官回到润州丁卯桥村隐居,以写诗作赋打发时光。

史籍关于许浑的仕途政绩记载不多,在他身上也没有发生过比较有趣的科举故事。本篇之所以要对他进行介绍,是因为他是晚唐一位比较重要的诗人。甚至有人这样说,许浑是晚唐最具影响力的诗人之一。

许浑的诗作,内容虽然距离现实生活较远,从形式上看多为士大夫怡情之作,但他的作品艺术手法纯熟,遣词造句老道,对仗工整平稳,尤其是在声调平仄方面,许浑的诗自成一家,有自己独特鲜明的风格。因而,许浑的诗又被人们称之为“丁卯体”。

许浑的诗作,以五律、七律居多。他的这类诗的艺术水准,也更高一些。从内容上看,许浑的诗有很多是写雨景、水景的,故而诗坛有“许浑千首湿，杜甫一生愁”的说法。流传千古的名句“溪云初起日沉阁，山雨欲来风满楼”，便出自许浑的《咸阳城西楼晚眺》。

有一种说法称，“清明时节雨纷纷，路上行人欲断魂。借问酒家何处有，牧童遥指杏花村”，这首著名的《清明》，原本是出自许浑的手笔。由于南唐人在编辑《千家诗》时张冠李戴，版权才归了杜牧，并一直讹传至今。笔者无意考证此说的真伪，只是觉得这种说法亦为诗坛趣话一桩，故而在此顺便提及。好在许浑与杜牧是很好的一对朋友，相信他俩也不会在天堂为这首诗的著作权争执不休。

本榜第二位比较有名的人物，名叫毕诚。毕诚祖籍郓州须昌（故址在今山东东平县境内），出生于官宦世家，祖上曾有人担任过吏部尚书这类高官。毕诚的老爸毕允，曾担任过协律郎这样的低级官员。后来不知为何丢了官职，跑到江浙一带当起了盐贩子。大约是经营不善之故，在毕诚的少年时代，他家就家徒四壁了。

虽然家境贫寒，但少年毕诚志向远大，很明事理。他手不释卷，学习异常刻苦。由于买不起灯油蜡烛，他就捡来干柴点燃，就亮读书学习。这样的励志事迹，跟著名的“凿壁偷光”“囊萤映雪”有的一比。多年苦读之后，毕诚终于功成名就，在二十九岁那年金榜题名。随后，他又通过了“书判拔萃”科制举考试，有了双料科班身份。

毕诚为人正直，重情重义。在他担任京官期间，宰相李德裕排挤政敌杜悰，致使其被贬职外放四川。畏于李德裕的权势，杜悰的部下故旧对其唯恐避之不及。只有毕诚不管这一套，时常前去看望慰问杜悰的家人亲友，并接济一些钱物什么的。毕诚此举，触怒了李德裕，因而受到了他的排挤打击，被外放出任磁州（治所在今河北磁县）刺史。

李德裕倒台后,被他排挤外放的官员纷纷奉调回京,包括毕诚。毕诚回京后,先后担任过户部员外郎、驾部员外郎、仓部郎中等职务。在当时一些有路子的官员眼中,驾部、仓部的位置是没啥油水的冷椅子,没人愿意去坐。一旦被任命到这样的位置上,也得赶紧活动着调走。而毕诚则口无怨言,在这样的位置上任劳任怨地干了不少年。这件事,很能说明毕诚的为人和胸怀,为他在政界赢得了很好的口碑。

此后,毕诚的仕途就很顺畅了。他先后担任过中书舍人、刑部侍郎、工部尚书、太原府尹、河东节度使等要职,还做过三年多的宰相。在任期间,毕诚倒也勤勉敬业,赏罚分明,政声颇佳。对于多数人来说,随着职务的不断升迁,心态也会或多或少地发生一些变化,这是人性的弱点所致,毕诚也不例外。

在毕诚做宰相期间,他的一个舅舅在江南的一个县里做类似于保安队长的衙役。对这件事,毕诚感觉面子上有些挂不住,就多次劝这个舅舅辞了工作,自己可以在其他地方为他谋个一官半职,做人也能风光一些。但他的舅舅不为所动,一再婉拒外甥的好意。有一回,在一个姓杨的官员前去这个县担任县长(县令)之前,毕诚专门把他请到相府谈了一次话,嘱咐他到任之后,要好好劝劝自己的舅舅,让他能按自己的意见去做。

杨县长到达任所之后,专门跟毕诚的舅舅深谈了一次,动之以情、晓之以理地劝诫其不要辜负宰相大人的一番好意。一开始,毕诚的舅舅对杨县长说:“谢谢县长大人对我的关心,但我不过是一个卑微的衙役,哪里会有做宰相的外甥啊,这事儿怕是弄错了吧。”杨县长不死心,依然苦口婆心地劝说不止。无奈毕诚的舅舅油盐不进,后来他是这样回答杨县长的:“我做这份差事,虽然工资不高,但养家糊口足矣。只要不犯错误,我就可以安安稳稳地一直做下去。对这样的日子,我很知足,不明白外甥非要我去做个官干啥呢？”

这位心地坦然、深明大义的舅舅，使毕诚深感敬佩，便没有再去勉强他。这说明，毕诚也是个知错就改、具有正确荣辱观的人。与此相佐证的是，在担任宰相期间，毕诚的一个属下贪赃枉法犯了罪。事发之后，毕诚主动承担了管束不严的领导责任，一再向皇帝提出引咎辞职的申请。这件事，也在朝野传为美谈。

## 魏谟“有其祖之风”

大和七年（833）癸丑科状元，乃四川成都人氏李馀。史籍只是简略记载，李馀是个诗人，工于乐府。但他的生平仕履不详，只能存目。

在李馀的同榜进士同学中，有个人比较有名，在唐宣宗年间曾经做过大唐宰相。这个人名叫魏谟，乃巨鹿（今河北巨鹿县）人氏。说起魏谟的家世，那可是大有来头。

初入官场的魏谟，一开始默默无闻，做了几年低级小官。但后来，一个机遇不期而至，成全了魏谟。在官场上，机遇对于一个人的升迁进步，作用是至关重要的。有一回，唐文宗李昂在翻阅《贞观政要》时，有感于魏徵的忠直敢谏，遂下令寻找魏徵后人。就这样，身为魏徵五世孙的魏谟，仕途机遇便从天而降。

经人举荐，魏谟进入唐文宗视野，被任命为右拾遗。这个职位品级虽然也不太高，但有机会接近皇帝，地位还是挺重要的。良好的家风，需要后人不断传承。魏谟在担任谏官之后的所作所为，证明他不愧为名臣魏徵的后人。

有一回，唐文宗决定任命一个姓董的官员出任刺史要职。而此人因为诬杀下属，曾受过贬职处罚。魏谟知道此事后，上书皇帝，坚决反对这一人事安排。魏谟认为，这个人在担任要职期间，恃权杀害无辜，民愤极大。将其做贬职处理，已属法外开恩，满朝文武多有不服。像这样一个草菅人命的官员，又怎么可能会把一方百姓的性命福祉当回事？让他去做刺史这样的地方大员，不仅是对一方百姓的不负责任，也有违国家的法度，损害朝廷的声誉。唐文宗看了魏谟的奏章之后，觉得所言很有道理，便收回了成命。

“甘露之变”发生后，御史中丞李孝本被宦官仇士良等人诛杀。他的两个女儿，也被判定充军为奴。出于保护宗室骨肉的恻隐之心，唐文宗下令将她俩收入宫中。魏谟知道后，又进谏道，属下本以为陛下不近女色，可是最近却屡屡选拔美女入宫，还把李孝本的两个女儿也纳入后宫，这很让人为之遗憾。当初汉光武帝只是看了一眼宫中画有美女的屏风，就有大臣正色进言劝止。光武帝知错就改，立马下令将屏风撤走。希望陛下能像光武帝一样，励精图治，远离声色犬马。唐文宗认为，魏谟虽然不了解其中缘由，但其谏言出于一片忠心，其情可嘉。因而，不仅没有怪罪魏谟，随后还提拔他做了中书舍人。

有一次，唐文宗想翻阅《起居注》，却被魏谟劝阻。魏谟说：“《起居注》是记录皇帝言行举止的原始档案材料，其中自然有好的地方，也有不好的地方。陛下只要注意自己的言行，多做利国利民的好事，就没必要去看这些东西。”唐文宗有些不悦：“我以前想看就看，也从来没人阻止过呀？”魏谟依然不让步：“那是有关官员不懂规矩，没有忠实履行自己的职责，只知道投您所好。陛下随意翻看《起居注》，看似是一件小事，但时间长了，负责记录的史官就会心生顾忌，不敢再忠于事实，真实地记录陛下的所言所行。而《起居注》如果弄虚作假，又怎么能取信于后世，这会在历史上留下笑柄的。”在魏谟的力谏下，唐文宗改变了随意翻看《起居注》的做法。

忠于职守，直言敢谏的魏谟，受到了唐文宗的高度评价。他曾对身边大臣们如是说："这个魏谟，所作所为倒是很像其先祖魏徵啊（'似其先祖'）！"因而，魏谟很受唐文宗赏识，屡获提拔，后来官拜谏议大夫一职。

唐武宗李炎即位后，魏谟被视为杨嗣复死党，受到了政敌的排挤打击。像魏谟这样正直奉公、敢说敢做的人，在官场上得罪人，进而被挟嫌报复，是很正常的事情。在这场权斗中，魏谟被连降数级，贬任信州长史。从此，魏谟离开朝廷权力中枢长达十三年之久。

唐武宗挂了以后，接班的唐宣宗又想起了忠心耿耿的魏谟。于是，魏谟再度回到了朝廷的权力中枢，先后担任过给事中、御史中丞等职务，之后官拜大唐宰相。在这期间，在魏谟的主持下，相关部门依法查办了驸马都尉杜中立贪赃枉法一案，满朝为之震动。敢于查办皇亲国戚，魏谟的忠勇担当精神，可见一斑。

魏谟的忠直，也征服了唐宣宗。他常常对身边人慨叹："这个魏谟，真是太有其祖先魏徵的遗风了，我打心眼里器重他（'谟绰有祖风，我心重之'）！"作为臣子，魏谟的性格为人能得到两任皇帝如此高的评价，实属不易。忠直之臣魏谟，没有辱没先祖魏征的名声。

唐宣宗死后，魏谟再度受到排挤打压，先是被外放剑南西川节度使，后是回朝挂了个太子太保的虚衔，直至六十五岁时病逝。

## 雍陶"折柳"代"情尽"

大和八年（834）甲寅科状元，乃陈宽是也。这位陈状元生平仕履难以查考，《全唐文》只是记载他在大中年间做过阳翟（今河南禹州市)县令,姑且存目。

在陈宽的同榜进士同学中,有两个人比较有意思,在此作个简要介绍。

其一乃四川成都人氏雍陶。雍陶出身贫寒,青少年时期在颠沛流离中度过。据有的文献记载,雍陶金榜题名之时,已是年过四十的中年人。由此看来,雍陶想必也是个屡试不第、久困科场之人。

雍陶是个有才的人,借进士及第之东风,他的才学文章很快广为人知,深为名流推重,一时间声名鹊起。这说明在古代,科举及第对于一个人的成名,推动力还是很大的。出名之后,雍陶跟贾岛、姚合等当时的著名诗人多有交往,互有唱酬之作。

恃才傲物,是一个比较有名的成语。意思是,有才的人往往比较容易轻视慢待别人,比如雍陶。不仅对别人,即使对自己的至亲,雍陶也多有不恭。有一年,他的舅舅李敬之(另一说叫作李钦之)进京赶考落第。在这期间,雍陶对这位舅舅很是不恭。返乡途中,心有不忿的李敬之,就写了一首讥刺雍陶的诗捎给了他,其中有这样的句子:“山近衡阳虽少雁,水连巴蜀岂无鱼。”在古代,因为名气大、官职高而瞧不起穷亲戚的行为,很为人所不齿。雍陶倒也是个知羞耻、明事理的人,收到舅舅的诗后,他深为自己的行为而羞愧后悔,赶紧写信向舅舅道歉。此后,他与亲戚们的关系也好了很多。

雍陶是个有故事的人。他在担任简州(今四川简阳市)刺史期间,由于官职高、名气大,一般人求见他,他都懒得理睬。当地有个姓冯的书生,以机智善辩著称。有一天,冯书生到雍陶官邸求见。门卫问他,跟太守大人是何关系,求见可有事前约定。他说系太守多年故交,只管通报就是。门卫通报之后,雍陶同意见面。一见之下,雍陶很生气,就责问冯书生道:“我根本就不认识你,你怎么能信口开河，说是我的故交呢?”冯书生不慌不忙地说:“您不认识我，我可认识您呀。我读了很多您的大作，感觉咱们之间心灵是相通的。不是有神交已久这样的说法么?咱俩可不就应当算是故交嘛。”说完，又有板有眼地朗读起雍陶的一些诗作来。

这个冯书生，很会利用人性的弱点。这顶高帽给雍陶戴上去之后，当即使他转嗔为喜。接下来，两人不仅交谈甚欢，临别时雍陶还赠送了冯书生不少礼品。可见，高帽有多种戴法。一不留神，就有可能落入别人套中。

在担任雅州(治所在今四川雅安市)刺史期间，雍陶有一回到城外送客。来到一座桥头时，属下一本正经地对他说:“大人，您送客至此可以止步了。”不明就里的雍陶，就问所为何故。属下告诉他，此桥名为“情尽桥”，按当地风俗，主人送客，到此必须止步。自负的雍陶，自然不信这个邪，他对众人说:“人世间最贵是情谊，哪里有感情穷尽之说呢?”颇有急智的雍陶，当即取古乐府《折杨柳》之意，将此桥更名为“折柳桥”。

这还不算，雍陶随即赋诗一首，诗云:“从来只有情难尽，何事名为情尽桥?自此改名为折柳，任他离恨一条条。”回衙之后，雍陶又让手下在桥头立起一块石碑，将这首诗刻在了碑上。雍陶的这首诗，很快不胫而走，成为人们争相传诵的名篇。到后来，不少人在与亲友分别之际，不管身处何方，都会吟诵雍陶的这首诗，以表达离别之际的难尽之情。这件事说明，一些名篇佳作往往产生于不经意之间。

其二，是担任过大唐宰相的裴坦。裴坦进士及第之后，自感学业未精，便辞职返回故乡，闭门读书三年。一番苦学之后，裴坦的文风为之大变，词采典雅华丽，举朝为之称道。为官之后，裴坦先后担任过左拾遗、楚州刺史、中书舍人、江西观察使、户部侍郎等职务。唐僖宗李儇当政期间，裴坦官拜宰相之职。

这个裴坦,有两件事在历史上比较有名。第一件事是,裴坦生活节俭,不事奢华。有一年,裴坦的儿子娶了杨收的女儿。杨收是个比较要面子、讲排场的人,他为女儿准备了丰厚的嫁妆,连装水果的小盘子都是用金银制成的。裴坦看见儿媳妇的陪嫁之后,很是生气,怒道:“这不是败坏我的家风吗?!”随之拂袖而去。事后,他让儿媳妇赶紧把那些贵重器皿统统收拾走。巧合的是,此事过后不久,杨收就因为收受他人贿赂而受到了惩处。

第二件事是,令狐绹举荐裴坦出任中书舍人之后,裴坦到各位宰相那里感谢提携之恩。时为宰相之一的裴休,跟裴坦不对眼。裴坦到了裴休的办公室之后,刚刚表达了感激之意,裴休就给了他个大难堪。裴休毫不客气地对裴坦说:“推荐你出任要职,是令狐绹的胡乱用人之举,跟我没有一丁点儿关系。”说完,就让随从给自己取衣服急着要走,连座都没给裴坦让。旁观的官员看到这一幕,大为震惊,认为这是大唐开国以来从未有过的官场之辱。

裴坦曾经主持过科举考试,但录取之人多为权贵子弟,因而人们对此颇有微词。所以,他做主考官时录取裴休的儿子裴弘馀之举,不但没有被人们认为是不计前嫌,反而被看作是欲盖弥彰。由此可见,裴坦是因为在为人做事方面存在一些短板,才让名臣裴休看不上眼的。

## 时运多舛李义山

大和九年(835)乙卯科状元,姓郑名确。郑确的生平仕履无考,本榜也无特别值得一写的进士,暂且存目。

开成元年(836)丙辰科状元得主无考,从略。

开成二年(837)丁巳科状元,姓李名肱。李肱在历史上虽然籍籍无名，他的一个本家同榜进士同学，却是中国古代文学史上大名鼎鼎的人物。这个人，就是著名诗人李商隐。

李商隐，籍贯怀州河内（今河南沁阳市），祖辈迁居荥阳（今河南荥阳市）。李商隐是晚唐最重要、影响最大的诗人之一，由于李商隐字义山，故诗坛中人多称其为李义山。

虽然是位名头响亮的大诗人，但李商隐的仕途颇为不顺，堪称时运多舛。虽然李商隐多次在诗词文章中声称自己系大唐皇室宗亲，但无法提供可信的档案户籍等证据材料证实这一点，以使官方能够对他另眼相看。所以，李商隐并未因此而获得任何实际的官场好处。这件事，大约使他很是为之郁闷不已。

李商隐二十四岁进士及第，虽属年轻有成，但他已经多次品尝了科举不第的苦果。如果不是高官令狐楚、令狐绹父子的点拨举荐，李商隐不知还要在科场中打拼多少年。对令狐父子的栽培提携，李商隐自然心中有数，曾赋诗《谢书》一首表达感激之情："微意何曾有一毫，空携笔砚奉龙韬。自蒙半夜传衣后，不羡王祥得佩刀。"然而也正是因为令狐父子的举荐提携，为李商隐的仕途不顺埋下了伏笔。

进士及第之后，李商隐到泾原节度使王茂元手下做了幕僚。对于李商隐这位青年才俊，王茂元欣赏有加，不仅当作心腹信任使用，还把一个女儿嫁给了他。"牛李党争"，是中晚唐的一个重要政治事件。王茂元与李德裕关系很好，被视为"李党"重要成员。而令狐父子，则是"牛党"骨干分子。李商隐做了王茂元的东床佳婿，自然会被令狐父子视为一种背叛行为。而其他朝中人士，也会把李商隐看作是一个背叛师门、不讲道义的人。就这样，李商隐无意中被这桩婚事拖入了官场权斗的旋涡之中。

王茂元活着的时候，有老泰山罩着，李商隐的日子过得还算安稳。王茂元死了以后，李商隐在政界就没了靠山。更要命的是，此时又轮到了“牛党”得势之时。在这种情况下，李商隐要想再在政界有所发展，就很困难了。在此后的若干年里，李商隐从中央到地方、再从地方回中央，在京城和西南边陲之间做了多次折返跑，但始终在相当于科处级这样低级别的位置上打转转，无法被提拔到更高的位置上去。这期间，李商隐曾给已经进入中央权力中枢的令狐绹写信求助，但记了仇的令狐绹未予理睬。

虽然因为婚事影响了政治前途，但重情的李商隐并没有因此而嫌弃自己的夫人。相反，两人伉俪情深，感情一直很好。李商隐的名篇《夜雨寄北》，相信各位一定很熟悉：“君问归期未有期，巴山夜雨涨秋池。何当共剪西窗烛，却话巴山夜雨时。”此诗以高超的艺术手法，表达了诗人对爱妻的无比思念和浓浓情意。爱情的力量是巨大的，以李商隐的年龄和阅历而言，当初他迎娶王小姐，未必就是有心的忘恩负义攀高枝之举。

有一种说法称，愤怒出诗人。其实，失意也是可以出诗人的。也许正是因为政坛失意，才造就了李商隐这位诗坛怪才。如果在官场干得顺风顺水，李商隐未必能写出那么多流传千古的名篇佳作。官场上少了一个李商隐不算什么，假如诗坛没有李商隐，那么对于文学史乃至文化史而言，损失可就太大了。

有人认为，李商隐是晚唐乃至整个唐代为数不多的唯美诗人。他的诗作构思新奇，风格绮丽，形式内容俱美，达到了很高的艺术境界。尤其是他的一些爱情诗和无题诗，写得缠绵悱恻，美艳动人，读来回味无穷。李商隐的诗作，也十分追求含蓄之美。有的时候，这种含蓄甚至到了一种隐晦难懂的地步。因而，后世有人这样评价他的诗作：“诗家总爱西昆好，独恨无人作郑笺。”所谓“西昆”，指的是宋代一个诗歌流派“西昆体”，以刻意模仿李商隐的风格而著称。因为过于追求诗意的含蓄，也有现代人把李商隐看作是“朦胧诗”的开山鼻祖。

李商隐的诗作,有六百余首传世。在《唐诗三百首》中,收录有李商隐的诗作二十二首,数量居第四位。从李商隐的艺术成就看,他完全配得上这样的地位。饱受磨难的李商隐,以四十五岁左右的壮年郁郁而终,很是令人为之惋惜。

我们不妨以李商隐的名作《无题·相见时难别亦难》作为本篇的结尾:"相见时难别亦难,东风无力百花残。春蚕到死丝方尽,蜡炬成灰泪始干。晓镜但愁云鬓改,夜吟应觉月光寒。蓬山此去无多路,青鸟殷勤为探看。"

## 裴思谦恃强夺状元

开成三年(838)戊午科状元,乃绛州闻喜(今山西闻喜县)人氏裴思谦。

裴思谦之所以能得状元,完全是强权干预的结果。在封建社会那样的人治环境中,什么事情都不可能避免人为因素的干扰,科举制度自然也不例外。在唐代,借助人为因素获取状元头衔的考生,不止裴思谦一人,但他是名声最坏、影响最为恶劣的一例。

裴思谦是个善于投机钻营的人,走门子、拉关系很在行。为了能出人头地,在进入官场之前,他就使尽浑身解数,巴结上了权势炙手可热的太监头子仇士良。上一科考试,裴思谦就报名参加了,并且通过仇士良向时任礼部侍郎的主考官高锴打了招呼,希望他能在考试中对裴思谦予以照顾。

高锴是个比较有正义感的官员,曾多次主持科举考试。在他主持科举考试期间,录取人数相较以往增加幅度较大。皇帝曾专门就此事作出过批示,认为高锴每科录取四十人,数量有些多了,恐怕难以保证质量。因而,每科录取人数应以不超过三十人为宜。

虽然高锴录取的人数比较多，但舆论一致认为，录取的人才质量并没有因此而下降。在考试工作中，高锴能够坚持质量标准，注意选拔贫寒之士，抑制豪门子弟，所录取人员基本都是具真才实学之士。

对于仇士良、裴思谦这样的人，高锴是打心眼里瞧不起的。所以，他就没理仇士良那个茬，把裴思谦给淘汰了。不死心的裴思谦，本科又报了名。为了保证能被录取，裴思谦专门求仇士良写了一张条子。在考试前夕，裴思谦揣着仇士良的条子，大摇大摆地来到贡院面见高锴。递上仇士良的条子之后，裴思谦又对高锴极尽威胁之能事，要挟他不仅要录取自己，还要把自己定为状元。

摄于仇士良之威势，无奈之下的高锴，终于屈服了，违心将状元名头奉送了无赖考生裴思谦。因此，可以把裴思谦看作是权贵仇士良“点招”的状元。这样的状元，不仅在当时难以服众，也在科举史上留下了恶名，玷污了这项伟大的人才选拔制度。

高锴这么做，也是可以理解的。毕竟震惊天下的“甘露之变”，刚刚过去了三年。在那场血雨腥风的权力争斗中，以仇士良为首的宦官集团，残杀了一千多名朝廷命官，其中包括宰相李训、王涯、舒元舆以及郭行余、罗立言、李孝本等大臣。有不少大臣还被灭了全家，简直是尸横遍野、血流成河。此时的仇士良，淫威正盛，在朝中无人敢惹，就连皇帝在他面前也要忍气吞声，形同傀儡。

在这种情势之下，谁敢忤逆仇士良的意志，就有掉脑袋之虞。以高锴当时的处境而言，能够有勇气在上一科淘汰裴思谦，让仇士良没面子一次，已属难能可贵。在这个问题上，我们无法过多地苛求古人，更不能因此而以偏概全，否定科举制度。

小人终归是小人。裴思谦拿了状元之后，不免手舞足蹈、得意忘形起来。在此后的一段时间里，裴思谦整日游走于花街柳巷，吃喝玩乐泡小姐，可谓丑态百出。在《全唐诗》中，仅录有裴思谦的诗作一首,而题为《及第后宿平康里》的这首诗,居然是一首嫖娼诗:“银缸斜背解鸣珰,小语偷声贺玉郎。从此不知兰麝贵,夜来新惹桂枝香。”平康里,是长安城声色场所云集之街巷,后来成为妓院的代称。裴思谦拿到状元之后,就跑到平康里寻花问柳去了。其小人得志心态与低级趣味操行,在诗中展露无遗。这个裴思谦,倒也没有刻意掩饰自己。

在仇士良等人的扶持下,裴思谦在官场上混得顺风顺水。屡经提拔之后,裴思谦爬到了中央司法审判机关一把手,也就是大理寺卿的高位。同时,裴思谦还兼有左散骑常侍的职务。大理寺卿与左散骑常侍,品级均为从三品。而左散骑常侍,是门下省的官职,系朝廷的高级谏官,负有规讽皇帝大臣过失之职责,也算是皇帝的高级侍从谏臣。己身不正,焉能正人。像裴思谦这样一身毛病的人,又怎么可能忠实履行谏官的职责,像魏征、魏谟等人那样,给皇帝提出一些清风肃正、利国利民的建议呢?不尸位素餐、玩忽职守才是怪事。裴思谦能够爬上如此高位,也反映出唐朝那个时期吏治的腐败黑暗。

裴思谦的状元称号,虽然名不正言不顺,但他毕竟是被科举史料所记载的状元得主。这一点,是无法更改的。状元有好有坏,反面典型也是典型。裴思谦夺得状元称号的另类过程,也确实反映出了科举考试的消极一面。有好说好,有坏说坏,才是一种客观的态度。因而,对裴思谦作个介绍,也是有必要的。

## 当崔考生遇上崔考官

开成四年(839)己未科状元得主,是位姓崔的考生。但这位崔状元的名字,已经无法查考。他的生平事迹和为官经历,史料也无任何记载。这样一个人,原本没啥可写的。但据有关野史材料记述,在他身上发生过一段比较有趣的科举逸闻,故而值得一说。

当这位崔状元还是一介布衣的时候,结识了朝中一个名叫崔蠡的官员。此人当时担任知制诰之职,直接为皇帝服务,属于地位比较显要的官员。据相关史籍记载,崔蠡为人诚恳正直,为官清廉敬业,在朝中名声颇佳。

母亲去世之后,崔蠡自然要回家奔丧守孝。由于崔蠡两袖清风,从不收受别人钱财和贵重物品,因而家中了无积蓄,日子过得相对清贫一些。老婆孩子吃的是粗茶淡饭,穿的是粗布衣衫。虽然崔蠡为母亲选定了出殡的日子,但如何把葬礼办得体面风光一些,却成了一个不小的问题。

在为母亲守灵期间,有一天有人前来求见。这个人,就是后来夺魁的崔状元。为了叙述方便,暂且称其为崔考生。门卫对崔考生说,我们家主人正在居丧期间,他嘱咐过,这段时间不见客人。崔考生就说,自己是崔家宗亲,知道老太太出殡的日子快要到了,特意过来探视一下。两人的对话,恰巧被崔蠡听见了,怕慢待亲戚的他,就吩咐门卫把崔考生请到了屋里。

落座之后,崔蠡问崔考生是自家的哪门子亲戚,为何自己却不认识?崔考生回答道:“我是正儿八经的老崔家族中人啊!论起来,我该称太夫人为奶奶,您还是我的叔叔辈呢。老夫人快出殡了,我这晚辈理当前来吊孝问候一下。”崔蠡是卫州(治所在汲县,今河南卫辉市)人氏,由此推断,这位后来的崔状元,应当是卫州人氏。

崔蠡表示感谢之后,问崔考生还有什么事情。这意思很明白了,就是委婉地催他没事赶紧走人。崔考生假装没有听出崔蠡的弦外之音,坐在那里继续自说自话:“尊敬的叔叔兼崔大人啊,我知道您虽然官职高、位置重要,但一向清廉的您,不贪不占不收黑钱,家中的经济条件一定不宽裕。俗话说,百善孝为先,死者为大。如今老夫人过世了,作为晚辈,一定要把老人家的丧事办得风光一些、场面一些,才能表达我们的孝心、体现对死者的尊重。您老人家没有积蓄余钱没关系,我家里还是称几个钱的,愿意出一笔款子帮您把老夫人的丧事办了。”

崔考生轻描淡写说出来的这笔款子,数额是多少呢?说出来吓人一跳:三百万钱,大约相当于三千两白银!这是不折不扣的一笔巨款,可见这位崔考生家真的不差钱,属于土豪级的财主。要知道,崔蠡当时的月工资,也不过区区三四两银子而已。即使加上其他补贴,每月收入也不到十两银子。

一听崔考生要出这么一大笔钱帮自己母亲办丧事,估计崔蠡也被吓了一大跳。是不是被惊得从椅子上弹起来,也未可知。但崔蠡是个名副其实的清官,他在对崔考生的慷慨大方千恩万谢的同时,坚决拒绝了他的资助请求。随后,崔蠡本着量力而行、从俭办事的原则,为老母亲办了一个简朴的丧事。作为一个封建官员,崔蠡在只有天知地知、你知我知的情况下,还能够把持住自己,说明他不是个人前一套、人后一套的伪君子,不愧清官之称号。崔蠡的行为,让人肃然起敬。

那个崔考生,是个屡试不第、久困科场的举子。他跑到崔蠡家慷慨资助的举动,是出于对崔蠡的真心敬重,还是看中了崔蠡是个绩优潜力股,想借机做一笔长线感情投资,这个不得而知了。但从客观效果上看,这种做法确实具有感情投资的性质。而且后来发生的事情证明,这种投资行为也得到了相应的回报。

应该说,崔考生是个比较有才的人。众人认为他之所以屡试不第，与考官们的欣赏习惯和选人眼光有一定关系。崔蠡守丧期满之后，职务屡获升迁，先后担任过中书舍人、礼部侍郎、户部侍郎、尚书左丞等职务。尚书左丞，是尚书省的次官。尚书省的一把手，名义上是尚书令。但由于李世民曾长期担任此职，以后便不再设置，左右仆射成为尚书省的实际最高长官。开元年间，左右仆射被称为左右相，一般加衔“开府仪同三司同中书门下三品”。后来，左右仆射不再加上述头衔，就没有资格以宰相的名义参与研究国家大政方针，也就是说不能再将其视为宰相了。

崔蠡身居高位之后，本科被朝廷指派担任了主考官。而那位崔考生，也报名参加了本科考试。录取结果公布以后，人们发现，崔考生赫然列于榜首位置。这一结果，不免让朝野有些哗然。大家都认为，崔蠡一向以办事公道正派、选人用人公平公正著称。选定崔考生做状元的做法，很不符合崔蠡一贯的行事风格。于是，就有官员当面质问崔蠡，为何要这么干。

崔蠡倒是个诚实的人，他老老实实地承认，按照真实水平和考试成绩而言，崔考生被录取为进士，是无可争议的。但在确定他做状元问题上，自己确实徇了点私情。让他做状元，就是为了报他当年慷慨施舍母亲丧事之恩，尽管自己并没有接受他的钱财。崔蠡这么一解释，大家茅塞顿开，不仅不再责怪他，反而深为他老实诚恳的为人、知恩图报的品格而折服不已。

当崔考生遇上崔考官，交上好运也在情理之中。虽然崔考官的做法有违公平公正的原则，但瑕不掩瑜，崔蠡仍然是一个值得尊敬的好人、好官兼好考官。好人好官的标准，并非越高越好。如果搞得大家都觉得高不可攀，反而会事与愿违。

## 喻凫遇冷会解嘲

开成五年(840)庚申科状元,名叫李从实。李从实乃大唐皇族宗亲,他的哥哥李从晦,宝历年间进士及第,本书曾简略对其作过介绍。李从实兄弟十人,他排行最末。步入官场后,李从实曾做过咸阳县尉、史馆修撰等低级官职。除此之外,史籍再无关于他的事迹记载。

在李从实的同榜进士同学中,有个人的所作所为比较有趣。此人名叫喻凫,因为当时人皆称其为江南才子,估计他是一位江南人士。但他究竟家住何州何县,已经无法查考。

喻凫在进士及第之前,已经颇负才名,诗作很受人们推重。很多后来的才子学人,都尊称他为喻先辈。史载喻凫的诗作颇丰,但多已散失不传。在《全唐诗》中,收录有喻凫的诗作六十余首。

喻凫的诗风效法贾岛,与李商隐、姚合、方干、顾非熊等诗人多有交往,互有唱酬之作。比如,喻凫的《赠李商隐》一诗,便很为人所称道:“羽翼恣抟扶,山河使笔驱。月疏吟夜桂,龙失咏春珠。草细盘金勒,花繁倒玉壶。徒嗟好章句,无力致前途。”

顾非熊,是诗人顾况的儿子。关于他的情况,本书后面将作介绍。在喻凫金榜题名之后,顾非熊特意赠诗一首(《送喻凫春归江南》),以示祝贺:“去年登第客,今日及春归。莺影离秦马,莲香入楚衣。里闾争庆贺,亲戚共光辉。唯我门前浦,苔应满钓矶。”诗中,除了对好友喻凫登第的祝贺,还表露了对自己科场不顺境遇的幽怨之情。

在本科考试之前,喻凫曾拿着自己的作品,前去请名家杜牧点拨。喻凫这么做,大约也有向杜牧投递“行卷”,以求得其推介提携的动机在。但是很不幸，在杜牧那里，喻凫受到了冷遇。对于喻凫的诗作，杜牧很不感冒。至于杜牧为何不欣赏喻凫的诗作，是文人相轻，还是不喜欢喻凫作品的艺术风格，这个不得而知了。

文人相轻多有发生，风格各有所好也属正常。好在喻凫心理素质不错，在杜牧面前吃了闭门羹，他没有心灰意冷，也没有改弦更张，转变自己的写作风格。他采取了“写自己的诗、让杜牧说去吧”的态度，继续走自己的路。对于遭到杜牧轻视的遭遇，喻凫也挺会解嘲：“咱写的诗充满了阳刚之气，是纯粹的豪放派。因为其中没有花前月下、卿卿我我的脂粉味儿，所以就不受杜牧大人待见。”

喻凫虽然会解嘲，但说明他对此事有些过于耿耿于怀了，其实这大可不必。条条大路通罗马，没有杜牧的推介提携，喻凫后来不是照样榜上有名了吗？虚心向名家请教是必要的，但是没有必要对结果耿耿于怀，太过在意名家的意见和态度，从而使其成为束缚自己的桎梏。

进士及第之后，喻凫做过乌程（今浙江湖州市吴兴区）县令。除此之外，史籍再无他的其他事迹记载。喻凫去世后，他的诗友方干特意赋题为《哭喻凫先辈》的诗一首，以表哀悼之情：“日夜役神多损寿，先生下世未中年。撰碑纵托登龙伴，营奠应支卖鹤钱。孤垄阴风吹细草，空窗湿气渍残篇。人间别更无冤事，到此谁能与问天。”

从方干这首诗的内容可知，喻凫享寿不长，属于壮年早逝，这很让人为之惋惜。其中“日夜役神多损寿”一句，应该是指喻凫心事过重，而不是说他埋头写作影响了健康。君不见，很多老作家、老诗人尽管勤奋异常、笔耕不辍，不也照样健康长寿、老而弥壮吗？可见，在方干看来，是心事过重而不是勤于写作折了喻凫的阳寿。

当前，国际医学界有一种说法称，除去遗传的原因，在对人体健康影响比较大的因素之中，排在第一位的是心情。在中医理论中，也有久郁成疾之说。所谓气不通，则百病生是也。中西医的这两种说法，可谓异曲同工。因而，拥有一种乐观向上、健康阳光的心情，对于保持身体的健康至关重要。有关机构曾组织过调查，那些长寿老人们的生活习惯、脾气秉性、居住环境等，多有不同，并无明显规律可循。他们唯一的共同点是，都有一个好的心态。

参加工作几十年来，在笔者的同事熟人中，因为工作安排、职务升降、职称评聘甚至退休失落等原因，而长期郁闷、严重影响身体健康乃至早早撒手人寰的例子，数不胜数。有些事例，非常令人痛心。所以，遇事还是要想开些，千万不要生闷气。退一步讲，对于那些我们左右不了的人和事，再怎么郁闷生气也于事无补，不是吗？倘若生上一场大气，能够把问题解决或者是改变了，那倒也值了。可问题是，这样的事情是不会发生的。

爱不爱生气，或许与人的性格有关。生气不可怕，可怕的是钻进死胡同出不来。一旦生了气，懂得并且善于消弭排解很重要。也就是说，为人处事要学会转移注意力。

为了自己的健康，为了家人的幸福，惟愿大家永远保持一个好心情。

## 死于情杀的封疆大吏

会昌元年(841)辛酉科状元，乃清河武城(今山东武城县)人氏崔岘。又见齐鲁大地状元郎，真好。但遗憾的是，史籍除了记载曾任大唐宰相的崔群是其堂兄之外，崔岘的生平仕履无考，因而无法介绍这位山东状元的事迹，只能存目。

在崔岘的同榜进士同学中，出了几位历史知名人物，在此分别作一下介绍。

第一位名叫沈询，乃吴郡（今江苏苏州市）人氏。进士及第后，沈询先后担任过渭南县尉、中书舍人、浙东观察使、户部侍郎等职务。史载沈询为政清简，性格温和，文才也很好，还是个一等一的大帅哥。但他之所以能够史上有名，主要是因为他是一位死于情杀的封疆大吏。

在官场打拼二十多年后，沈询出任昭义节度使。昭义节度使，又称泽潞节度使，管辖范围主要是山西、河北的部分地区。沈询家里有个名叫归秦的仆人，此人可不是个省油的灯。正值青春期的归秦，看上了沈夫人美貌的贴身丫鬟。在归秦的猛烈攻势之下，两人发展成了情人关系。沈询知道此事之后，当然很生气，就想杀掉归秦以清理门户。但还没来得及动手，就被归秦先下手为强了。归秦串通沈询手下的一个偏将，在一个月黑风高之夜发动兵乱，攻入节度使衙门，杀了沈询全家。就这样，沈询成了大唐唯一一个死于情杀的封疆大吏。

关于归秦杀沈询的情节，还有另外一个版本。有的史籍称，归秦与丫鬟私通后，那丫鬟仍然贴身侍奉沈夫人。在古代，夫人的贴身丫鬟被男主人顺手牵羊的事情，是司空见惯的。大约在归秦看来，自己心爱的人，也可能经常被男主人弄到被窝里亲热一番。对于一个男人来说，这样的事情简直就是奇耻大辱。于是，醋意大发的他，就怀揣利刃，找了个机会，捅死了沈询夫妇。

在沈询与著名诗人温庭筠之间，还发生过一段有趣的科举故事。温庭筠学识过人，才思敏捷，写东西极快。参加科举考试诗赋科目考试时，一首八韵的命题诗，他只要将左右手交叉八下便能完成，因而人称“温八叉”。但由于行为放浪、言辞过激等原因，名声不好的温庭筠屡试不第，始终也没能混上个进士身份。成了科场老油条的温庭筠，在知道自己录取无望的情况下，就经常在考场上做出一些帮助他人作弊的捣乱行为来，每场考试总能帮上几个人。因此，温庭筠又有个“救数人”的绰号。

有一年，沈询出任科举主考，温庭筠又来参加考试。为了防止这个捣蛋鬼扰乱考场秩序，沈询单独为他安排了考试座位，将他与其他考生分离开来，并安排专人严加看防。感觉受到了不公正对待的温庭筠，向沈询提出了强烈抗议，大闹考场。随他怎么闹，沈询就是不听他那一套。没了指望的温庭筠，只好老老实实地坐下考试。

交卷之后，沈询问温庭筠，“你个‘温八叉’‘救数人’，这回总算是没有搞成什么鬼吧？”温庭筠说：“不好意思啊，沈大主考。这回您老人家安排的监考太严，我没法帮助更多的人，只是帮了八个而已。”在如此严防死守的情况下，温庭筠还能不知不觉地帮助八个人作弊，真不知道他都用了一些什么鬼点子，把个沈询听得又惊又气。但是帮人不利己的温庭筠，这回的考试结果又悲催了。

第二位名叫杨收，乃同州冯翊（今陕西大荔县）人氏。杨收身材高大，仪表堂堂，才华过人，儿时就被人们称为“神童”。进士及第后，杨收历任监察御史、司勋员外郎、吏部员外郎、中书舍人、兵部侍郎等职务。在沈询出任昭义节度使的那一年，杨收官拜大唐宰相。

杨收生活奢靡，讲究排场，花钱大手大脚。有这样生活习性的官员，只靠薪水是难以维持的，因而利用职权捞取外快是难以避免的事情。做了四年宰相之后，杨收被人抓住收受贿赂的把柄，受到了贬官宣歙观察使的处理。宣歙观察使的治所，在今安徽宣城市。不久，杨收又被再次贬官，降职为端州司马。随后，杨收又被一撸到底，流放驩州劳动改造。这个地方，如今已经是越南的地盘了。就是这样，杨收的政敌依然不肯放过他，鼓动皇帝下诏将其赐死。

第三位名叫王铎，乃太原晋阳（今山西太原市）人氏。王铎进士及第后，历任右补阙、中书舍人、礼部侍郎、御史中丞等职务。在杨收拜相七年之后，王铎也官至大唐宰相。

黄巢聚众反唐后，王铎受命率军镇压。虽然不懂军事，但王铎善于鼓舞士气，调动手下将领的积极性。政府军能够收复长安，王铎在其中发挥了较大作用。在官场权斗中，王铎也曾几次被贬。在王铎被外放为义昌节度使后，赴任时携带了大量的金银财宝，车马豪华，并有不少美貌姬妾随行，很是招摇惹眼。

王铎车队路过魏博节度使乐彦祯管辖的地盘时，遭到盗匪伏击。乐彦祯有个儿子名叫乐从训，是个为非作歹、胆大包天的主儿。他眼红于王铎携带的钱财，就在乐彦祯一个幕僚的鼓动下，聚集一帮歹徒设下埋伏，杀了王铎全家，抢劫了他所携带的全部财产。乐从训的恶行，不仅气死了自己的老爹，玩丢了自己的脑袋，还创造了一个流传至今的名词——“亡命之徒”。

本榜进士出了三位高官，却全都死于非命，这样的巧合很是让人唏嘘。

第四位名叫薛逢，乃蒲州（今山西永济市）人氏。薛逢是个恃才傲物的人，在他看来，在本榜进士中，自己的才学是最高的。对于沈询、杨收、王铎等做了高官的同学，他是一概瞧不起。不但瞧不起，不管是杨收还是王铎，谁做了宰相薛逢就写诗讽刺谁。因而，薛逢在朝中人缘很不好。

有的史料称，薛逢因为言论激切，屡屡触怒权贵，所以屡受排挤，没有能够进入政府高层。触怒权贵有多种原因，因为主持正义，或者是为了国计民生而仗义执言，这个值得赞赏。而像薛逢这样，完全是因为意气用事、吃醋嫉妒而得罪人的做法，既没意义也很不可取。

## 状元终于出了驸马爷

会昌二年(842)壬戌科状元,姓郑名颢。郑颢祖籍荥阳(一说开封),后落籍河清(今河南孟津县)。

郑颢出身于官宦世家,爷爷郑絪在唐宪宗年间曾经做过大唐宰相。有史料称,郑颢中状元时年方二十五岁,称得上年少有成。郑颢身上的最大看点,是他在中状元之后,成了皇家的驸马郎。

中了状元选驸马,是古戏文中的经典桥段。然而,遍翻史籍,在一千三百多年的科举史上,被选为驸马的状元郎,仅郑颢一例,别无分号。郑颢状元兼驸马的身份,既空了前,又绝了后。所以,古戏文里那些风光无限的状元驸马,绝大多数是哄着观众玩的,当不得真。比方说,在宋代包括北宋和南宋,压根儿就没有如名剧《铡美案》中所说,被包黑子铡了脑袋、名叫陈世美的负心状元郎,也不曾有哪位状元被选中做了驸马。

中了状元七年之后,身为右拾遗的郑颢,被选为翰林学士。这个时候,唐宣宗正好张罗着为万寿公主选驸马。郑颢才学过人,文质彬彬,气质不凡,就被时任宰相的白敏中作为驸马人选,推荐给了唐宣宗。这个白敏中,是大诗人白居易的堂弟。

对于郑颢,唐宣宗也很有好感,就拍板定下了这桩婚事。这个时候,郑颢正在兴冲冲地赶往江南途中,准备迎娶自己的意中人卢小姐。此时的郑颢,已经过了而立之年。郑颢迎娶卢小姐,系初婚还是将其娶来做二奶甚至三奶,这个无法查考了。如果是初婚,那么郑颢一直拖到这么大龄还单着,就属于古代男人中的恐龙级人物了。而倘若是二婚乃至三婚,那么唐宣宗也就是个比较想得开的皇帝。都说皇帝的女儿不愁嫁,肯让自己的女儿去给别人做二奶、三奶的皇帝，也是需要有些肚量的。

听说选中的驸马已在前去完婚的途中，皇室便赶紧派出使者，把正在赶路的郑颢追了回来。在多数人看来，能做皇帝的女婿，是一件天大的好事，多少人日思夜想、上赶着巴结都求之不得。但是人各有志，对于这桩婚事，郑颢心中却是一百个不情愿。但是人在官场，身不由己。知道皇命难违的郑颢，即使心里再不情愿，也只好掉头返回京城，与万寿公主成婚。

在郑颢看来，是白敏中没事找事，乱点鸳鸯谱坏了自己的好事，使自己不能与心上人共结连理。因而，郑颢不仅对白敏中没有丝毫感激之情，反而从心底深处恨死了自己的这个大媒人。都说是强扭的瓜不甜，郑颢娶了万寿公主之后，两人的感情生活很是一般，这也苦了贵为皇帝千金的万寿公主。大约白敏中也没有想到，自己出于好心当的这回月下老，不但害了两个年轻人的感情生活，还把郑颢这位驸马爷培养成了自己一生的仇敌。

郑颢在官场上，历任给事中、太子詹事、礼部侍郎、户部侍郎、刑部侍郎、河南府尹等职务。由于记了白敏中的仇，郑颢一有机会就给老丈人唐宣宗写密信，揭发检举白敏中的一些违规行为。明白个中缘由的唐宣宗，就把这些告状信都给压了下来，并没有对白敏中采取什么惩戒措施。

白敏中曾被外放为邠宁节度使，赴任之前，他向唐宣宗诉苦说："我的个万岁爷啊，您那个宝贝女婿郑颢，因为我保媒让他娶万寿公主这件事，一直记恨着我。我在朝中做宰相的时候，他还不能把我怎么样。如今我被外放任职，我怕他会借机诋毁我、打击我。"听了白敏中的话，唐宣宗说："你俩的那些破事儿，我其实早就知道了，你怎么到现在才告诉我？"说完，让太监取来一个不小的盒子递给白敏中。白敏中打开一看，里面装满了郑颢写的告状信。看到唐宣宗对自己是这种态度，白敏中才放下心来。

其实白敏中是个有能力、有作为的官员，所到之处颇有政绩。虽然他也有过一些招人非议的行为，但总体来讲应该是功大于过。郑颢没完没了地检举控告他，其动机主要是出于个人恩怨。白敏中也挺冤的，本想做好事，没想到做出这么个一生的仇敌来。

郑颢也是个比较有能力、有作为的官员。比方说，在担任礼部侍郎期间，郑颢曾两度出任科举考试主考官。在工作中，郑颢认真负责，严格执行规章制度，办事公道，不问门第出身，坚持唯才是举，受到了朝野的一致好评。

虽然跟万寿公主的感情不怎么样，但是郑颢对自己的老丈人唐宣宗还是很感激的。唐宣宗去世之后，郑颢曾专门赋诗哀悼。有些巧合的是，唐宣宗死后的第二年，郑颢便跟着老丈人的脚步去了天国，年仅四十四岁。郑颢之所以壮年早逝，大约也与违心娶了万寿公主，心情长期郁闷纠结有关。

史上唯一一个状元驸马，结局却这样不好，恐怕是为很多人所始料不及的事情，这不禁让人为之唏嘘慨叹。

## “稜等登”致辞像弹筝

会昌三年(843)癸亥科状元，乃袁州宜春(今江西宜春市)人氏卢肇。

卢肇出身贫寒，少时常常衣食无着。但志向远大的他，自幼勤奋好学。经过大臣李德裕推荐提携，卢肇本榜脱颖而出，夺得状元桂冠。此时的卢肇，只有二十五岁，也是唐代一位比较年轻的状元得主。

卢肇从政后，先是做过藩镇幕僚，后来担任过著作郎、仓部员外郎、歙州刺史、吉州刺史等职务。其间，因为犯事受到过贬官降级处理。至于所犯何事,由于查不到史料记载,笔者不好乱说。

卢肇是个挺有能力的官员,所到之处官声颇佳。但由于史料语焉不详,对他的从政事迹无法作更多、更具体的介绍。作为李德裕的得意门生,卢肇却能置身事外,没有卷入“牛李党争”的政治旋涡。卢肇在官场权斗中不偏不倚、保持中立的做法,很是难得,因而颇为人所称道。

卢肇勤于笔耕,著述颇丰。在卢肇生活的那个时代,他是一位颇有影响的诗人,拥有比较高的知名度。从下面的两首小诗中,卢肇诗作的艺术水准可见一斑:“青鸟泉边草木春,黄云塞上是征人。归来若得长条赠,不惮风霜与苦辛”(《杨柳枝》)、“谁人得似牧童心,牛上横眠秋听深。时复往来吹一曲,何愁南北不知音”(《牧童》)。

虽然颇具诗名,但史籍关于卢肇的这方面情况,记载也不多。对于这位卢状元,也只能介绍这么多了。

关于本科录取进士的排名,有这样一个说法流传。按照唐代科举规定,新科录取进士名单放榜之前,要呈请宰相过目审定。本科主考官王起在向宰相李德裕汇报此事时,李德裕因为在宜春任过职,对那一带的文人名士比较熟悉,便随口说道:“这有什么好问的,像卢肇、丁稜、姚皓这些人,都很优秀啊。”于是,王起就按领导说的这个顺序,排定了录取名次并张榜公布。由此可知,本科第二名得主丁稜,也是宜春人氏。

在唐代,新科进士名单放榜之后,有个非常重要的礼仪活动。被录取人员要集体前往宰相官邸,感谢领导发现提携栽培之恩,并由状元代表大家作感恩致辞。不巧的是,这一天卢肇因故未到,按顺序致辞者便由第二名丁稜依次递补。而这位丁进士身材矮小,形容猥琐,又是个结巴子,因而在致辞时就闹出了大笑话。

见了宰相，丁棱带领大家磕头作揖之后，满脸憋得通红，大汗淋漓，嘴里只是反复嘟囔着“棱等登、棱等登、棱等登”三个字。嘟囔了一阵子之后，除了一再鞠躬作揖，就再也说不出下文了，让众人看得目瞪口呆。也许，他是想说，丁棱等人能够登第，全赖宰相大人提携栽培。大人的恩情，我等定当铭记在心、没齿不忘，发奋学习、努力工作，不负朝廷民众之厚望这类的话。但由于过于紧张加口吃，就搞成了这个样子，以致贻笑大方。这一科场逸闻，见于唐人所著《玉泉子》（又名《玉泉子见闻真录》）。

丁棱不仅身矮、貌丑、口吃，而且还很木讷，反应极是迟钝。拜见宰相闹了笑话的第二天，有相熟之人调侃他道：“大家都传说你很有音乐天赋，尤其擅长弹筝，听起来就像天籁之音。哪天不妨弹奏一曲，让我等好好欣赏一下，开开眼界、饱饱耳福。”丁棱听得一头雾水，呆头呆脑地问：“这都是谁说的啊，我自己怎么一点都不知道啊？再说了，我乃乐盲一个，压根儿就不会弹什么筝呀。”

见丁棱这么老实，那个熟人都被他逗笑了：“我的个老兄啊，我可真是被你的天真打败了。我听说昨天你在拜见宰相的时候，嘴里一个劲地叨叨，‘棱等登、棱等登、棱等登’，这不就是弹筝的声音吗？”听到这里，丁棱方才反应过来。估计此时的他，连找个南墙一头撞死的心思都有。因为闹的这个笑话，丁棱“棱等登”的绰号便进入了科举史册。

本科第三名得主，名叫姚皓。此人进士及第后，曾漫游陕西、河南、湖北等地藩镇幕府，以求仕途进步。但由于才干学识均属一般，始终没有遇到赏识提携他的伯乐，终生郁郁不得志。在丁棱、姚皓的问题上，看来李德裕看人不准，有凭主观印象取人之嫌。而主考官王起，只唯上不唯实，做事没有自己的主见，也难称一个称职的好考官。

本科第四名得主，名叫高退之。在此人身上，也发生过一段比较有趣的科举逸闻。高退之自感才疏学浅，没指望本科能被录取。因此，考试一结束，他就返回了自己位于盩厔的山居之中。不料有一天，长安进士团派了一些人拿着手抄的新科进士名单敲锣打鼓地找上门来报喜，他才知道自己被录取了。

所谓进士团，是唐代的一个民间社团，类似于如今的校友会、同乡会、联谊会之类，专门承办新科进士的各种庆贺活动。进士团主要由长安有闲阶层人士组成，推举有财力或者组织协调能力强的人士担任团头。进士团的出现，也是科举考试催生出来的社会风尚。科举考试的社会影响力，由此可见一斑。

## 杜牧推重“赵倚楼”

会昌四年（844）甲子科状元，乃荥阳（今河南荥阳市）人氏郑言。

郑言夺得状元桂冠之后，先是做了一段时间的藩镇幕府，后来入朝为官，历任秘书郎、右拾遗、翰林学士、礼部郎中、知制诰、工部侍郎、户部侍郎等职务，此后便不知所终。史载郑言善文，有著作《平剡录》传世。

由于郑言的史料不多，在此介绍一下他的一位比较有趣的同榜进士同学。此人名叫赵嘏，乃山阳（今江苏省淮安市楚州区）人氏。

根据有关史料分析，赵嘏进士及第时，已经三十七八岁了。在青年时代，赵嘏四处游历，求学兼旅游，阅历比较丰富。随后，为了博取科举功名，赵嘏又在长安做了多年“京漂”。

赵嘏是个比较有成就的诗人，进士及第之前便已名声在外。

比如他有首题为《江楼感旧》的诗，写得就很有味道，堪称清新隽永："独上江楼思渺然，月光如水水如天。同来望月人何处？风景依稀似去年。"

步入官场之后，赵嘏的诗作更为名流士大夫所推崇，名气越发大了。著名诗人杜牧，在读了赵嘏的《长安秋望》之后，不由地大为叫绝，激赏有加。《长安秋望》全诗如下："云物凄清拂曙流，汉家宫阙动高秋。残星几点雁横塞，长笛一声人倚楼。紫艳半开篱菊静，红衣落尽渚莲愁。鲈鱼正美不归去，空戴南冠学楚囚。"

对于诗中的"残星几点雁横塞，长笛一声人倚楼"两句，杜牧更是喜欢得不得了，反复品读，几乎到了爱不释手的程度。此后，杜牧便送赵嘏雅号"赵倚楼"。人称赵嘏诗风颇似杜牧，看来此言不虚。经过大名人杜牧这么一宣传，"赵倚楼"的名号便不胫而走，传遍京城内外。后来，还被载入了文学史。

因为杜牧的推重，赵嘏名声日隆。到后来，连唐宣宗都知道了他的名头。有一天，唐宣宗问身边大臣道："听说那个'赵倚楼'诗写得不错，现在他担任什么职务啊？把他的诗拿来我看一下，如果他真是像人们所传的那般有才，倒是可以考虑提拔重用一下。"

但是赵嘏的运气不好，合该命中注定不能做大官。大臣送给唐宣宗审阅的赵嘏诗作，内容是感叹秦朝兴衰的，其中有这样的句子："徒知六国随斤斧，莫有群儒定是非。"看了这两句诗，唐宣宗大为不爽。在政治上颇为自负的他，认为赵嘏这是在借古讽今，妄议朝政。惹得皇帝不高兴，赵嘏升官之事自然就泡汤了。

在唐宣宗那里坏了印象，自然不会有人再为赵嘏说话。因而赵嘏在官场上混得很不如意，在做到了渭南县尉这样一个芝麻官之后，便再也没有什么发展了。因此，赵嘏又被人们称为"赵渭南"。

据有关史籍记载，在赵嘏身上，还发生过一段类似于《章台柳》那样的凄美爱情故事。说的是赵嘏在长安求学期间，他的小妾在七月十五中元节那天前往寺庙进香。这天，恰巧镇守那一带的一个高级将领也带着随从来凑热闹。赵嘏那个小妾长得实在是太漂亮，被那个将领一眼就从人群中盯上了。于是，他就命令手下将其强掳回家。高官在光天化日之下强抢民女，由此可见中晚唐藩镇割据为害之烈。

在爱妾被抢的第二年，赵嘏进士及第。但此时的他，还没有资本跟那个高级将领叫板。思及爱妾之时，赵嘏每每以泪洗面。在整日借酒浇愁之余，赵嘏为表达对爱妾的无比思念之情，曾赋诗言道："寂寞堂前日又曛，阳台去做不归云。当时闻说沙吒利，今日青蛾属使君。"沙吒利，就是《章台柳》故事中涉及的那个少数民族部族将领，本书前面曾提到过这个人。

由于赵嘏的名声，以及这段哀婉的情感故事，这首诗很快就流传开来。那个强抢赵嘏爱妾的高级将领，倒也不是个冥顽不化之徒，多少还有些廉耻之心。或许是迫于赵嘏的名气和舆论的压力，也顾及自己的名声面子，那人便派手下将赵嘏的爱妾送回赵嘏身边，还给赵嘏写了一封言辞恳切的道歉信。

赵嘏与爱妾重逢之后，两人抱头痛哭，互诉离别之情，一宿没有合眼。惊喜交加之下，心情过于激动兼之旅途劳顿的赵嘏爱妾，第二天清早竟然香消玉殒，一命归西。一段破镜重圆的好事，不承想演变成了阴阳相隔的悲剧。这样的反差，也实在是太大了些。

爱妾的亡故，对赵嘏的精神打击更为巨大。此后，赵嘏再也没有从这一人生悲剧中恢复过来。对爱妾思念过度的赵嘏，久郁成疾，没过几年便以不到五十岁的壮年撒手人寰。

悲乎，多情善感"赵倚楼"。

# 顾非熊补录中进士

会昌五年(845)乙丑科状元,乃袁州宜春(今江西宜春市)人氏易重。

在本科考试中,发生了一桩在唐代比较有名的科举事件。本科的主考官,名叫陈商。录取名单放榜后,一个姓张的考生名列榜首,易重位于第二。对于官方公布的录取结果,很多考生以及社会名流都不服气,认为取人有失公允。一时间,朝野议论纷起。

关于本科考试的社会舆情,很快传到了唐武宗的耳中。他认为此事非同小可,便命大臣白敏中重新组织考试,以给公众一个交代。白敏中重考之后,包括原定状元张姓考生在内的八人,被予以淘汰。而易重则名次上升一位,成了状元。对于白敏中重考的结果,朝野一致认为公平公正,事态随之得以平息。被皇帝钦命重考的科举考试,不仅在唐代,在整个科举史上也是比较罕见的事情。

对于第二的名次,易重原本就比较满意。重考得了状元,他自然就更高兴了。录取结果公布之后,易重立马就写了一首题为《寄宜阳兄弟》的诗,兴奋之情充溢于字里行间:“六年雁序恨分离,诏下今朝遇已知。上国皇风初喜日,御阶恩渥属身时。内廷再考称文异,圣主宣名奖艺奇。故里仙才若相问,一春攀得两重枝。”两次考试,分别拿了第一、第二,可不是“一春攀得两重枝”嘛。再加上他的名字又叫易重,这事情真是够巧的。

据《江西状元谱》称,易重为官清正廉洁,关心民间疾苦。但史籍无这方面的具体事例记载,其任官职也不显赫。史称易重是个多产诗人,有佳作千余首,名重一时,但他的作品多已散佚不传。因此,关于此人无更多的话可说。

易重有个同榜进士同学很有意思，在这个人身上也发生过与科举考试有关的趣闻。这个人，就是著名诗人顾况的儿子顾非熊。

顾非熊自少年时代便聪颖过人，读书一览成诵，过目不忘。年纪不大，就以善于写诗而名传四方。关于顾非熊的身世，还有个比较神奇的传说。顾况有个儿子，十七岁时早亡。死后多日，魂魄不离其家，这让顾况更加悲伤不已，便对其吟诗一首："老人丧其子，日暮泣成血。老人年七十，不作多时别。"其子魂魄听了，大受感动，说道："老爸，如果有来生，我一定还来投胎做您老人家的儿子！"此后，其子魂魄便不再在家中游荡。

数年后，顾况又得一子。这孩子开口晚，直到七岁还不会说话。有一天，他的哥哥因事责打他，他突然开口说话了："我原本是你的哥哥，你为啥没大没小，老欺负我？"一听这话，顾况全家为之惊异。这孩子就说，自己本是顾家早亡之子，又投胎转世来到顾家。随之，他将生前之事一一道来，居然丝毫不差。弟妹多大年纪、乳名为何，也全无错讹。这个孩子，就是顾非熊。

顾非熊性格诙谐幽默，虽然开口晚，但长大后嘴皮子功夫十分了得，尤其喜欢嘲弄讽刺权贵子弟。因而，高官显贵被他得罪了不少，老爹为他积累的官场人脉资源，基本被其浪费一空。在这种情况下，顾非熊在科场屡遭打压，就是很正常的事情了。他转战其中三十年，竟然一无所成。跟温庭筠一样，顾非熊堪称多才多艺的资深老考生。对于顾非熊的遭遇，时人多为其叫屈不平。

本科考试，顾非熊又落榜了。即使白敏中受命重考，也没他什么事儿。唐武宗久闻顾非熊大名，也很喜欢他的诗，听说他又被淘汰，不由地大为不满。他命有关人员取来顾非熊的考卷，亲自审阅。阅过之后，唐武宗更坚定了自己的看法，认为按照真实才学，顾非熊理应被录取。他被考官们打压淘汰，纯属个人成见因素。于是，唐武宗专门作出批示，责成主管部门将顾非熊追加放榜及第。这个唐武宗，还是很有些人文情怀的。

顾非熊被录取的过程，基本相当于如今高考的补录。本科考试，不但重考了一次，又补录了一人。这样的情况，在科举史上更为罕见。而顾非熊，也算是开创了一个补录的科举先例。唐武宗的这种做法，似有违反科举考试制度规定之嫌。但在封建社会，皇帝的意见就是制度、就是政策，下面的人只能乖乖照办。

顾非熊进士及第之时，已经是老大不小的年纪了。他干了一段藩镇幕府之后，被任命了一个相当于县政府秘书长（盱眙县主簿）的芝麻官儿。一身傲骨的顾非熊，颇具不为五斗米折腰的气概。他不愿为这么大点个官职，整天在长官面前点头哈腰、叩头作揖。因而，干了不多久，他就甩甩袖子挂冠而去，做了闲云野鹤。临行前，诗人王建等好友，专门赋诗为他饯行。

顾非熊辞官之后，在江南茅山一带隐居了十余年，后来不知所终。作为晚唐知名诗人，顾非熊不乏佳作，比如这首《姚岩寺路怀友》（一作《姚岩怀贾岛》）：“路向姚岩寺，多行洞壑间。鹤声连坞静，溪色带村闲。疏叶秋前渚，斜阳雨外山。怜君不得见，诗思最相关。”

## 残忍的状元美食家

会昌六年（846）丙寅科状元，姓狄名慎思。在有的史籍中，则将其误为狄思慎。

狄慎思的出生年月和籍贯无考，中了状元之后，也只能查到他做过右拾遗这样的低级官职。除此而外，狄慎思的其他为官经历史载不详。狄慎思能够名留史册的原因，在于他是个美食家状元。而他的美食行为，十分残忍。像狄慎思这样的状元，以这样的名声进入史册，堪称科场奇葩。

狄慎思特别爱吃驴肉，他吃驴肉的方法残暴而别出心裁。据有关史料记载，狄思慎发明了一道名为“火灸驴”的菜品，具体操作过程如下：先将一头选定的驴拴好，然后在驴四周堆起干柴点燃。在烟火慢烤下，那驴又热又渴，自然想喝水。这时，将灰水喂驴。渴不择饮的驴，别无选择，只能埋头猛喝。喂驴灰水，是为了清洗其胃肠。由此推断，狄慎思喂驴之灰水，应该是石灰水。清洗完驴的胃肠之后，再取来用酒泡好、加以各色香料的调料汁喂驴，那驴只能继续喝个不停。这样边喝边烤，那驴还没死透，外边的肉已被烤熟，佐料也已入味。狄慎思等人便操刀割肉，饕餮一顿。

从这件事情看，狄慎思追求美食的行为已经到了一种走火入魔的变态程度。手段残忍不人道不说，那么大一头驴，要多少人才能吃完？也是一种很大的浪费。在当今如果谁敢这么干，被动物保护协会的人知道，不把他搞得臭不可闻才怪。不要说官帽没得戴，只怕是人也没得做了。就是在当时，人们也都认为狄慎思的行为太过残忍，很不可取。后来，狄慎思莫名暴死，人们就认为是上苍对他虐杀生灵行为的一种惩罚和报应。至于他是怎么暴死的，笔者没有查到相关记载，不好乱编。

狄慎思以残暴美食家兼暴死的事迹进入史册，名声实在是有些不堪，算得上是古代状元中的另类。这真是，追求美食应有度，千万莫学狄慎思。

无独有偶，晚唐还有一个残忍美食家。此人名叫李詹，比狄慎思晚六年进士及第。这个李詹，以广搜天下美味而著称。并且他也十分喜好狄慎思“火灸驴”那一口，制作方法与狄慎思如出一辙。李詹这么干，不知是得了狄慎思的真传，还是听说了狄慎思的手段之后如法炮制，照抄照搬。根据《太平广记》的说法，似乎是狄慎思手把手地教给了李詹制作“火灸驴”的方法。

除了喜欢吃驴肉,李詹还爱吃老鳖。他吃鳖的方法,也独出心裁。先将老鳖四脚捆好,扔在烈日之下暴晒。然后,再用泡了香料的酒喂它。渴极了的老鳖,在饱饮一通料酒之后,被放入锅中文火慢炖。可怜的老鳖,于大醉之中不知不觉就变成了李詹的盘中美餐。声明一下,笔者转述狄慎思、李詹制作菜肴的过程,只是出于叙述需要,绝无撺掇鼓动读者效仿之意。

跟狄慎思一样,李詹的下场也很不堪。某天,李詹穿戴好衣冠、打扮停当,正准备出门上班之际,突然间一头栽倒,再也没能醒过来。李詹的症状,倒是很像突发大面积心肌梗死或者脑溢血。在古代,李詹的这种死法也被人们视为是不得好死。于是,有很多人就认为,这也是李詹残忍美食行为得到的应有报应。

李詹的这些事,除了载于《太平广记》外,在《南部新书》中也有所载。除此之外,李詹的生平籍贯、为官经历等,一概无考。以一个残忍美食进士的身份被历史所知,这个李詹跟狄慎思有得一比。

在狄慎思的同榜进士同学中,有个人比较有意思。此人名叫薛能,乃汾州(今山西汾阳市)人氏。薛能进士及第后,曾做过三个藩镇的幕府,出任过嘉州、同州两个地方的一把手(刺史),还担任过户部郎中、刑部郎中、工部尚书等职务,三度成为封疆大吏(京兆尹、徐州节度使、许州节度使),称得上是一位朝廷要员。

薛能酷爱写诗,几乎到了为之痴迷的程度。他给自己定了个规矩,每天至少要写一首诗赋。不然的话,便吃饭也不香、睡觉也不甜。薛能是个自视甚高之人,常常以第一流的诗人自居,一般人根本不放在眼里。就是一些名人的作品,他往往也不屑一顾。但是薛能的诗作多为写景应酬之类,质量平平,乏善可陈,鲜有能拿得出手的传世佳作。

官员的自我认知能力高低,是个很重要的问题。有些缺乏自知之明的官员，在众人的忽悠下，很容易进入一种无知无畏的状态。对于事业、民众，这样的官员危害很大。笔者曾经认识一个像薛能一样痴迷写诗，并且自我感觉良好的官员。不管他走到哪里，手下的办公室主任都要负责随时记录他灵机一动想出来的诗句。笔者看过他写的诗，充其量也就是顺口溜的水平。但在身边人的吹捧下，他竟飘飘然地以全国一流诗人自居。这样的官员，在工作中不胡作为、乱作为才怪。

薛能的下场很惨。据有关史料记载，薛能在调任许州节度使后，部将周岌纵兵叛乱。在兵乱中，薛能全家被杀。

## 封彦卿复试登皇榜

大中元年(847)丁卯科状元，姓卢名深。卢深的生平籍贯无考，中状元后做过起居郎、翰林学士、兵部员外郎、户部郎中、知制诰、户部侍郎等官职。除此之外，查不到关于此人的其他史料记载。

卢深没有多少事迹可说，但他有两个同榜进士同学，在此有必要介绍一下。

其一名叫封彦卿，籍贯及出生年份不详。封彦卿是个官二代，老爸封敖做过御史中丞、户部尚书这样的朝廷高官。封敖才思敏捷，文采过人，所写文章语言精到，说理透彻，极富感染力。在唐武宗年间，这位最高领导有次要发文慰问边防伤残将士，封敖起草的诏书中有“伤居尔体，痛在朕躬”这样的句子，非常感人，深受唐武宗赞赏。李德裕主持朝政期间，所发布的重要政府文告均出自封敖手笔。

本次考试结束之后，主考官魏扶向时任皇帝唐宣宗报告工作称："微臣今年拟录取进士三十三人，其中封彦卿、崔琢、郑延休三人，虽然文章学识颇有名声，但他们的父亲都是朝廷重臣，在下不敢轻易录取，担心出现照顾权贵子弟的社会舆情，从而影响科举考试的声誉。"可见这个魏扶，做事比较有原则性，不是那种一门心思巴结逢迎权贵的主考官。

唐宣宗听了魏扶的汇报之后，没有简单从事，轻率作出录取或淘汰这三个考生的决定。他指示翰林学士韦琮等人，为封彦卿等三人组织一场复试，根据复试情况再做定夺。复试结束后，唐宣宗亲自调阅了三人的试卷，随后作出批示道："从封彦卿三人的试卷看，确具真才实学，录取他们符合科举考试的制度规定，可予以放榜公布。"在这件事情上，唐宣宗这种实事求是的处理方法，也很值得赞赏。

作为通过复试被确定录取的进士，封彦卿三人的这种情况，在此之前的科举考试中并不多见，也算是一种特例。除此之外，关于封彦卿的为官仕履等情况史载不多，笔者也无更多的话可说。

其二名叫王凝，此人籍贯不详，二十六岁金榜题名，也算是年轻有成。进士及第后，王凝先是做过几年藩镇幕府，后来入朝做官，历任起居郎、中书舍人、礼部侍郎等职务。王凝为人正直，做事很有原则。在担任礼部侍郎期间，王凝曾出任科举考试主考官。在考试工作中，王凝秉公办事，唯才是举，将权贵名流送来的一大堆请托条子，都扔在办公室一张闲置的桌子上，理也不理。

王凝坚持原则的行为，得罪了一些手握重权的高官，因而受到了他们的打压排挤。只主持了一届科举考试，王凝便被贬官外放，出任商州（治所在今陕西商洛市）刺史。后来，又被提升为湖南观察使、河南府尹、宣歙观察使等职务。在地方任职期间，王凝勤政为民，兴利除弊，注重农耕，积极发展教育商贸事业。所到之处，治理得井然有序，深得民众称颂。

作为一介书生，王凝还会带兵打仗。在担任宣歙观察使期间，黄巢所部进击淮南一带。在和州被围期间，王凝命令部将樊俦率部前去解围。樊俦畏战，违令不前。王凝果断将其军法处置，当众斩首以儆效尤，展现出了敢于担当、坚毅果决的一面。随后，王凝另派其他将领前去救援。有了樊俦的前车之鉴，手下将士自然无不用命，和州之围遂解。

在和州吃了败仗，黄巢的大队人马随之围攻宣城，以图报复胆敢对抗自己的王凝。在兵力严重不足的情况下，王凝发动城中青壮居民组成民兵，严守城池。黄巢数倍于王凝守兵的大军，猛攻城池数月，竟然不得而入。在外无援兵、城内粮草几乎消耗殆尽的情况下，城中的一些官员和士绅劝王凝道："如今形势危如累卵，大人还是筹集些钱款，与其谈判投降吧。不然他们一旦攻进城来，怕是大人的家族都难逃血光之灾。"王凝正色回应道："谁人没有亲友族人？作为主政一方的官员，我身负重任，岂能只顾自己的身家性命！国家有难，我们理当勠力同心，誓与城池共存亡，力保一方百姓平安！"在王凝的拼死抵抗下，黄巢的部队最终撤围而走，宣城百姓逃过一劫。

宣城解围之后不久，心力交瘁的王凝病逝于任上，时年五十七岁。

## 崔彦昭因孝释前嫌

大中二年(848)戊辰科状元得主无考，从略。

大中三年(849)己巳科状元，乃河南洛阳人氏于珪。于珪家世显赫，曾祖父于休烈是著名史学家，做过工部尚书。父亲于敖，官至宣歙观察使。三弟于瑰，四年后勇夺状元桂冠。四弟于琮，被皇家召为驸马，做了广德公主的丈夫，并曾官拜大唐宰相。请注意，于琮虽然做了驸马，但不是状元得主。于家兄弟出了俩状元，堪称科场佳话。但家世如此显赫，且身为堂堂状元郎的于珪，为官经历无法查考，有关史籍只是称他“官至清显”。因而，这位状元只能存目。

于珪的同榜进士同学崔彦昭，算得上是晚唐名臣，故而值得一说。

崔彦昭，乃清河（今河北清河县）人氏。本书上一篇所介绍过的进士王凝，是崔彦昭的表弟。那一年，表兄弟俩一同参加科举考试，王凝中榜，崔彦昭落第。来年再考，崔彦昭依然名落孙山。在放榜之前，王凝有天调侃崔彦昭道：“依我看，表哥怕是还要好好复习，以备明年再考。”年轻气盛的崔彦昭，闻言感到受了莫大侮辱，不由大怒，摔门而去。两人因此结下梁子，好久不相往来。又过了一年，崔彦昭终于金榜题名。

恪守孝道，是中国古代官德文化的重要内容之一。崔彦昭就是个大孝子，对老母亲王老夫人照顾得无微不至。无论做了多大的官，只要不是因公外出，崔彦昭每天都要回家为老母亲端茶倒水，亲自侍奉老人家吃饭起居。这一点，很为人所称道。

崔彦昭官拜宰相高位之后，王老夫人吩咐丫鬟们多做些鞋袜，说有急用。丫鬟们有些不解，王老夫人就解释说：“俺外甥得罪过俺儿子，如今俺儿子做了大官，没准儿会给俺外甥小鞋穿。把俺外甥发配到蛮夷之地守边疆，也不是没有可能。要是那样的话，俺妹妹一定会跟着她儿子一同去。我这个当姐姐的，也得去给妹妹做个伴儿。俺让你们多做些鞋袜，是为了走远路准备的。”由此可见，崔彦昭与王凝的矛盾，一直到这时也没有解开。一句玩笑话，竟然导致了这么严重的后果。这一点，大约是王凝所始料未及的。

崔彦昭知道此事之后，赶紧跑到母亲面前谢罪。在给母亲叩头不止的同时，崔彦昭泪流满面地说："我虽然对表弟的轻狂有些意见，但绝对不会小肚鸡肠到对他下黑手、往死里整的程度，况且表弟是个有能力、有作为的好官，于公于私我都不会那么干。这一点，请母亲大人一定放心。"至此，崔彦昭与王凝终于冰释前嫌。这个王老夫人，调解矛盾的手段别出心裁，水平不是一般的高。

进士及第后，由于才干出众，崔彦昭被一路拔擢，历任兵部郎中、知制诰、中书舍人、户部侍郎、河阳怀节度使、河东节度使、吏部侍郎等职务。唐僖宗李儇上台后，崔彦昭官拜宰相之职。

崔彦昭勤政清廉，学识过人，能力超群，颇有政绩。"长于经济，儒学优深，精于吏事。前治数郡，所莅有声，动多遗爱"，史籍如此评价崔彦昭。前面几句话不用解释了，后面两句话是说，崔彦昭不管到哪里任职，都留下了极佳的官声口碑，深受民众爱戴。

比方说，崔彦昭曾担任过三年的河东节度使。河东节度使是为防范北方少数民族部落侵扰而设，主要负责守备山西北部大同、代州、雁门关等地。在崔彦昭到任前，少数民族部落频频前来侵掠，民众深受其害。崔彦昭恩威并用，既有商贸经济互利的怀柔之举，又有强力军事打击的威慑之措。在崔彦昭的治理下，少数民族部落不再兵戈相向，辖区秩序井然，经济社会欣欣向荣，军民无不感恩戴德。当听说朝廷准备调崔彦昭另赴他任之时，辖区数千社会名流和望重长者，联名给朝廷写了请愿书，恳请留任崔彦昭。为此，皇帝还专门下诏予以抚慰劝解。

在唐僖宗决定任命崔彦昭担任宰相之前，曾专门下诏对其进行勉励。在唐僖宗的这份诏书中，有不少名言警句，读来发人深省，比如"清能壁立，政乃风行""不有良臣，安能富国""与其树党，不若修身；与其收恩，不如秉直""但立直标，终无曲影"等。这份诏书写得真是太有才了，不知是出自哪位高人的手笔。

架子变大的速度快过官职晋升，是很多官场中人的通病。但崔彦昭不管做多大官，从未犯这样的毛病，这一点很可贵。无论是在官场上还是在生活中，崔彦昭接人待物始终谦恭温和、彬彬有礼，即使对待下人杂役，也从不高声呵斥、颐指气使。这说明，经过多年的生活、官场历练，崔彦昭的人格修养发生了嬗变，可以说是已臻化境。而崔彦昭这样做，并没有影响同僚下级尊重他、服从他。

不怒自威，是官员领导管理下属的最高境界。而这样的境界，只靠怒斥责骂是永远无法达到的。即使再加上一些利益诱惑，也是无济于事的。不是有个说法，叫作口服心不服吗？在现实中，有不少官员却不明白，或者是不想搞明白这个道理。

## 刘蜕破了“天荒”

大中四年（850）庚午科状元，名叫张温琪。张温琪的年龄籍贯无考，在有的史籍中，记有一个名叫张温其的人做过绛州刺史。有的学者经过分析比对，认为状元张温琪和绛州刺史张温其，或为同一个人。除此之外，关于这位张状元再无更多话可说，只能存目。

在张温琪的同榜进士同学中，有个人很有意思。这个人不仅科举和为官经历比较有趣，还创造了一个老少皆知、雅俗通用，至今使用频率仍然极高的汉语词汇。

此人名叫刘蜕，自称系长沙（今湖南长沙市）人氏。有人研究称，刘蜕其实是桐庐（今浙江桐庐县）人氏，父亲是个世外高人一类的人物（隐者）。户籍何在并不重要，刘蜕是以荆南地区考生的户籍身份报名参加了本科考试。交代清楚这一点，很重要。

在唐代，荆南地区主要是指荆南节度使管辖的区域，大致包括现今湖北西部、重庆东部的部分地区。在本科考试之前，荆南地区连续几十年“解送”考生进京赶考，却无一人榜上有名。所谓“解送”，是唐代的一个科举术语，指的是州郡选拔考生到京城参加科举考试。因而荆南地区“解送”的考生，就被人们称为“天荒解”。

本科考试，刘蜕脱颖而出，一举打破了这个多年的魔咒，终于为荆南父老学子争了一口气。于是，许多人便赞誉他是“破天荒”之人。自此以后，“破天荒”就作为一个专门用语，进入了汉语词典和人们的生活，用以指代从未出现过的事情。在古代，这个词汇则常被文人用来形容突然之间志得意满、扬名四方。

由于刘蜕破了“天荒”，有些人就想当然地以为，他是湖南历史上的第一位进士，并且言之凿凿地写文章这样宣传介绍刘蜕。其实，早在刘蜕中进士的二百多年之前，就有个名叫贾统的湖南学子，参加进士科考试金榜题名，那还是唐太宗李世民当政早期的事情。贾统不但中了进士，人家还拿了状元。关于此人，本书前面专门作过介绍。可见，做学问一定要认真扎实，一不小心就会闹出笑话。

虽然被大家给予了“破天荒”的美誉，但刘蜕很淡定，没有因此而沾沾自喜、飘飘然。比方说，刘蜕进士及第之后，荆南节度使崔铉特意奖给他一笔数十万贯的巨款，以表彰其为荆南地方和父老争光的优异表现。对这笔飞来之财，刘蜕坚辞不受。对于节度使大人的好意，刘蜕是这样回答的：“五十年来，自是人废。一千里外，岂曰天荒？”人家刘蜕说的也有一定道理，荆南地区方圆不过千里而已，即便五十年无人进士及第，用“天荒”来形容，也确实有些夸张。

除了“破天荒”，刘蜕还做了一件在古代官员中少有先例的事情。他的老爸临终前，给刘蜕留下遗嘱，让他既不要为自己大操大办丧事，也不要年年搞那些形式主义的祭祀仪式。可见，刘蜕的老爸也是个开明之人，不愧为隐者之称。刘蜕忠实地遵从了老爸的遗嘱，真就没搞那些华而不实的丧葬祭奠仪式。遵从逝者遗愿，是对逝者最大的尊重，也是对逝者最好的纪念。

刘蜕进士及第后，做过左拾遗、中书舍人等位置比较重要的官职。拥有了这样的机遇和平台，按说刘蜕的仕途前景比较光明。然而，刘蜕因为遇上了一个心机缜密、手腕老辣的官场对手，也因为自己在廉洁自律方面不够注意，从而使自己的官场前程毁于一旦。这个人，就是本书前面介绍过的令狐绹。

令狐绹虽然为人低调、处事谨慎，但他的儿子令狐滈比较坑爹。令狐滈不仅利用老爹的权势影响，为自己捞取科举考试方面的好处，还打着老爹的旗号卖官鬻爵，替老爹行使起了宰相的职权。令狐滈这样胡搞，令狐绹自然难辞其咎。对令狐公子的瞎胡来之举，刘蜕很看不惯，就上书皇帝奏了令狐绹一本，指斥他教子无方，纵容儿子胡作非为，默许其“布衣行卿相之权”。

有人撰文称，刘蜕不畏强权，敢于仗义执言，因而遭到了令狐绹的打击算计，被赶出权力中枢做了个小小县官（华阴县令），导致原本看好的仕途之旅戛然而止。其实，这种说法并不是很确切。有些人写文章赞扬或者抨击一个人，常犯只及一点不及其余的毛病。关于刘蜕被贬的原因，有关史籍还有另外的说法，并不像有些人想象得那么简单。

被刘蜕检举揭发之后，官场老油条令狐绹并没有急于报复，而是隐忍不发，等待恰当的出手时机。他派了一个手下打入刘蜕身边做卧底，命令这个人盯紧刘蜕的一举一动。没啥心机的刘蜕，很快就被这个人哄得团团转，竟然把他当作心腹信任使用。不久，这个人就抓住了刘蜕的短处。当令狐绹拿到刘蜕不廉洁的证据之后，刘蜕就完了。刘蜕或许有疾恶如仇、刚直不阿的一面，也曾经视金钱如粪土。但在官场这个大染缸中，他很可能没有做到拒腐蚀永不沾。对于一个官员来说，在廉洁问题上没有瑕不掩瑜一说。稍有不慎，即全盘皆输。

刘蜕文笔不错，诗歌散文创作都有一定成就。有一种说法称，现代学问大家陈寅恪的出生之处，就是刘蜕的故宅。

## 许道敏运气实在差

大中五年(851)辛未科状元，乃常山(今河北元氏县)人氏李部。李部的生平仕履无考，本科也无值得专门介绍的知名进士，只能存目。

大中六年(852)壬申科状元，姓李名超。李超的籍贯生平、从政经历等情况，也已无从查考，因而无法独立成篇，姑且存目。

李超有个同榜进士同学，名叫许道敏。虽然此人的生平仕履史载不多，但他的科举经历很有意思，值得一说。

许道敏的籍贯和生卒年等情况，在史籍中也查不到相关记载。但他科举经历的起点，要由此前推二十年。在二十年之前，许道敏想必还是个意气风发、才华横溢的潇洒青年。之所以这么说，是因为当时担任宰相的牛僧孺，十分看重许道敏的才学文章。在知道他报名参加科举考试之后，牛僧孺曾专门指示有关部门，注意发现提携这个可塑之才。有宰相大人的格外关照，如果没有意外情况，许道敏被录取是手拿把掐的事情。是不是弄顶状元帽子戴戴，也未可知。然而，人算不如天算，意外情况还是出现了。

据有关野史资料记载，在临近考试之前，适逢牛僧孺嫁女大喜。许道敏作为宰相大人欣赏的文学青年，受邀以嘉宾身份出席了婚典仪式。作为一个青年学子，许道敏能享此殊荣，自然很有面子，让众人艳羡不已。在婚宴上，心情大好、志得意满的许道敏，开怀畅饮，喝了个尽兴。借着酒兴，许道敏还挥毫泼墨，即席为一对新人赋诗贺喜，“极欢而罢”。

合该许道敏倒霉，此次婚宴之后不久，牛僧孺便在“牛李党争”中失势，被摘掉了宰相乌纱帽。而这个时候，许道敏报名参加的那一科科举考试，马上就要组织实施了。在这个节骨眼上牛僧孺被罢官，许道敏也太不走运了。及至考试开始，主考官已经不是牛僧孺线上的人。而许道敏如此受牛僧孺赏识，被视为“牛党”成员，也是很自然的事情。在这种情况下，不管谁做主考官，都很难不考虑新当权者李德裕的感受。就这样，原本被牛僧孺内定录取的许道敏，便成了党派权斗的牺牲品，悲催地落榜了。

人为因素的干扰，是科举制度始终挥之不去的一个阴影。这也是没有办法的事情，在人治的封建社会，没有什么东西能够摆脱彻底人为因素的干扰。像“牛李党争”这样重大的政治事件，对当时朝政的影响无处不在，科举考试想要独善其身也是不可能的。没有办法，对这样的结果，有苦难言的许道敏，只能打落牙齿肚里咽，自认倒霉。

在此后接近二十年的时间里，许道敏饱受蹉跎之苦，久困科场不第。这也不难理解，在“李党”得势的日子里，谁还会去关心提携一个“牛党”骨干分子？在这期间，许道敏究竟参加了几次科举考试，不得而知了。求天天不应、告地地不灵，许道敏处于一种极度苦恼郁闷的心情之中，是可以想见的事情。

有道是风水轮流转，三十年河东，三十年河西。到了本科考试之际，“李党”又不行了。于是，科场困难户许道敏终于咸鱼翻身，得以金榜题名。但是，时间所消磨掉的，不仅是一个人的锐气和韶华，还有做官最重要的资本——年龄。二十年过去，对于许道敏的仕途官运来说，可以用一句民间俗语来形容——黄花菜都凉了。也许正是因为这样的原因，导致许道敏没有在政界闹出多大动静来。有关史籍只是称他“为官清显”，除此之外再无其他记述。

值得一提的是，唐代著名传奇《柳氏传》的作者许尧佐，是许道敏的老爸。

本榜有个进士，名叫张读。张读与许道敏之间的渊源关系，也令人啧啧称奇。这个张读，进士及第时还不满二十岁。而张读的老妈，就是当年许道敏为之题诗庆贺新婚之喜的牛僧孺之女牛小姐。也就是说，张读是牛僧孺的外孙。二十年前，许道敏为张读的父母新婚贺喜，一对新人随之孕育出了张读。二十年后，许道敏又和张读做了同榜进士同学。这样的巧合，难道不是很有趣么？称之为科举奇观也不为过。

除了有一个著名的外祖父，张读的家世也不赖。他的祖父张荐，是唐代比较有名的传奇小说作家。他的伯父，就是本书前面介绍过的有“张三头”之称的张又新，三十八年前的状元得主。而张读本人，在官场发展也不错，历任中书舍人、礼部侍郎等职务，官至尚书左丞高位。

张读还是个写手，著有著名神怪小说《宣室志》。这本书的书名，寓含汉文帝在宣室召见贾谊询问鬼神之意。其中所述，多为神仙鬼怪狐狸精的故事，有人称其为古代神怪小说的集大成之作。书中的故事，很多成为后代小说、戏剧的创作素材。更巧的是，牛僧孺本人也喜欢传奇写作，并且颇有成就。可见，张读的传奇小说写作才能，是得了双重家教的真传。

本科考试还发生了一件比较有趣的事情。在许道敏、张读的同榜进士同学中，有个名叫苗台符的人。此人金榜题名之时，还不到十八岁。被录取后，张读与苗台符两个最年轻的进士，有一天到西明寺游玩，并在那里赋诗题名留念。名人这样做，叫赋诗题名留念，放在一般人身上，就叫乱刻乱画破坏文物景观了。他俩赋诗题名后，不知是哪个有才又有幽默感的人，在其姓名旁边加了两句话的批注：“一双前进士，两个阿孩儿。”

## “主司头脑太冬烘”

大中七年(853)癸酉科状元，乃河南洛阳人氏于瑰。于瑰的哥哥于珪，比他早四年中状元。于家一门四进士、俩状元，本是极具看点的事情。但可惜的是，兄弟状元于珪、于瑰，都没有在历史上留下比较深的痕迹，因而于瑰也无法独立成篇，只能存目。本书前面提到过的那个残忍美食进士李詹，是于瑰的同榜进士同学。除此之外，本科再没有其他值得一写的进士。

大中八年(854)甲戌科状元，姓颜名标。颜标的生卒年月和籍贯均不详，出身也很寒微。他之所以能中状元，应当归结为一桩考试事故。

本科主考官名叫郑薰，这是个很有些责任感和忧患意识的官员。在大唐多事之秋、风雨飘摇之际，郑薰很想为重振朝纲、中兴大唐做些事情。被任命为本科主考官之后，郑薰便想利用科举考试的引领导向作用，激励广大学子朝臣学习忠烈先贤，上下用命，共赴时艰，为振兴大唐多做贡献。没承想，因为主观主义、印象主义，他却闹出了一桩大笑话。

在审定录取人员名单时，郑薰发现有个名叫颜标的考生位列其中。于是，郑大考官就先入为主地认为，这个颜标一定是著名书法家兼大忠臣颜真卿的后代。郑薰大约如是想，在当前之乱世，国家太需要颜真卿这样的忠贞勇烈之臣了。颜真卿虽然不在了，但他的精神不死。褒奖提携他的后代,就是宣传弘扬颜真卿精忠报国精神的有效手段,就可以激发调动大家为国效力的积极性。在这样一种思维定式下,他就把颜标定为了状元人选。

当颜标前来拜见郑薰,感谢主考官大人栽培提携之恩时,郑薰在闲谈中问起了颜标家“庙院”的情况。所谓“庙院”,就是官方指定祭拜的名门望族宗祠。听主考大人这样问,不明就里的颜标很老实地回答说:“不好意思啊,主考大人,俺家是典型的草根出身,哪里配有‘庙院’这种高大上的东西啊!”一听颜标这话,郑薰才知道自己摆了个大乌龙,不由地呆若木鸡。

这事传开之后,社会上的有才人士便编了两句顺口溜讥笑郑薰:“主司头脑太冬烘,错认颜标作鲁公。”“主司”,指的就是主考官。而颜真卿,因为有“鲁郡公”封号,人称“颜鲁公”。因为郑薰摆的这个乌龙,“冬烘先生”也就成了迂腐浅陋读书人的代称。唐代的科举制度,创造了许多流传久远、生动有趣的词汇,为汉语词库的丰富充实做出了很大的贡献。这真是,主观主义害死人,郑薰臆断成笑柄。

步入政坛后,颜标曾做过饶州刺史。王仙芝揭竿而起后,其部将王重隐率大军围攻饶州。颜标临危不惧,带领城中军民坚守城池,宁死不降。城破之后,颜标以身殉职。颜标死后,有人就认为,他虽然不是颜真卿的后代,但忠烈精神颇有颜氏遗风。这其中,恐怕也有郑薰当初歪打正着激励之举的功劳在。

在颜标的同榜进士同学中,有两个人比较有意思,值得作一简要介绍。

其一名叫刘沧,号称鲁国(祖籍在今山东曲阜市)人氏。刘沧是个屡试不第的资深老考生,为了增长知识、丰富阅历,他早年曾漫游大江南北,到处寻访名士高人。经过多年打拼,刘沧进士及第之时,已是白发苍苍。之所以会这样,一方面可能是科场困顿促其早生华发，另一方面他此时的年龄也确实老大不小了。

刘沧进士及第后，做过华原县尉、龙门县令等低层官职。刘沧还是个知名诗人，擅长七律写作。他的诗，风格清新绮丽，跟赵嘏、许浑比较接近。金榜题名之后，心情大好的刘沧写了一首题为《及第后宴曲江诗》的七律，其诗作风格可见一斑："及第新春选胜游，杏园初宴曲江头。紫毫粉笔题仙籍，柳色箫声拂御楼。霁景露光明远岸，晚空山翠坠芳州。归时不省花间醉，绮陌香车似水流。"刘沧的这首诗，描述出了唐代新科进士及第后在曲江宴游庆典活动的盛况，有助于人们全面了解唐代科举制度的相关情况。

其二名叫薛调，故里籍贯无考，其父做过婺州刺史这样的地方大员。薛调是个眉清目秀、肤色白净的奶油小生，很有女人缘。并且他性格温顺宽厚，因而人送外号"生菩萨"。进士及第后，薛调工作了不太久的一段时间，就被选调为翰林学士。在皇帝身边服务，薛调原本发展前景看好，但不幸以四十三岁壮年暴亡。

据有关野史资料记载，薛调疑似死于一桩桃色事件。担任翰林学士之后，薛调因为服务于皇帝的原因，时常出入皇宫。薛调那夺人眼球的容貌、撩人心弦的谈吐，引起宫中佳丽的注意乃至倾慕，也是很正常的事情。唐懿宗有个比较宠爱的妃子，此女姓郭。对薛调这个有才有貌的帅哥，郭妃就喜欢得不得了。有一天，郭妃半开玩笑半认真对唐懿宗说："皇上最近不是要为公主选驸马吗？我看那个薛调就挺合适啊。"没承想，郭妃此言既出，薛调立马不明暴死。时人都认为薛调之死，是被人下了毒。而指使下毒之人，不必明说，非醋意大发的唐懿宗莫属。他大约是这么想的：你个小贱人，既然那么喜欢薛翰林这小白脸，老子干脆给你断了念想完事。真是伴君如伴虎，被人喜欢也能带来杀身之祸，薛调实在太悲催。

# 被黄巢的队伍所杀的状元

大中九年(855)乙亥科状元,乃赵蒙是也。赵蒙祖籍新安(今河南新安县),后来迁居京兆奉天(今陕西乾县)。

赵蒙进士及第后,一路顺风顺水,在官场发展得很不错。他历任司勋员外郎、驾部员外郎、湖州刺史、谏议大夫、给事中、御史中丞等职务,按说也是一位朝廷重臣。但不知何故,史籍关于赵蒙的记载甚少,笔者因而无法更详细地介绍他的生平事迹。

黄巢的队伍攻破长安之后,赵蒙与驸马于琮等大臣,来不及跟随皇帝逃跑,只好藏匿于民间避祸。这个于琮,是兄弟状元于珪、于瑰的弟弟,曾经担任过大唐宰相。对于这些朝廷官员,黄巢的队伍自然不会轻易放过。更何况,当初于琮还坚决反对朝廷与黄巢谈判,将广州一带分封给他。在黄巢的队伍的搜捕之下,赵蒙和于琮均告落网,随之被杀。赵蒙这种遭遇,在历代状元之中比较罕见。因而虽然难以独立成篇,笔者还是拿来做了标题。这种做法,不知是否会被有的读者认为是"标题党"。

虽然赵蒙的生平仕履史载不多,但他的两个同榜进士同学比较有意思,值得一说。

一个名叫卢携,乃范阳(今河北涿州市)人氏。卢携是个官二代,老爸卢求做过刺史这样的地方大员。卢携相貌丑陋加口吃,长得很一般。但是卢携很有才,写得一手好文章。看来在录取卢携的问题上,考官们没犯科举考试常见的以貌取人的毛病。

卢携进士及第之时,刚过而立之年。此后,他在官场一路顺风,历任右拾遗、殿中侍御史、长安县令、郑州刺史、谏议大夫、中书舍人等职务。五十三岁时,官拜大唐宰相。

卢携当了宰相不到一年，黄巢的队伍在南方势如破竹，连克吉州、饶州、信州、广州等地，并且斩杀岭南节度使李岩。占据广州之后，打算见好就收的黄巢，就给朝廷写了一封带有谈判性质的信件，要求将自己封为岭南节度使，让自己在那里割地为王。

在皇帝召开的研究如何处理黄巢招安请求事宜的御前会议上，卢携与另一位宰相郑畋，因为政见不合，发生了激烈争执。卢携坚决反对敕封黄巢为节度使，但因为口吃，说不过口齿伶俐的郑畋。气急败坏之下，卢携抄起一只砚台，狠狠地摔在了地上。因为这件事做得过于失态，卢携与郑畋一起被摘了宰相乌纱帽，以太子宾客虚衔“分司东都”。

卢携罢相后，曾被他多次举荐的高骈冒了出来，率部多次击败黄巢的队伍。像高骈这样能打的人，在当时的政府军将领中为数很少。因而，他就被朝廷当成了挽救危局的救命稻草。而举荐高骈有功的卢携，也因此而东山再起，再度戴上了宰相的官帽。

卢携复出之后不久，就得了一种怪病，整天精神恍惚，看上去有点疯疯癫癫的意思，人称“疯病”。在这种情况下，卢携自然无法打理政事，大小事由都交给了一个姓温的亲信处理。而这个人，是个典型的贪官，不给钱不办事，收了钱乱办事。一时间，朝中乌烟瘴气，请托贿赂之风盛行。局势危难至此，相关官员还只顾狂捞好处，不出大乱子才怪。晚唐官场腐败之乱象，由此可见一斑。

朝中乱了套，高骈再能打也于事无补。等到黄巢的队伍攻破潼关，朝廷上下才慌了手脚，把责任一股脑地推在卢携身上了事。在这种情况下，除了当替罪羊，卢携没有别的选择。于是，他的宰相职务被再次罢免。被免职的当天晚上，卢携便服毒自尽。

卢携的经历，说明了这样一个道理。一个官员如果因为身体原因不能正常履职，就必须及时做出必要的人事调整，而不能让他占着茅坑不拉屎。官员带病坚持工作，自己应当把握好度，上级也不宜过分提倡鼓励。不然的话,轻则影响工作,重则误国误民。

另一个名叫罗洙,年龄籍贯无考。此人能够金榜题名,纯属捡漏。本科主考官是本书前面介绍过的沈询,沈询有个表亲名叫韩洙。对韩洙这个表亲,沈询比较同情关心,许诺帮助他科举成名。但韩洙一连考了四五年,始终榜上无名。本科考试之前,心急火燎的韩洙,找到了沈询的母亲,恳请她嘱咐儿子让自己顺利过关。

沈询的母亲碍于亲情,就嘱咐儿子不要忘记拉韩洙一把。在确定录取名单时,沈询原本想把韩洙定为第二名,反复思量之下,又觉得有所不妥。几经踌躇,沈询最后决定将韩洙以第七的位次录取。也不知是沈询交代不清,还是手下官员一时疏忽,竟然把一个名叫罗洙的考生当作韩洙给录取了。及至放榜之后,结果已经无法更改,韩洙又做了一回倒霉蛋。日后沈询与韩洙相见之后,一再感叹他命该如此,无缘科举功名。

沈老夫人干预政府的科举公务,本科不止韩洙这一例。沈家有个宗亲名叫沈儋,也是沈询在母命压力之下录取的。跟朝政一样,晚唐的科举也弊端丛生。像沈母这样无所顾忌干预科举考试结果的情况,在唐朝中前期还是不多见的。

## 状元艳史很著名

大中十年(856)丙子科状元,乃博陵(今河北安平县)人氏崔铏。崔铏的生平仕履无考,只能存目。在本榜进士中,倒是有一个比较有名的诗人李郢,但此人的具体事迹也无从查考,因而无话可说。

大中十一年(857)丁丑科状元得主失考,姑且略过。

大中十二年(858)戊寅科状元,姓李名亿,其籍贯何在不详。

这位李状元，虽然没在历史上留下什么值得一提的从政业绩，但在他身上发生了一段著名的风流艳史。而这段艳史的女主角，就是唐代著名才女鱼玄机。

李亿夺得状元桂冠之时，刚刚二十出头。风华正茂、气度不凡的“小鲜肉”状元，自然很受追捧，特有女人缘。被政府授予左补阙官职之后，李亿前往京城就职。到任不久，李亿就在著名诗人温庭筠的撮合下，结识了年方及笄的才女鱼幼微。鱼幼微就是鱼玄机，此时的她还未出家做女道士，也就还没改名为鱼玄机。为了方便叙述，姑且这样称呼。

一对郎才女貌的金童玉女，一见钟情进而擦出相爱的火花，是很正常的事情。但遗憾的是，此时的李亿已经是个拖家带口的人了。倾慕李亿才学名声的鱼玄机，也不管自己能有个什么名分，就毫不犹豫地选择了跟李亿双宿双飞。于是，李亿就在长安郊区购置了一座别墅，玩了一把金屋藏娇的包二奶游戏。

李亿娶二奶，属于未经原配夫人批准的先斩后奏之举。而李亿的原配夫人，不仅是个醋罐子，在家里还很强势，简直就是母老虎一个，把李亿管得服服帖帖。醋坛子常见，而李夫人那样的母老虎不常见。后来发生的事情证明，李亿私自买房子包二奶之举，纯属被爱情之火烧昏了头。

纸里包不住火。李亿包二奶的事情，很快就被李夫人知道了。见丈夫偷偷在外搞花活，李夫人母虎之威大发，先是命下人用树枝条子将鱼玄机抽了个皮开肉绽，随后一天一小闹、三天一大闹，把家里搞得鸡飞狗跳、人畜不宁。而鱼玄机，遭受皮肉之苦也成了家常便饭。不堪其扰的李亿，无奈之下只好将鱼玄机送进道观做了女道士。

李亿这么干，原本是想让鱼玄机躲开原配，自己可以找机会前去与她偷享鱼水之欢。李亿这点花花肠子，又怎么能瞒得过猴精的李夫人。在夫人的严防死守下，李亿根本没机会与鱼玄机幽会。这说明，李亿是个有贼心没贼胆儿的妻管严。在大男子主义盛行的封建社会，李亿如果真是豁出去不管不顾，想必李夫人也没有什么办法。可这么一来，就苦了正值妙龄的鱼玄机。

多愁善感、豆蔻年华的鱼玄机，怎么能忍受得了晨钟暮鼓、青灯独守的道观生活。日夜思念情郎李亿的她，在无法与心爱之人相见的情况下，只好靠写诗寄托自己的情思。写了一首又一首，但首首只能丢进道观旁边的河中，随波漂流而去。行文至此，笔者有必要介绍一下，这个鱼玄机究竟怎么个有才法。

鱼玄机，与李冶、薛涛、刘采春并称唐代四大女诗人，《全唐诗》收录有她的诗作五十首。像这种情况，不要说在唐代，就是在整个中国古代文学史上也比较罕见。因而，称其为才女名副其实。在此，不妨转录她的两首诗与读者共享：其一，《江陵愁望有寄》："枫叶千枝复万枝，江桥掩映暮帆迟。忆君心似西江水，日夜东流无歇时。"这首诗，是抒发对李亿思念之情的，情意绵绵如流水。其二，《冬夜寄温飞卿》："苦思搜诗灯下吟，不眠长夜怕寒衾。满庭木叶愁风起，透晃纱窗惜月沈。疏散未闲终遂愿，盛衰空见本来心。幽栖莫定梧桐处，暮雀啾啾空绕林。"温飞卿，指著名诗人温庭筠。鱼玄机与温庭筠是忘年交，此诗写得也是惆怅深沉。

多才多艺、花容月貌的鱼玄机，自然名声远播。于是，一些各怀鬼胎的好色之徒，便纷纷前来鱼玄机栖身的道观，试图乘虚而入，填补李亿之空缺。久而久之，耐不住寂寞的鱼玄机，就跟一个姓陈的乐师好上了。这个陈乐师很不厚道，在占了鱼玄机的便宜之后，又跟她的一个婢女有了一腿。才女也是女，饱受醋坛子之苦的鱼玄机，在争风吃醋问题上也不含糊。一次醋意大发之后，鱼玄机将那婢女暴打一顿，没承想失手把她给打死了。

闹出了人命可不是玩的，鱼玄机就被官府抓进了班房。时任京兆尹的温璋，对这个案子十分重视。在他的主导之下，鱼玄机被判处了死刑。一代才女，就此香消玉殒，年仅二十七岁。鱼玄机死后，李亿也从此不知所终。这真叫是，李状元始乱终弃不负责，鱼才女一场游戏一场梦。

这个温璋，是个史上比较有名的狠角色。担任京兆尹之后，他曾说过这样一段名言："罪无轻重，恶无大小。除恶务尽，犯意方绝，此谓之能治者。"唐懿宗的一个公主病亡后，悲痛不已的他，不仅杀了医官和其家属，还把三百多人抓进了大狱。温璋认为这样做太过分，就与一个姓刘的官员一起上书抗议。唐懿宗一怒之下，贬温璋为振州司马，并责令其三日内离京。温璋闻讯，长叹一声："生不逢时，死何足惜？"当晚便服毒自尽。十分吊诡的是，此时鱼玄机虽然已被判处死刑，但还没有被执行。此案的主审大法官，就这样死在了自己判决对象的前边。

温璋自杀了，唐懿宗还不解气，他恶狠狠地说："（温璋）恶贯满盈，死有余辜！"有这样不明事理的皇帝，大唐气数将尽不足为怪。

兄弟状元于珪、于瑰的弟弟，后来做了皇家驸马的于琮，是李亿的同榜进士同学。状元驸马很罕见，进士驸马也不多。这个于琮也很有看点，但限于篇幅，不再多说。

## 握有"免死金牌"的状元

大中十三年（859）己卯科状元，乃曲阜（今山东曲阜市）人氏孔纬。

孔纬是正宗的圣人后裔，系孔子四十代孙。唐代名臣孔巢父，跟孔纬的曾祖父是亲兄弟。在少年时代，孔纬就成了孤儿，由他做官的宗族叔伯抚养成人。关于孔纬的出生年月，史料记载不详。根据有关资料分析，孔纬科举夺魁之时，应该还不到而立之年。

孔纬步入官场之后，历任校书郎、监察御史、礼部员外郎、翰林学士、中书舍人、户部侍郎、御史中丞、吏部尚书等职务。在唐僖宗、唐昭宗年间，孔纬两度出任宰相之职，为晚唐名臣之一。

据有关野史资料记载，初入官场的孔纬，曾经闹出过笑话。孔纬被封官之后，一帮音乐工作者（伶人）来到他家讨利市。也就是说些庆贺的吉利话，即兴演几个节目，以求得几个赏钱。其中有个名叫石野猪的先到，孔纬问其姓名后，将其姓“石”误听为“十”了。孔纬象征性地给了石野猪几个赏钱，然后悄悄对他说：“我家也很不宽裕，拿不出更多的钱来打点大家。待其他九位野猪来了以后，拜托你不要告诉他们我给了你赏钱。”

过了一会儿，又有几个音乐工作者陆续来到，其中一人手中拿着笛子。孔纬从其手中要过笛子把玩欣赏一番之后，问那人道：“这笛子上有好几个孔，哪一个是吹浣溪沙这曲调的呀？”众人见他如此外行，不由爆笑不已。孔纬闹的这个笑话说明，对于有些事情，不懂就是不懂，不要装懂。自以为是，不懂装懂，搞不好就要贻笑大方。如果是名人，没准儿还会把笑话留给历史，比如孔纬。

笑话归笑话，名臣归名臣。在从政生涯中，孔纬认真敬业，刚直不阿，崇尚义节，疾恶如仇。其所作所为，受到朝野上下一致称颂，公认其不愧为圣人之后。

孔纬做事坚持原则，从不利用职权为自己和亲属谋取任何好处。在吏部工作时，孔纬手握官员铨选考核大权。一些权贵和亲友写给他请托要官的信件，堆满了家中的案几。对这些信件，孔纬连看都不看，更不要说徇私照顾了。为此，孔纬得罪了不少权贵。一些亲友也认为孔纬六亲不认，对他很有意见，但他丝毫不为所动。

孔纬忠心耿耿，时刻以国事为重。唐僖宗被黄巢的队伍赶出长安后，紧急下诏召集百官前去议事。当时，孔纬的夫人已经病危。接到通知后，孔纬对家人说：“我身为朝廷大臣，理当尽忠报国。在国家危难之际，岂能因为个人私事而影响朝廷大计？”随之立即告别家人，启程见驾。

在见驾途中，孔纬一行遭到乱兵抢劫，众人所带财物被劫掠一空。很多心生惧意的官员，便想打退堂鼓。他们以朝服笏板被抢走没法去见皇帝为借口，百般推脱，迟迟不肯继续前行。无论孔纬义正词严地教导也好、声泪俱下地恳求也罢，大家就是不为所动。在这种情况下，孔纬只带了五十名卫士，毅然独自前往皇帝行在。孔纬的举动，不仅使唐僖宗大受感动，也使百官深为敬佩。

孔纬讲究规矩，从不俯就权贵。有个名叫李顺节的节度使，在被加封为相当于宰相的头衔后，进京会见百官时，因为没有受到官员列队欢迎的礼遇，很不高兴。这个人手握兵权，威势正隆，因此大家都挺害怕他。孔纬很严肃地对李顺节说：“我知道你因为没享受到百官列队迎接的待遇而不高兴，但只有实际主持政府工作的宰相，才能享受这种待遇。这是朝廷的政治规矩，谁也不能破坏。你的实际职务在军队，如果也想享受这种待遇，那么请你赶紧奏请皇上，免去你的军职，委任你正式主持政府工作。到了那个时候，你自然会享受到这样的待遇。”孔纬有理有力有节的一番话，使李顺节心生畏惧，不敢再提此事。

孔纬眼光独到，看人很准。朱温向朝廷提出兼管盐铁专卖事务时，只有孔纬持坚决反对意见。他认为，朱温这个人野心很大，在掌握重兵的情况下，如果再把盐铁专卖的高额利润拿在手里，就一定会兴兵造反。后来发生的事情证明，孔纬的预言十分准确。

在大唐王朝大厦将倾之际，深感无力回天的孔纬，悲愤不已。虽然身患重病，但他坚决不肯再求医服药进行医治，决心为自己忠心服务多年的大唐殉葬。大约在六十五岁时，孔纬魂归天国。

因为孔纬的忠诚敬业、一心为国，唐僖宗敕封他为“鲁国公”，并授予“扶危启运保义功臣”荣誉称号。同时，特赐“食邑四千户，免十死罪”。也就是说，如果孔纬犯了十种法律规定的罪行，也是不必担心被判死刑的。各位读者请注意，这就是传说中的“丹书铁券”“免死金牌”。这在历代状元进士中，也基本是空前绝后的事情了。

孔纬的弟弟孔缄、堂弟孔纁（一说为胞弟），后来也状元桂冠加顶。圣人门里多贤才，此言不虚。

## 和尚也能管科举

咸通元年（860）庚辰科状元，姓刘名蒙。刘蒙的身世籍贯、生卒年月等均已失考，官场仕履也不见史籍记载，只能存目。

刘蒙有个同榜进士同学，乃苏州人氏翁颜枢。此人能够进士及第，原因很可笑，竟然是一个和尚干预的结果。晚唐科举之乱象，由此可见一斑。

本科主考官，是本书前面介绍过的裴坦。裴坦虽然为人比较低调，生活也很简朴，但对家人约束不严，时常放任他们利用自己的权位干预政事。人性是很复杂的，生活勤俭的官员，未必就不是贪官坏官。比如明代大奸臣温体仁，家里就穷得叮当响，但这并不妨碍他名列明代奸臣前三名。因此，看人论事切忌想当然、简单化。

翁颜枢有个交情不错的老乡，此人是个和尚。大约是因为算命摇卦等原因，这和尚时常在裴坦府上走动，跟他的两个儿子裴勋、裴质混得很熟。而裴勋和裴质这俩货，也不拿这和尚当外人，什么话都不避讳他。

裴坦进入贡院主持本科考试之后，裴勋、裴质常在家里议论，本科该录取谁谁谁、谁谁谁又该排在什么名次等，俨然把自己当老爹使了。而这些原本见不得人的话，又都被那和尚听了个清清楚楚。裴勋、裴质这俩缺心眼的货，也真是够坑爹的，竟然连内外有别这样的道理都不懂。如果有人较真追究，不出事才怪。

听裴家父子这么瞎胡来，那和尚不由就想，老裴家可以这么胡搞，我为啥就不能趁此机会为自己的老乡帮个忙？这么干，起码能赚个人情吧。没准儿这老乡哪天发达了，自己这感情投资就更超值了。主意已定，那和尚倒也不拖泥带水，当即便开始付诸行动。

那和尚找到翁颜枢之后，开门见山地问他："你本科报考，在名次上有什么想法没有？"翁颜枢不明就里，说道："能被录取就不错了，哪里还敢挑三拣四要好的名次啊！"那和尚就说："有什么想法你尽管说就是，第一第二不敢说，但我保证能帮你弄个比较好看的名次。"见那和尚这样言之凿凿，翁颜枢就抱着有一搭无一搭的心态说："如果是这样，我能弄个第八就心满意足了。"

这天，那和尚又来到了裴府。裴勋、裴质这俩货，仍然在议论科举考试录取的事情。那和尚先是假装在那里闭目打坐，嘴里念念有词，似乎是在认真诵经。等那俩货说得兴起，那和尚猛然双目圆睁，厉声暴喝道："是你们老爸当主考官，还是你俩当主考官？科举考试，是国家重要公务，岂容你等儿戏！朝廷委派你们老爸做主考，是想让他秉公办事，唯才是举，选拔治理社会服务人民的有用之才。没想到，这么重要的公务，你这俩货在家里就给决定了，难道把你们老爸当成木偶使唤吗？况且你俩拟定的录取名单，全是权贵富豪子弟，没有一个草根百姓。你们这么干，公道何在，天理又何在！就不怕遭报应吗？”

裴勋、裴质那俩货，都是不担事的纨绔子弟。和尚这番话，把他俩几乎吓了个魂飞魄散。缓过神来后，他俩怯生生地问那和尚有啥要求，自己可以想办法帮他满足。那和尚一本正经地说：“既然这样，我也就不难为你俩了。这样吧，我有个名叫翁颜枢的老乡，报名参加了本科考试。你们跟老爸说说，把他给录取了吧。”

被人抓住把柄的裴勋、裴质，只好答应了那和尚的要求，同意安排录取翁颜枢。但裴勋认为，名次高了不好办，只能安排到最后的名次录取。那和尚不依不饶，对裴勋、裴质说：“我已经答应我老乡了，不但要录取，还要以第八名的位次录取。不这样做的话，我没法跟老乡交代。至于到底行不行，你俩掂量着办就是。”裴氏兄弟又不是傻子，怎么会听不出其中的要挟意味。无奈之下，只好再退一步，乖乖按那和尚意图办事。

及至本科放榜，翁颜枢果然名列第八。这段故事，《玉泉子》有载。一个和尚竟能左右科举录取结果，堪称天下奇闻。这说明，此时的唐代科举已经病入膏肓。大唐王朝，也已经病入膏肓。

翁颜枢金榜题名的经历，印证了裴坦对于家人干政的纵容。本科录取结果公布以后，朝野议论纷纷，认为裴坦在考试工作中大徇私情，所录取人员基本都是权贵豪强子弟，完全有违科举考试公平公正之精神。所以，本科裴坦尽管录取了曾给予他极大官场羞辱的裴休之子裴弘馀，但是没有一个人认为这是他的不计前嫌之举，反而认定他是在欲盖弥彰，用裴休的儿子为自己装门面。

令狐绹的儿子令狐滈，也于本科进士及第。令狐绹对裴坦有举荐提携之恩，裴坦自然会投桃报李。况且令狐绹此时还没有完全失势，对裴坦仍然有用。这个令狐滈，跟裴勋、裴质是一路货色，没少干利用老爹权势捞取好处的勾当。因为坏了名声，令狐滈进士及第后官职不显，没能像老爹一样平步青云。

## 名流之后聚本榜

咸通二年(861)辛巳科状元，乃孟州济源(今河南济源市)人氏裴延鲁。裴延鲁是名门之后，父亲裴俦官至江西观察使，叔父裴休曾任大唐宰相。裴延鲁本人，也做过左散骑常侍、浙东观察使这样的高官，但其具体事迹史籍记载不多，本科也无特别出名的进士，姑且存目。

咸通三年(862)壬午科状元，姓薛名迈。薛迈的生平仕履无考，本科亦无有故事、有看点的进士，因而也只能存目。

咸通四年(863)癸未科状元，得主为谁说法不一。徐松所著《登科记考》认为本科状元是孙龙光，但有人经过考证发现，十五年之后有个名叫孙偓的人获得状元头衔，孙偓字龙光。徐松所说的孙龙光就是孙偓，一个人不可能考两次状元，因而此说不确。还有人经过考证认为，本科状元应为山东曲阜人氏孔振。既然关于本科状元得主没有其他更确切的说法，姑且从此说。

孔振是孔子后裔，乃无可置疑的名门之后。从政后，孔振历任校书郎、监察御史、左补阙、水部员外郎、刑部员外郎等职务，但他的从政事迹史籍无载，也无关于他的野史逸闻流传，因而笔者没有更多的话可说。

本科的主考官是唐代名臣萧仿。萧仿是个很有责任感也很有能力的官员，被委任为主考官之后，萧仿力图革除请托贿赂、权贵相互提携照顾子弟的科举积弊。他很想通过科举考试，选拔一批社会公认的名流学子，以提振朝野精神，净化社会风气。

萧仿注重选拔的，有两类人。一类是“风埃久处”“名字陆沉”，也就是很久无人关注的先贤名门之后。他认为，录取这些社会影响巨大、为国为民做出过突出贡献的名流后代，在朝野能起到一种很好的示范引领作用，激励大家向先贤学习看齐，为国效力。另一类是“久居艺行”、无人援引的“寒苦”之士。这些人具有真才实学，是管理社会、服务民众的有用之才。

在萧仿决定录取的第一类人中，除了孔子后裔孔振，还有柳宗元的儿子柳告、韩愈的孙子韩绾等人，但这些人的事迹都已湮没无闻了。

在萧仿决定录取的第二类人中，有两个人的情况比较有意思，值得介绍一下。

其一名叫李昌符，乃陇西成纪（故址在今甘肃天水市境内）人氏。需要说明一点，此人并不是晚唐著名军阀李昌符，二者只是同名而已。

李昌符为人清高孤傲，对自己的才学颇为自信，从不屑于搞投送“行卷”、请托贿赂那一套。这样另类的做法，自然使他久困科场，屡试不第。苦恼郁闷之下，李昌符突发奇想，决定另辟蹊径，换个花样包装自己。

李昌符的包装手段，当然难逃唐代学子惯用的写诗之窠臼。但他在诗的内容方面出了新，并且新得让人意想不到。大家写诗，不外乎抒怀咏古、风花雪月，而李昌符的新诗，却着重描写丫鬟老妈子的精神世界、日常生活，其中还有一些少为人知的隐私秘事。这种总称为“奴婢诗”的诗作，李昌符一口气写了五十多首，在京城广为散发传播。

对于文人诗作司空见惯的名流士大夫来说，李昌符这些很接地气的诗作,不啻一股新风,展现给了他们一个全新的天地。对李昌符的诗,大家啧啧称奇,茶余饭后议论不止。在这里,不妨转录李昌符的两首此类诗作,权作奇文共赏。其一:“春娘爱上酒家楼,不怕归迟总不忧。推道哪家娘子卧,且教留住待梳头。”其二:“不论秋菊与春花,个筒能瞳空肚茶。无事莫教频入库,每般闲物要些些。”

不到半月的时间,李昌符便名声大噪,在京城内外几乎到了无人不知、无人不晓的地步。从这件事情上看,李昌符堪称不按常理出牌,出新招包装推介自己的开山鼻祖。其实,李昌符的正规诗作水平也不低。他的名声传开之后,不可能不引起身为主考官的萧仿的注意。因而,李昌符之所以能够进士及第,他写的那些“奴婢诗”虽不至于是主要因素,但至少在其中起到了一定的推动作用。

由于李昌符的“奴婢诗”写得过于活灵活现,尤其是其中那些为人忌讳的隐私之事,更是描述得惟妙惟肖。于是,不少丫鬟老妈子便对号入座了。她们不仅在私下里臭骂李昌符,甚至有人还扬言李昌符以后千万要小心,不让自己碰见便罢。一旦碰见,非拿绣花鞋揍他个鼻青脸肿不可。此事,亦为趣话一桩。

其二名叫薛扶,乃岭南人氏,故里具体何在不详。此人是个穷书生,饱读诗书,品行笃厚,早负才名。但由于无人提携推荐,也是久困科场,屡试不第。

薛扶被录取之后,有人无中生有,造谣中伤,说他家是不差钱的亿万大土豪。他之所以能进士及第,是因为在萧仿身上花了大钱。萧仿这样的人,跟晚唐腐朽不堪的官场已经格格不入,受人算计是很正常的事情。谣言越传越甚,但没人肯认真调查了解,还萧仿一个清白公道。就这样,原本秉公办事、坚持原则的萧仿,却被以利用职权收受贿赂的罪名,贬官外放。

# 韩衮是个“酒状元”

咸通五年(864)甲申科、咸通六年(865)乙酉科状元得主均已失考,从略。

咸通七年(866)丙戌科状元,姓韩名衮。韩衮(一说为韩绲)世居河南河阳(在今河南孟州市境内),郡望昌黎。韩衮的身世,可是大有来头。他的爷爷,就是大名鼎鼎的韩愈韩退之。

韩衮的哥哥韩绾,比他早三年中进士。韩绾的事迹史上无闻,韩衮却在历史上留下了自己的名声,但这名声有些不堪——嗜酒如命的“酒状元”。

笔者在拙作《大明状元》中,曾介绍过一位“酒状元”曾棨。同为“酒状元”,韩衮却与曾棨各不相同。人家曾棨号称“酒状元”,是说他酒量大,喝多少酒都不误事。在一次外事接待活动中,曾棨受命与一个酒量惊人的外国使臣拼酒,连喝数天,最后把那使臣喝得不省人事,曾棨却跟没事儿人一样。曾棨这一手,把明成祖朱棣都震得不轻,夸奖他说,且不论文章才学,光凭这酒量,你小子便不愧为我大明状元。

韩衮的“酒状元”名头却是贬义的。逢酒必喝、一喝就大的韩衮,常常干出些酒后失态乃至失德的事体来。比方说,在为新科进士及第庆贺的官方宴会(杏园宴)上,韩衮就喝大了,并且还出了大丑,实在有辱乃祖门风。

按说在杏园宴这样比较严肃的官方场合,参与者必须有所节制,不能失了身份才是。但身为状元的韩衮,不但放开了猛喝,还口出狂言,大发酒疯,屡屡冒犯他人。就连出席宴会的政府高官,他也敢对其耍酒使横。韩衮的行为举止,使众人为之侧目,他的同榜进士同学们一致称他为“颠酒同年”。此后，再也没人愿意或者敢于和韩衮同席喝酒，更不要说与他建立交情了。

在官场上，喝酒失态乃至失德是一件很忌讳的事情。笔者曾经认识一个官场中人，跟韩衮一个德行。在酒席宴上，他一旦喝高了兴，就不管不顾了。不但对同事按脑袋掐脖子捏鼻子硬灌酒，就是对上司，他也敢摸着人家脑袋称兄道弟。这样的人，升迁屡屡受阻是很自然的事情。可他自己还浑然不觉，时常发一些怀才不遇、生不逢时之类的牢骚。韩衮大约也是由于这个原因，在官场上没什么发展。除了留下了一个酒风不好的名声之外，再无其他事迹见诸史籍。酒能助兴，亦能乱性。身为官员，切莫贪杯。

韩衮有两个同榜进士同学，所作所为比较有意思。

其一名叫蒋泳，祖籍阳羡（今江苏宜兴市），徙居河南洛阳。蒋泳虽然是个官二代，但为人低调，生活简朴，不事奢华。

到了晚唐，奢靡之风日盛，科举也是这样。政府甚至做出过这样一个奇葩规定：新科进士登第后庆贺出游，必须香车宝马、锦袍华服。若有车服寒酸简陋不符合规制者，则课以重金罚款。蒋泳的父亲蒋伸，在唐宣宗年间曾任宰相之职。此时虽然不在宰相位子上了，但依然是朝廷高官。按说适逢儿子金榜题名之喜，为他置办些像样的行头，应该不成问题。但蒋家父子的做法，很有些出人意料。

据《唐摭言》记载，在出游仪式举行之前，蒋伸告诫蒋泳说：“儿子啊，虽然我是个官场中人，但咱们家不是什么世袭豪门，历来以勤俭持家为本，没有铺张浪费的习惯。你如今中了进士，也不应随讲究排场、大操大办之恶俗。不如咱们先主动把罚款交了，你就轻装出游。至于别人爱怎么说，随他们去好了。”其良好家风，令人钦佩。

其二名叫汪遵，乃宣州泾县（今安徽泾县）人氏。汪遵出身贫寒，为了糊口，就在政府衙门干了个杂差（小吏）。汪遵酷爱读书，但薪水微薄买不起书，就借别人的来读。工作之余，汪遵闷声苦学不止，但少为人知。

本科考试之前，汪遵来到京城。刚到京城郊外，汪遵恰巧遇到了一个名叫许棠的老乡出城送客。许棠问汪遵进京干啥，汪遵回答说进京赶考。许棠见汪遵没带什么像样的行李书箱，就以为他是在拿自己开涮，不由大怒，呵斥他道："开什么国际玩笑！我考了这么些年，还没有混上个科举功名呢，你一个小小的衙役，赶的哪门子考？哪里凉快哪里歇着去！"人外有人，天外有天。无端轻视别人，往往会自取其辱。被许棠瞧不起的汪遵，本科顺利进士及第。而许棠，又忙活了五年，方才金榜题名。许棠轻慢别人之举，一时被传为笑柄。

汪遵是个小有名气的诗人，擅长七绝写作，《全唐诗》收录有他的诗作六十余首。汪遵的诗，内容多为咏古感怀，其中多有警策之句，颇受人们赞赏。在此，不妨转录两首，与各位共赏。其一，《题李太尉平泉庄》："水泉花木好高眠，嵩少纵横满目前。惆怅人间不平事，今朝身在海南边。"其二，《淮阴》："秦季贤愚浑不分，只应漂母识王孙。归荣便累千金赠，为报当时一饭恩。"

## 郑洪业时政学得好

咸通八年（867）丁亥科状元，乃荥阳（今河南荥阳市）人氏郑洪业（一作郑弘业）。

郑洪业家世显赫，祖父和父亲分别做过刺史、节度使这样的地方大员，伯父郑涯曾经官拜大唐宰相。

也许是受家庭的影响，郑洪业在研习子集经典、诗赋文章的同时，比较关心时事政治。这一点，为他在科举考试中能够独占鳌头发挥了非常重要的作用。所谓艺多不压人，多学习掌握一些知识信息，说不定什么时候就会带来意想不到的回报。

本科主考官名叫郑愚，此人颇有些新潮思维。唐代科举的诗赋考试，基本以古籍名句为题。广大学子出于惯性思维，也都在这方面下死功夫准备。本科考试之前，大唐皇帝颁布了一道诏书，恩准滞留内地的云南子弟返回故乡。独出心裁的郑愚，便以此为题，要求考生们赋诗评说。这样的诗赋试题，就很有些时事政治的意味了。

主考官突发新招，墨守成规的考生们乱了手脚。对于这样比较新颖的试题，很多人因为准备不足而卡了壳，有不少人干脆就交了白卷。平时只会死读书读死书，关键时刻焉能不露怯抓瞎。而比较关心时政的郑洪业，不慌不忙，一篇《诏放云南子弟还国诗》一蹴而就。对于郑洪业的文笔和见解，郑愚大为赞赏。因为诗赋考试发挥出色，郑洪业最终摘得状元桂冠。

这位郑状元，是个昙花一现的人物。本科夺魁之后，郑洪业便不知所终，史籍再无关于他的经历事迹记载。

郑洪业有个同榜进士同学挺有名，此人便是晚唐著名诗人皮日休。

皮日休，乃襄阳（今湖北襄阳市）人氏。皮日休出身寒门，早年生活困苦。这样的生活经历，对他日后诗歌创作的内容风格产生了十分重要的影响。

进士及第后，皮日休先是在苏州做过一段时间的判官，后来进京担任过著作佐郎、太常寺博士等低级官职，后来因故被外放毗陵（今江苏常州一带）做了个级别不高的小官（毗陵副使）。黄巢的队伍打到江浙一带的时候，皮日休被抓做了俘虏。

被抓之后，皮日休投靠了黄巢的队伍。皮日休投靠黄巢的原因,是不满晚唐的腐朽统治、赞同黄巢的黄巢的主张,还是在威胁之下被逼就范,不得而知。黄巢的队伍攻克长安之后,皮日休被任命为黄氏政权的翰林学士。黄巢的队伍退出长安的当年,皮日休不幸身亡。

关于皮日休的死因,有两种说法。一种说法是,因为讥讽黄巢,皮日休被其一怒之下杀掉。另一种说法是,黄巢兵败之后,皮日休流落江南,贫病交加而死。不管哪种说法为真,像皮日休这样的经历,在唐代知名进士兼诗人之中都是比较少见的。

作为晚唐比较著名的诗人,皮日休的作品关注时政、贴近生活,颇多抨击时弊、同情民众疾苦之作。皮日休的散文成就也颇高,尤其是他的小品文,笔调辛辣,长于讽刺,被鲁迅评价为"(唐末)一塌糊涂的泥塘里的光彩和锋芒"。皮日休与诗人陆龟蒙相友善,两人多有唱酬之作,被世人并称为"皮陆"。

皮日休的诗作,视角独特,题材观点常常另辟蹊径。比如唐代不少诗人,都写过咏叹大运河题材的诗作。在他们的诗中,都认为开挖大运河,是导致隋朝灭亡的主要原因。而皮日休不这样看,他认为隋炀帝虽然有荒淫奢靡的一面,但他主持开建的大运河,在改善南北交通、物畅其流等方面居功至伟,跟大禹有的一比。

七绝《汴河怀古》二首,是皮日休的著名诗作。汴河,是通济渠,亦即大运河的代称。因而,这两首七绝自然是皮日休咏叹大运河之作。笔者在此转录如下,与读者共赏。

其一:"万艘龙舸绿丝间,载到扬州尽不还。应是天教开汴水,一千余里地无山。"这首诗,描写的是隋炀帝豪华船队幸游扬州的盛况,以及大运河开通后的便捷。其中,隐含了隋炀帝因为游山玩水被部将宇文化及杀死的史实。

其二:"尽道隋亡为此河,至今千里赖通波。若无水殿龙舟事,共禹论功不较多。"这首诗,反驳了隋朝因为大运河而灭亡这种观点，认为大运河的开凿极大改善了南北交通条件，促进了南北方的物资文化交流和族群交融。假如隋炀帝没有犯好大喜功、奢靡浮华的错误，那么他主持修建大运河的历史功绩，倒是可以和治水的大禹相提并论。

事物都有两面性，以偏概全不可取。皮日休的观点，极具辩证法色彩。纵然隋炀帝有千般不是，但他主持修建大运河、发明科举制度这两件大事，功在千秋。其历史地位和影响，怎么评价都不过分。

## 郑仁表是个自大狂

咸通九年(868)戊子科状元，姓赵名峻。赵峻祖籍新安(今河南新安县)，后迁居京兆奉天(今陕西乾县)。

赵峻的家世也很显赫，他的祖父赵植曾任岭南东道节度使，堂兄弟赵隐咸通末年官拜大唐宰相。那个被黄巢队伍所杀的状元赵蒙，也是赵峻的堂兄弟。

夺得状元桂冠之后，赵峻便销声匿迹，史籍没有任何关于他从政经历的记载，姑且存目。

赵峻有个同榜进士同学，名叫郑仁表。郑仁表乃荥阳(今河南荥阳市)人氏，此人是个不折不扣的高官子弟。他的老爸郑涓，唐武宗年间曾出任大唐宰相。

郑仁表一表人才，文笔了得，在进士及第之前便有了一定的名气。身为高官后代，又比较有才，性格自负的郑仁表便养成了一种自高自大、目空一切的坏毛病。郑仁表自诩自己有“三美”：出身美、形象美、文章美。在人前，郑仁表经常大言不惭地自夸：“天瑞有五色云，人瑞有郑仁表。”马大骡子大值钱，人大不值钱。因为狂傲自大，郑仁表为很多名流所不齿。

在郑仁表的老爸郑洎担任高官时，有个名叫刘邺的考生曾前来向他投送“行卷”，恳请其提携举荐。对于刘邺，郑仁表和他的兄弟们很是瞧不起。只是瞧不起也就罢了，郑家兄弟还对刘邺百般嘲弄，极尽讽刺挖苦之能事。郑家兄弟的蔑视侮辱，让刘邺记了很深的仇。

无谓地得罪人，是一种很不明智的行为。如果得罪的是正人君子还好，最多不跟你来往就是了。而如果得罪的是小人，问题就严重了。这个小人如果再手握重权，后果就可能不堪设想。悲剧的是，这个刘邺，恰恰是个睚眦必报的小人。一旦有了机会和条件，他自然会把郑家兄弟往死里整。

刘邺的老爸刘三复，官至刑部侍郎，是李德裕线上的人。刘三复病死的时候，刘邺只有五六岁的样子。虽然年纪小小，但刘邺表现出了过人的聪明，许多古诗背得滚瓜烂熟。出于对心腹手下后代的怜惜，也由于对刘邺的喜爱，李德裕便把他带到家中，和自己的儿子们一起读书学习。

李德裕失势被贬后，失去靠山的刘邺，只能在江浙一带四处游荡，靠舞文弄墨养活自己。由于文笔出众，刘邺在那一带很快就小有名气了。进士及第后，刘邺在老爸故交刘瞻等人的举荐提携下，担任了左拾遗一职，由此踏入了官场快车道。此后，他历任翰林学士、中书舍人、户部侍郎、盐铁转运使、礼部尚书等职务，后来官拜大唐宰相。刘邺出任宰相之时，距他进士及第仅仅过去了十二年。这样的飙官速度，令人咋舌。

好了，现在可以来说说刘邺的小人事迹了。唐懿宗的爱女同昌公主病亡后，十分悲痛的他，不仅处死了有关的御医，还把他们的家属抓进了大牢，打算处以死刑。时任宰相的刘瞻，为御医的家属们向唐懿宗求情，恳请对他们网开一面。刘邺为了讨好皇帝，恩将仇报，伙同驸马韦保衡等人借机构陷刘瞻，导致刘瞻被贬官外放，不仅所任职务极低（司户参军），位置还偏远得可怕，那儿如今已是越南的地盘了（驩州）。在这件事情上，刘邺的小人嘴脸展露无遗。

有意思的是，在秘书人员为皇帝起草的罢免刘瞻的诏书中，竟然有这样的句子：“安数亩之居，仍非己有。却四方之赂，惟畏人知。”意思是，刘瞻的宅院虽然只有小小的几亩地，但依然不是自己的私产。他拒绝四方贿赂，是因为担心人们把他看作是贪官而坏了名声。免官诏书相当于如今犯错误干部的处理决定，可这哪里是在罗列刘瞻的错误，分明是在以一种巧妙的方式，为这位难得的大清官歌功颂德嘛！这个起草诏书的大秘书，真是太有才了。

唐懿宗挂了，唐僖宗接班之后，刘瞻被召回重任宰相。听说他再度回朝，长安百姓欢欣鼓舞。大家奔走相告，准备为其组织一场隆重的欢迎仪式。听到这一消息之后，刘瞻立即改变了进京的时间和路线，刻意避开了这一别人求之不得的风光场面。像刘瞻这样不慕虚荣、清廉正直的官员，在晚唐官场上已经极为少见了。

对这样的人事安排，刘邺自然心存疑惧。有一天，刘邺在盐铁转运使办公衙门设宴款待刘瞻。刘瞻赴宴后不久，便暴病身亡。此事虽无确凿证据，但人们普遍认为，是刘邺为了根除后患，下毒害死了刘瞻。防人之心不可无，这个刘瞻也太没警惕性了。对刘邺这种咬过自己一口的小人，怎么能连一点防备之心都没有呢？

对身为高官的恩人尚且如此，对郑仁表这样得罪过自己的低层官员，刘邺更不会心慈手软。悲催的是，郑仁表进士及第只有三年，刘邺就登上了宰相大位。而此时的郑仁表，刚刚进京担任起居郎这样的低级文员。对于刘邺来说，整死郑仁表这样一个小官，就像碾死一只蚂蚁一样容易。况且像郑仁表这样的自大狂，毛病也不难找。因而，刘邺当上宰相之后，不等不靠，立马就找茬把郑仁表贬谪岭南。抵达贬所不长时间,郑仁表便一命呜呼。

小人通常都是软骨头,但刘邺是个例外。黄巢的队伍攻破长安之后,刘邺来不及跟随唐僖宗外逃,做了俘虏。黄巢许以高官,想将刘邺招为己用,但刘邺很有骨气,坚决不肯投降。黄巢一怒之下,就把刘邺给杀了。

## 归氏一门五状元

咸通十年(869)己丑科状元,乃苏州吴郡(今江苏苏州市)人氏归仁绍。

归仁绍中了状元之后,担任过殿中侍御史、礼部侍郎等职务。虽然归仁绍的从政经历史载不详,但他们家创造了一个前无古人、后无来者的科举纪录。这个纪录,堪称科举史上的第一奇迹。

归仁绍高中状元,开了个好头。此后,他们老归家基本就成了状元专业户。五年之后,他的弟弟归仁泽再夺状元桂冠。再往后,他的侄子也就是归仁泽的儿子归黯、他自己的两个儿子归佾和归係,又连拿三个状元。哥哥归仁绍父子三状元、弟弟归仁泽父子俩状元,归家一门在三十多年的时间里,竟然出了五位状元!这样的科举奇迹,令人叹为观止。

归仁绍的事迹不多,但在他的同榜进士同学中,有两位比较著名的人物。

第一位名叫司空图,乃河中(今山西永济市)人氏。本科主考官是王凝,对自己的门生司空图极为赏识。王凝被外放为宣歙观察使之后,将司空图招为幕僚。在那里工作了一段时间,朝廷任命司空图为殿中侍御史。感念旧主、重情重义的司空图,不忍离王凝而去,便迟迟不肯进京报到。对于一个官员来说,这是比较严重的无组织无纪律行为。因而，司空图受到了降职安排到东都洛阳任闲差的处理。

司空图与卢携关系不错，后者复任宰相之后，将司空图征召进京，担任过礼部员外郎、礼部郎中、知制诰、中书舍人等职务。在司空图的思想中，有比较浓重的遁世倾向。面对晚唐政治社会乱象，司空图报之以消极回避的态度。黄巢的队伍攻破长安后，司空图逃到乡下，过起了隐居田园的生活。此后，任凭朝廷如何征召，他都以有病或年迈为由，百般推脱不出。

在归隐田园的岁月里，司空图多数时间居住在中条山中的一座别墅里。这是个“泉石林亭，颇称幽栖之趣”的所在，司空图在其中写诗作文，自得其乐。在隐居的日子里，司空图既不跟官员来往，也不和百姓打交道，只是与一些志趣相投的文人高僧饮酒品茗、咏诗作赋。虽然日子过得不甚宽裕，但司空图不以为意，乐在其中。有一次，一个高官费尽周折请司空图撰写了一篇碑文，送给他上千匹高档布料做润笔。司空图却让人把这些布料拉到居所附近的一个集市上，让赶集的百姓随便取用。

朱温篡权后，以强力手段逼迫司空图出任礼部尚书。没法不去的司空图，到任后只好装憨卖傻，给人一种老眼昏花、糊里糊涂，啥事也干不了的印象。朱温没有办法，只好让他走人回家。唐哀帝李柷被杀后，怀念旧唐、万念俱灰的司空图，便绝食求死，最终呕血而亡，时年七十一岁。

司空图是个诗人，他的诗风追随王维、孟浩然，多写山林隐逸之情，格调淡泊宁静。“诗中有虑犹须戒，莫向诗中着不平”，是他奉行的诗歌创作主张。相较于诗歌创作，司空图的文学成就更主要地表现在诗论方面。

《二十四诗品》，是司空图的诗论专著。在这部作品中，司空图特别强调诗的“韵味”。他把诗歌的艺术风格归纳区分为雄浑、含蓄、清奇、自然、洗炼等二十四种,每种是为“一品”,每“品”用十二句四字韵语进行比喻说明,简洁明快,生动有趣。

经过近三百年的发展演变,唐代的诗歌艺术达到了后代难以企及的高度。但是在司空图之前,唐人鲜有像样的诗歌评论著作和学说。《二十四诗品》的出现,填补了这一空白,堪称唐代诗歌艺术理论的集大成之作,对于后世的诗歌创作和评论产生了非常深远的影响。可以这么说,如果没有《二十四诗品》,那么唐诗史就是不完整的,就是有很大缺憾的。

第二位名叫林慎思,乃福州长乐(今福建长乐市)人氏。有人认为,林慎思是福建历史上的第一位状元得主,这种说法其实并不确切。林慎思进士及第后,又通过了“博学宏词”科制举考试,是个双学位进士。有种说法称,林慎思拿了“博学宏词”科的第一名。林慎思是福建首位状元的说法,大约是由此而来。而古代科举的文状元,习惯上是指进士科的第一名,而非制举科考试的第一名。

林慎思自幼勤奋好学,胸怀大志。进士及第之后,林慎思历任校书郎、水部郎中等职务。因为直言敢谏,林慎思让唐僖宗很不爽,被贬官外放为万年县令。黄巢大军逼近长安之时,朝中百官逃的逃、躲的躲,无人敢与争锋。林慎思作为一个小小县官,却不畏强敌,率领手下少得可怜的军民,与黄巢的队伍展开了殊死搏战。由于实力对比过于悬殊,林慎思兵败被擒。黄巢原本想招降林慎思,但他宁死不屈,厉声大骂不止,因而被黄巢怒杀,时年只有三十六岁。

虽然年事不高,但林慎思是个有影响的思想家。其学说博采儒、道、法诸家之长,而自成一家之言。林慎思有著作《续孟子》、《伸蒙子》三卷、《文集》二卷传世,其理论主张被认为是宋代理学的先驱。

# 沉尸黄河的宰相

咸通十一年(870)庚寅科状元得主无考,从略。

咸通十二年(871)辛卯科状元,名叫李筠。李筠的生平仕履无考,有人经过考证认为,李筠疑是在唐武宗年间担任过宰相的李回之子。除此之外,关于此人再无其他话可说,姑且存目。

李筠有两个同榜进士同学比较有名,有必要作一简要介绍。

其一乃绛州闻喜(今山西闻喜县)人氏裴枢。在唐代比较出名的进士中,有两个名叫裴枢的人。第一个,就是那个坚决拒绝做主考官的姨夫照顾、凭自己真本事参加科举考试的人,比本科这个裴枢早很多年进士及第。但在不少史籍资料中,往往把两个裴枢混为一谈。

裴枢进士及第后,先是做过藩镇幕府,后来进京做官,历任校书郎、殿中侍御史、起居郎、兵部员外郎、吏部员外郎、给事中等职务。裴枢为人聪明机灵,很会来事,因而颇受担任过宰相的王铎、孔纬等人赏识,在官场发展很顺利。在孔纬做宰相的时候,裴枢已官至京兆尹高位。

孔纬因故被罢免宰相职务后,裴枢也受到了牵连,被贬官为歙州刺史。手握重兵的朱温,此时势力已经坐大。善于见风使舵的裴枢,又跟朱温称兄道弟,对其敬重有加。朱温实际把持朝政后,运作裴枢和崔胤出任宰相,二人基本上成了朱温的帮凶傀儡。

虽为傀儡,但裴枢常以"清流"自居,有时不免会有些书呆子气。有一回,朱温想任命亲信张廷范担任太常寺卿一职。大臣们在议论此事的时候,只有裴枢持不同意见。他说:"张廷范是有功之臣,担任的职务也很重要,这得益于他手里有兵权。太常寺卿虽然不是个特别重要的岗位,但以张廷范的出身经历而言,并不适合干这项工作。大家都说这是朱大人的意思,我觉得朱大人不会做出这样的安排。”因为裴枢的反对,致使这一人事安排相持不下。

这件事很快就传到了朱温的耳朵里,不容别人违逆的他,咬牙切齿地说:“我本以为裴枢是个有头脑、有见识的明白人,跟那些只会夸夸其谈、自以为是的书呆子不是同类。而他在张廷范任职问题上说的这些话,让他原形毕露了。”自此,朱温就对裴枢动了杀机。裴枢还是太天真了,虽然投靠了朱温,但没有真正搞明白怎样跟这种杀人魔王打交道。同这种人共处,一般只会有两种结果。一种是被他玩死,一种是把他玩死。

朱温此言一出,位居宰相之位的奸臣柳璨立马心领神会。他通过一番运作,先是罢免了裴枢的宰相职务,随后将其一贬再贬,直至降为泷州司户参军这样的芝麻官,充其量也就相当于个正科级。此时的朱温,羽翼已丰,篡唐决心已定,开始着手大规模清理夺权的绊脚石了。他先是指使手下秘密刺杀了唐昭宗,然后把唐昭宗的八九个儿子骗去喝酒,趁他们喝得兴起之际,命手下卫士将他们一一勒死。接着,又对一些他不信任或者得罪过他的大臣们下了手。

朱温手下有个亲信,名叫李振。此人是个科举困难户,在二十多年的时间里屡试不第。因而,他对朝廷官员有一种天然的仇恨。李振虽然学历不高,但鬼点子很多,是朱温的狗头军师,深得其信任。朱温逼迫唐昭宗迁都洛阳后,李振每次来到这里,都会撺掇朱温整人甚至杀人。那些被李振记恨的官员,谁碰见他谁倒霉,因此人送外号“猫头鹰”。

在李振和柳璨的谋划下,裴枢、王溥、独孤损、崔远、陆扆、赵崇、王赞等一批高官,被朱温逐出京城,贬斥到各地任低级官员。这些人行走到滑州白马驿(在今河南滑县境内)时,李振对朱温献计说："这些人平时不是自命不凡，自诩什么'清流'吗？如今他们快走到黄河边上了，不如就此把他们统统杀掉，尸首扔进黄河，让他们永远做'浊流'。"一个人的心理阴暗变态至此，令人不寒而栗。

跟着黄巢起家、后来叛变投靠大唐的朱温，也十分敌视知识分子，他曾干过这样一件残忍的事情。有一回，他跟一帮手下坐在一棵大柳树下小憩。闲聊间，他自言自语地说："这棵树比较适合做车毂。"大家纷纷赞同，有些人还站起来大声附和说："对对对，就应该做车毂。"谁料朱温突然变脸，怒喝道："你们这帮读书人就会人云亦云糊弄人，榆木才能做车毂，哪有柳木做车毂的！"说罢，呵斥身边卫士道："等什么等，还不赶快动手揍这些混蛋！"就这样，那些站起来抢着答话恭维朱温的人，都被当场乱棍打死，据说有数十人之多。

对于李振的这个狠毒主意，比他还坏的朱温，竟然"笑而从之"。于是，裴枢等三十余名曾经的朝廷重臣，被屠戮于白马驿，尸身还真就被丢进了河中。这一事件，史称"白马驿之祸"。"白马驿之祸"的发生，基本为朱温篡唐扫清了障碍。

其二乃宣州泾县（今安徽泾县）人氏许棠。这个许棠，就是那个瞧不起同乡汪遵，自己却比人家晚好几年才进士及第的人。许棠也是个科举困难户，二十多年屡试不第。但许棠没有因此而怨天尤人，仇视科举制度和考官。屡败屡试的许棠，一次次从头来过，本科终于金榜题名。此时的许棠，已是个知天命的小老头了。

许棠仕途不显，但颇具诗名。他与郑谷、任涛、李昌符等人被合称为"芳林十哲"，其《过洞庭湖》一诗尤其出名，因而人送雅号"许洞庭"。这首诗是这样写的："惊波常不定，半日鬓堪斑。四顾疑无地，中流忽有山。鸟高恒畏坠，帆远却如闲。渔父闲相引，时歌浩渺间。"

# 郑昌图骑驴去赶考

咸通十三年(872)壬辰科状元,乃开封(今河南开封市)人氏郑昌图。

郑昌图出身于官宦家庭,他的父亲郑涓官至太原节度使。青年时期的郑昌图,是个典型的花花公子,吃喝玩乐,四处游逛,就是不肯安心读书学习,因而名声很不好。对于应对科举考试这种皓首穷经的苦差事,郑昌图更不感冒,一度打算终身不碰它。

为了劝说郑昌图应考,他的家人没少费心思。但一般性的劝说,对他根本不起作用。有一天,他的一个亲戚的仆人因事外出,回来后对主人说:“我昨天经过洛阳城的时候,遇见了一件奇事。有两个穿黄衣服像是政府信使的人从西边过来,一路和我同行,路上聊得很近乎。到了一座庙跟前的时候,他俩跟我告别,并且问我家中主人今年是否参加科举考试。我说我家主人已经是级别比较高的官员了,而主人的孩子都还小,不到参加考试的年龄。他俩又问,那么你们的亲戚中可有参加考试的。我说主人家的亲戚应该有。他俩就告诉我,他们是专门押送录取皇榜的,合该我有幸遇见了他们。我就想偷看一下皇榜,人家说天机不可泄,不让我看榜。但是他俩在地上写字让我看,并且让我记牢。他们写了一个大耳旁,又写了一个口字,然后告诉我,今年的状元和最后一名,姓氏的字中都有大耳旁。而他俩的名字,都是三个字,其中最后一个字的外面是口字,口字里面还有字。说完之后,这俩黄衣人就不见了。今年的科举考试还没开始,难不成是我遇见神仙了?”

听仆人这么一说,郑昌图的那个亲戚十分惊奇。他仔细一琢磨,感觉郑昌图的名字就很符合这样的特征。于是,他就找到郑昌图，极力劝说他去应考。他大约如此对郑昌图说：“老天预兆你本科金榜题名啊！即使得不了状元，以最后一名被录取也是好的。有这样的吉兆，你不去试一下岂不是太可惜了？”面对这样的劝说，郑昌图就很难不动心了。

本科放榜之后，郑昌图拿了状元，最后一名名叫邹希回。郑昌图亲戚的仆人所言本科榜头榜尾二人姓名的三个特征，一一应验。此事为野史趣闻，各位读者可以不必当真，权为一乐就好。

本科考试还出了一桩笑谈。以往的科举考试，有条件的考生都衣着华丽，或骑高头大马或坐豪华车辆前来应考。本科参加进士科考试的考生，有上千人之多。这么多人报考，只录取二三十人，可见竞争之激烈。可能是出于倡导节俭之风的考虑，也可能是为了避免交通拥堵、停车难等问题的发生，主考官崔殷梦竟然突发奇想，规定所有考生不论家庭条件如何、地位高低，只能骑驴前来参加考试，否则以违规论处。

这样的规定，可苦了身材高大魁梧的郑昌图。他骑着一头小毛驴，晃晃悠悠、歪歪斜斜地赶往考场，一路真是别扭死了。为此，郑昌图曾赋诗以自嘲，可惜此诗已无从查考。郑昌图骑驴的窘态，也让围观者看了笑话，有人就编了两句顺口溜调侃他：“清瘦儿郎犹自可，就中愁杀郑昌图。”这个郑昌图的应变能力，也有所欠缺。骑驴那么别扭，你步行不就结了？不让骑马坐车，步行总不算违规吧。

夺得状元桂冠后，郑昌图担任过司勋员外郎、户部侍郎等职务。史籍关于郑昌图从政事迹的记载不多，但是他的下场很悲惨。

邠宁节度使朱玫胁迫一些朝廷高官拥立襄王李煴称帝后，郑昌图被任命为宰相。在有的史籍资料中，关于郑昌图曾任宰相的说法，大约就是源于此。严格地讲，郑昌图的宰相职务，应当被称之为“伪职”，是不能算数的。建立伪政权只有短短几个月的时间，朱玫便兵败被杀。随后，李煴以及郑昌图、裴澈等参与过这一事件的大臣，先后被诛杀。这个郑昌图真是太倒霉了，早知道是这么个结局，当初还不如不听亲戚的忽悠，去参加什么科举考试。

本科榜尾邹希回，也是个挺有趣的人物。屡试不第的邹希回，亦属资深老考生。金榜题名之时，他已经年近古稀，是个头发胡子花白的老头子了。在唐代，新科进士及第的庆典活动内容丰富、花样繁多，不仅有宴会、巡游，还有大雁塔题名、花园采花、操场踢球（蹴鞠）、戏园子看表演等各种文体活动。

对于各种庆典活动，邹希回不顾老迈年高，坚持每项都要参加。大约他是这样想的：年龄大又如何？咱也是堂堂进士出身，并不比谁低一头。该享受的待遇，是一定要享受的。对于老夫聊发少年狂的邹希回，同榜进士同学们都哂笑不已，有人调侃他道："你的名字倒是叫'希回'，可你这么个折腾法，不把这把老骨头弄散了架才怪。到那时，还有什么希望能回？"

## 封疆大吏逼死宰相

咸通十四年（873）癸巳科状元，乃山东曲阜人氏孔缥。孔缥是正宗圣人后裔，担任过大唐宰相的状元孔纬，是他的堂兄（一说为胞兄）。孔缥的生平仕履史籍无载，只能存目。

孔缥有个同榜进士同学很有名，此人便是晚唐名臣杜让能。杜让能，乃京兆（今陕西西安市）人氏，是初唐名相杜如晦的七世族孙，唐宣宗年间宰相杜审权的长子。杜让能进士及第后，历任咸阳县尉、长安县尉、监察御史、右补阙、殿中侍御史、礼部员外郎、礼部郎中、翰林学士、中书舍人、户部侍郎等职务。

杜让能才思敏捷，文笔精到，起草的文稿言简意赅，逻辑严密，针对性强。同时，杜让能忠心履职，服务到位，因而深得唐僖宗赏识。朱玫拥立襄王作乱之时，在君臣束手无策的情况下，杜让能力劝封疆大吏王重荣出兵勤王，力挽一时之危局。唐僖宗感念杜让能辅佐之功，将其提拔为礼部尚书，后来又加封为宰相。

唐昭宗即位后，凤翔节度使李茂贞自恃有功，拥兵自重，根本不把这位新皇帝放在眼里。李茂贞的自大让唐昭宗很不爽，便打算对其兴兵问罪。主意已定，唐昭宗就把杜让能找来安排此事。对唐昭宗的决定，杜让能持有不同意见，他说："陛下刚接班不久，天下又很不太平，需要处理的政务很多，有些事情不可操之过急。况且朝廷现在直接掌握的兵力有限，对付李茂贞并没有胜算。凤翔离京城这么近，一旦征战不利，后果不堪设想。"

唐昭宗却听不进劝，他有些不耐烦地说："现在皇室的地位越来越低，各方诸侯都不听召唤，朝廷的政令竟然都出不了京城，这成何体统！我可不想做那种被人任意摆布的傀儡皇帝，是时候杀鸡儆猴了。你不必担心，只管筹划作战方案、安排好后勤供应就是，领兵打仗的事情不用你管。这次即使打了败仗，也不会让你来承担责任。"

杜让能还是有些不放心，就对唐昭宗说："兴兵打仗这么大的事，陛下应该多找些大臣来研究商量一下。筹备作战方案工作这么重要，委托给我一个人来做，恐怕不大合适。"固执自负的唐昭宗，听杜让能这么说，就很不高兴，语带指责地数落杜让能道："你身为宰相，理当为我分忧、为国担当才是，遇事怎么能推三阻四、光想着逃避责任呢？"

事已至此，杜让能无法再坚持自己的意见了，他流着泪对唐昭宗说："我不是在逃避责任，而是根据目前的形势分析，认为讨伐李茂贞基本不可能成功。作为此事的具体操作者，我很可能会像汉代的晁错那样，白白断送了性命。不过陛下既然决定委此重任与我，我无话可说，只能以死相报。”

接受任务后，杜让能待在政府衙门，日夜筹划调兵筹粮等事宜，一个多月没有回家。朝廷的另一个宰相崔昭纬，跟李茂贞暗中勾结，关系十分紧密。杜让能早上说的话，李茂贞晚上就能知道。在掌握了朝廷对自己用兵的作战计划之后，李茂贞指使党羽在长安大肆造谣，蛊惑民众闹事，以干扰朝廷的讨伐行动。

在李茂贞党羽的鼓动下，一些不明真相的市民走上街头，高呼“李大帅劳苦功高，坚决反对政府对李大帅野蛮用兵！百姓要生活、要和平，不要战乱动荡！”这类的口号，在街上堵截交通、拦截围攻政府高官的轿子，并向他们投砖头瓦块。却原来，民众上街游行请愿示威这类事，是古已有之的啊。一些不负责任的高官被吓得大喊：“这都是杜让能鼓动皇上干的，不关我们的事！”

唐昭宗听了情况汇报之后，断定闹事民众是受李茂贞指使，因而更坚定了出兵讨伐的决心。这年八月，唐昭宗下诏免去李茂贞凤翔节度使职务，委派李嗣周为前敌总指挥，率领三万禁军进击李茂贞。李茂贞联合其他藩镇，发兵六万对抗。李嗣周所率禁军，除了新兵蛋子，就是养尊处优的少爷兵，跟李茂贞等人所率久经战阵的虎狼之师根本不是一个等量级的。双方对阵之后，还没有交手，李嗣周的部下就被对方的气势吓得屁滚尿流，一哄作鸟兽散。

李茂贞趁势进兵长安城下，长安举城震动。官民逃的逃、躲的躲，还有很多百姓跪在皇宫门前请愿，要求皇帝处死那些主张发兵讨伐李茂贞的大臣。被逼无奈的唐昭宗，只好下令杀了几个大臣，试图息事宁人。但是李茂贞不依不饶，给唐昭宗写了一封带有最后通牒性质的信，罗列了很多杜让能的所谓“罪行”，声称不杀杜让能决不收兵。

在这种情况下，杜让能义无反顾地站了出来。他对唐昭宗说：“我有言在先，如果讨逆行动功败垂成，我将以死报国，现在，是时候兑现我的诺言了。”乱了方寸的唐昭宗，泪流满面地对杜让能说：“对不起啦，杜爱卿！事情搞成这个样子，咱们只能永别了！”杜让能随之被下诏处死。摊上唐昭宗这么一个不知深浅、冲动起来乱拍板，出了事又束手无策、不敢担当的领导，也是杜让能无奈之宿命。

封疆大吏逼死宰相，是唐代藩镇割据之害的一个缩影。

## 新科进士满脸花

咸通十五年(874)甲午科状元，名叫归仁泽。归仁泽就是本书前面介绍过的状元归仁绍的弟弟，他们家创造了一个前无古人、后无来者的科举纪录，在三十多年的时间里，共有五人夺得状元桂冠。除此之外，归仁泽的生平事迹史载很少，只能存目。

本科考试又发生了一桩科举逸闻，不仅比较有趣，从中还能管窥晚唐官场和社会风气。

话说当时长安城中有个艺伎，名叫牙娘。此时的她，正值芳龄，花容月貌，堪称色艺双绝。这样一个尤物，自然引无数风流男人竞折腰。虽然长得倾国倾城，但牙娘是个性格火爆的女汉子。如果哪个男人惹她不高兴，轻则骂他个狗血喷头，重则挠他一脸花。被牙娘挠得皮开肉绽的男人，那可是多了去了。因而，牙娘喜欢挠人的名声，传遍长安城内外。但纵使是这样，也挡不住那些花心男人对牙娘趋之若骛。更有些人，竟然变态到以被牙娘挠过而沾沾自喜甚至引以为荣的程度。晚唐社会风气之颓废，由此可见一斑。而历史规律已经证明，在社会风气极度奢靡颓废之后，天下大乱必将接踵而至。民风社情一旦沦落至此，是很难再收拾回来的。

本榜有个进士,名叫夏侯泽。这是个典型的纨绔子弟官二代。他的老爸夏侯孜,分别在唐宣宗、唐懿宗两任皇帝手下做过宰相。作为娇生惯养的衙内,夏侯泽举止轻浮放浪,热衷于声色犬马、吃喝玩乐那一套。金榜题名之后,夏侯泽自然想找个场合放松一下。而他放松的去处,就是牙娘坐台的地方。

考中了进士很高兴,夏侯泽又喝了很多酒,于是就有些失态。他借着酒劲,对牙娘不仅百般言语挑逗,还动手动脚。牙娘不由地大怒,便出手抓了他个满脸花,有些地方还伤得挺重。由此看来,这位牙娘很可能是个卖艺不卖身的主儿。夏侯泽这次被抓伤,问题比较严重,因为第二天就是新科进士集体拜见恩师主考大人的日子。抓伤这么厉害,在这样短的时间里是无论如何也无法恢复的。搁在别人身上,还不得为第二天的活动愁死啊。

衙内就是衙内,夏侯泽倒是没那么多顾虑。第二天一早,夏侯泽没有采取装病请假等回避措施,而是带着一脸花,大摇大摆地前去拜见主考大人。同学们集合好之后,大家看见夏侯泽这副样子,不由窃窃私语,频频偷看他脸上的血道道。被大家像稀有动物一样打量,让夏侯泽很不爽,他不由地厉声喝道:“看什么看!不就是昨天晚上被那个牙娘抓破了脸吗?有什么大不了的!你们想被她抓,只怕是还没有这样的资格和机会呢!”

夏侯泽的无所顾忌,把大家吓了一跳,担心主考官生了气,会要求有关部门对他做出严厉责罚。搞不好,连官都没得做。没想到,对夏侯泽的孟浪之举,主考官裴瓒不仅没有生气,反而掩面窃笑不已。于是众人就想,没准儿主考大人也好这一口,也有过被牙娘挠个满脸花的经历。

牙娘虽然脾气火爆,但对情投意合之人,她很温存。在当时,有个姓赵的人跟牙娘很投缘。他很尊重牙娘,称其为“郎君”,从不对她言语冒犯。牙娘也很愿意和他在一起谈天说地,从来没有出手挠过他。这位姓赵的老兄,是个有家室的人,并且是个妻管严。他每次偷着去见牙娘,都谎称是去跟同性朋友相聚。但是世上没有不透风的墙,这哥们儿的小花活,不久就被老婆知道了。

有一天,这哥们儿跟牙娘私会回家之后,他老婆语带讥诮地说:“看你这满面春风、得意扬扬的样子,是什么事让你这么爽啊?一定是偷着见你那位如意‘郎君’去了吧!”被老婆这么一数落,那哥们儿面红耳赤、支支吾吾,半天没憋出句话来。往后,他大约很难再有机会去跟自己的“郎君”相会了。

本科发生的另外一件事也很有趣。在本榜进士中,有个名叫崔致远的人。这个人很有看点,因为他是个跨国考生——高丽人,也就是现在的朝鲜半岛人氏。由此可见,大唐的科举够开放,连国际考生都可以被录取。

崔致远很有才,进士及第时还不到二十岁。这说明,他小小年纪就熟练地掌握了汉语这门复杂的外语。崔致远在自己的著作《桂苑笔耕》中写道,他的父亲非常向往大唐文化,十二岁那年就让他独身前来大唐留学。送崔致远登船西渡之前,他父亲谆谆告诫他说:“如果你十年之内考不上大唐的进士,就不要再说是我的儿子,我也不会对别人说自己有你这么个儿子。到了大唐,你可一定要加倍努力,好好学习,不要辜负我的殷切期望啊!”

进士及第后,崔致远在大唐工作近十年,后来以大唐三品官员的身份荣归故国。崔致远是朝鲜古代著名的大诗人、大学者,被视为朝鲜汉文学的开山鼻祖,有“东国儒宗”“东国文学之祖”之美誉。

# 乱唐“国贼”“崔四人”

乾符二年(875)乙未科状元,乃荥阳(今河南荥阳市)人氏郑合敬。

郑合敬是个官宦子弟,父亲郑涯曾经官拜大唐宰相。本书前面介绍过的状元郑洪业,是郑合敬的堂兄。

郑合敬官终谏议大夫,但生平事迹史籍无载。他之所以能够史上留名,除了是个状元得主之外,还因为一次比较出名的嫖娼经历。

在《唐摭言》中,记述了这样一段故事。郑合敬拿了状元之后,心情自然大好,于是便跑到平康里这样的花街柳巷去放松快活。一夜风流之后,郑合敬特意赋诗一首以记之:“春来无处不闲行,楚闰相看别有情。好是五更残酒醒,时时闻唤状头声。”楚闰,是唐代名妓,艺名楚儿,字闰娘。郑合敬诗中的楚闰,自然是妓女的代称。因为这首诗,郑合敬就把自己的嫖娼经历留给了历史。

郑合敬事迹不多,他有个同榜进士同学却比较有名。当然,这里的“有名”是臭名昭著的意思。臭名也是名,此人也很值得一说。

此人名叫崔胤,乃清河武城(今山东武城县)人氏。崔胤出身显赫,他的爷爷,乃中唐时期名臣、本书前面作过介绍的崔从。他的父亲崔慎由,在唐宣宗年间曾经担任过宰相职务。

崔胤进士及第后,历任员外郎、郎中、给事中、中书舍人、兵部侍郎、吏部侍郎、岭南东道节度使等职务,后来官至宰相高位。至于他在哪个部门担任过员外郎和郎中职务,史籍语焉不详。值得一提的是,崔胤在宰相位置上,曾经四上四下,因而人称“崔四人”。

崔胤看上去老成持重、忠厚诚恳，实则阴险狡诈、心机极深。在这方面，他跟以口蜜腹剑著称的李林甫有得一比。朱温势力坐大之后，崔胤感觉他对自己有用，便与其暗通款曲，结为政治同盟。在朱温的全力支持下，崔胤逐步独揽朝政，以致到了无人敢惹的地步。

崔胤与朱温，一个在内把持朝政，一个在外握有重兵，两人狼狈为奸，干了不少陷害忠良、残杀政敌的坏事。人们普遍认为，朱温后来之所以能够具有篡唐夺位的实力，离不开崔胤当初在朝中的谋划铺垫。可以这么说，崔胤的帮助支持为朱温篡唐奠定了坚实的基础。

同藩镇割据、党争一样，太监（宦官）干政也是唐代的一大政治毒瘤。崔胤虽为奸臣，却也十分痛恨太监擅权。为了扫清政敌，崔胤与朱温合谋，诛杀了数百名太监。这一下，宫中有影响、有地位，包括朝廷派往各地做监军的太监，基本被杀干净了。只留下二十来个老弱病残的太监，负责宫中的洒扫擦洗等保洁工作。

崔胤是个有野心的人，为了巩固自己的权位，他在清理干净朝中政敌之后，又开始谋求掌握军权。在崔胤的鼓动下，唐昭宗同意由他主持重建禁军。崔胤说干就干，立即着手招兵买马，在京城内外广贴征兵海报。在优厚待遇的诱惑下，大批青年踊跃应征入伍。很快，崔胤就组建起了一支颇具规模的禁军队伍。队伍拉起来之后，崔胤又要求唐昭宗委任自己为新建禁军的统帅，开创了一个宰相兼任此职的先例。

崔胤拉队伍搞武装之举，不可能不引起朱温的猜忌。朱温与崔胤结盟，无非是想把他当作工具使用，算是在朝中安插了一个耳目，或者是代言人。看到崔胤自己也有模有样地拉起了队伍，朱温大约会如是想，这个崔胤究竟想干什么？这不是要与本大人分庭抗礼吗？我岂能容他！崔胤阴险归阴险，但在狠毒方面，他远不是朱温的对手。贸然拉队伍，为崔胤日后被朱温搞掉埋下了伏笔。

事有凑巧，新禁军组建不久，朱温派往京城监视朝廷百官，其中也包括朱温的儿子朱友伦。朱友伦在一次酒后玩骑马打球游戏的时候，失足从马上跌了下来。按说朱友伦也是个久经战阵的将领，但没想到这么不经折腾，竟然就被摔死了。疑心极重的朱温，就怀疑这是崔胤搞的鬼。再联系到崔胤私自拉队伍之举，朱温更加坚定了自己的判断。

建立在利益和利用基础之上的同盟小船，说翻就翻。在得知朱友伦死讯之后，朱温立即派另一个儿子朱友谅秘密潜往京城，接掌朱友伦手下的部队，密切监视宫廷动向。随后，朱温亲率大军向长安进发。闻听这一消息，朝廷上下乱作一团，以致官员们都不敢到衙门去上班了。

在行军途中，朱温给唐昭宗写了一封最后通牒性质的弹劾书，其中列举了崔胤的种种罪状，要求立即将他和其同党一并处死。在等待唐昭宗答复的同时，朱友谅派兵把崔胤官邸围了个水泄不通。他自己则带兵堵在皇宫门前，以武力威慑逼迫唐昭宗。在这种情况下，唐昭宗再不情愿也没办法了，只好在处死崔胤的报告上签了字。

大难临头之际，崔胤像个输光的赌徒，一边狂扇自己耳光，一边歇斯底里地仰天大喊："我引狼入室，罪有应得！我是个卖国奸贼，罪该万死！"可悲的是，在崔胤被杀的同时，崔氏家族有数百人一起为他殉了葬，几乎被灭族。可叹一代名臣崔从，因为家中出了崔胤这么个不肖子孙，其宗族竟遭此滔天大祸。

崔胤死后，人们均以"国贼"称之。

## 状元请不动名主持

乾符三年(876)丙申科状元,乃山东曲阜人氏孔缄。孔缄是孔子四十世孙,正宗的圣人后裔。做过宰相的状元孔纬,是孔缄的哥哥。孔缄生平仕履无考,本科也无出名进士,只能存目。

乾符四年(877)丁酉科状元得主已经无法查考,从略。

乾符五年(878)戊戌科状元,乃武邑武遂(今河北武强县)人氏孙偓。

虽然没有显赫的家世背景,但孙偓的官运不错。夺得状元桂冠后,孙偓仕途一路顺畅,历任右补阙、长水县令、京兆尹、户部侍郎、凤翔节度使、礼部尚书等职务,并且曾经官拜大唐宰相。孙偓能力平平,执政无甚建树。但此人性格宽厚,谦恭诚实,从不盛气凌人摆官架子。这一点,大约也是他在官场顺风顺水的原因之一。

孙偓中状元后,发生了一件比较有趣的事情。由于这件事涉及晚唐的社会风情,故而值得一说。

当时,长安有个名叫郑举举的妓女。此人虽然姿色平平,但受到达官贵人、名流学者的狂热追捧。貌不惊人的郑举举,在业界为何如此火呢?是因为她知识渊博、才思敏捷,尤其是她的口才极好,出口成章而又机智幽默,玩"脱口秀"堪称一绝。一些学者名流,在她面前也往往甘拜下风。在风尘女子之中,郑举举属于凭本事吃饭的那种人。

后来,由于身体不太好,也可能是因为厌倦了卖笑生涯,郑举举发挥口才好的特长,转行干起了主持人或者司仪的行当。在唐代,主持人或者司仪这个行当,被称为"都知"。由于郑举举早已名声在外，转行后生意好得不得了。高官显贵、名流富商家中有婚庆喜事，或者是举办个重要宴会、仪式什么的，都以能请到郑举举主持助兴为荣。

孙偓在中状元之前，是个没见过什么大世面的土老帽。他听说郑举举如此有名，便想请来见识见识。有一天，他邀请各位同榜进士同学喝酒，派人邀请郑举举前来助兴。孙偓本以为，以自己状元的名头，郑举举会给自己一个面子。没承想，郑举举以身体不佳为由，让孙偓碰了一鼻子灰。

状元请不动名主持，被众人认为是很没面子的一件事。为此，孙偓一个名叫卢嗣业的同榜进士同学，专门赋诗一首调侃了他一番："未识都知面，频输复分钱。苦心事笔砚，得志助花钿。徒步求秋赋，持杯给暮饘。力微多谢病，非不奉同年。"

在孙偓的同榜进士同学中，还有个名叫李深之的人。不知为何，郑举举很给李深之面子。有可能李深之也是个名嘴之类的人物，二人惺惺相惜吧。有一回，李深之和一帮同榜进士同学聚餐喝酒，有人想请郑举举前来助兴，但郑举举又以身体不舒服为由推脱不来。于是，大家便怂恿李深之出面邀请。李深之一开口，郑举举还真就大驾光临，屈尊前来捧场了。这件事，自然让李深之在同学面前挣足了面子。

"花间派"词人的重要代表人物牛峤，也是孙偓的同榜进士同学。牛峤是"牛党"首领牛僧孺的孙子，自幼胸怀大志，勤奋好学。然而，因为种种原因，牛峤在政界并无太大发展，只能在东奔西走、颠沛流离中吟诗作赋以自娱。直到大唐垮台之后，王建在四川建立了一个名为"前蜀"的小朝廷，牛峤才在那儿混上了秘书监、给事中的官职。因此，牛峤人称"牛给事"。

牛峤特别推崇陈子昂、杜甫、李贺等著名诗人，尤其是李贺，简直就是牛峤的心中偶像。"窃慕李长吉（李贺字长吉）所为歌诗，辄效之”，在自己的文章中，牛峤曾这样写道。牛峤虽然自称格外倾慕李贺的诗风，也曾下大力气刻意予以模仿，但是他的诗词成就，更多地表现在风花雪月的“花间词”方面。他的这方面作品，风格近似于温庭筠。

《菩萨蛮》系列，是牛峤的代表作。在此转录两首，从中可以看出牛峤的诗词创作风格。其一：“玉楼冰簟鸳鸯锦，粉融香汗流山枕。帘外辘轳声，敛眉含笑惊。柳阴烟漠漠，低鬓蝉钗落。须作一生拚，尽君今日欢。”其二：“柳花飞处莺声急，晴街春色香车立。金凤小帘开，脸波和恨来。今宵求梦想，难到青楼上。赢得一场愁，鸳衾谁并头。”如果不做说明，看了这两首词，没准儿真有人会以为是出自温庭筠的手笔。

## 状元奸相崔昭纬

乾符六年（879）己亥科状元无考，从略。

广明元年（880）庚子科状元，乃开封（今河南开封市）人氏郑蔼。此人的生平仕履史籍无载，本科也无特别值得一写的出名进士，只能存目。

中和元年（881）辛丑、中和二年（882）壬寅两科状元均无考，从略。

中和三年（883）癸卯科状元，乃清河（今河北清河县）人氏崔昭纬。

崔昭纬，跟本书前面介绍过的崔胤一样，是晚唐臭名昭著的政治人物，位列唐代十大奸相之一。

崔昭纬的出生年月史载不详，有人考证称，他中状元之时，已到不惑之年。崔昭纬为人阴险狡诈，善于投机钻营，因而在官场上如鱼得水，一路畅达。崔昭纬中状元之后，仅仅过了七年，便官拜大唐宰相。一个人能有这样的飚官速度，只能说明官场的政治生态出了大问题。乱象丛生的晚唐，科举所录取之人出现了两个极端，要么寂寂无闻，甚至史料不存；要么像崔昭纬、崔胤等人一样，呼风唤雨，晋升速度如同火箭升空。

崔昭纬精明过人，十分善于研判形势，并能最大限度地为己所用。在晚唐，内有宦官乱权干政，外有藩镇拥兵自重。在这种情况下，崔昭纬内勾宦官、外结强藩，在两大政治势力之间游走裕如。崔昭纬之所以能在宰相位置上待七八年之久，除了善于玩权术之外，高超的交际手腕也在其中发挥了很大作用。

崔昭纬重点结交的藩镇，主要是李茂贞、王行瑜两个节度使。这两个封疆大吏，手下拥有重兵，驻防地又距京城比较近，在当时属于实力比较强、在一定程度上能够左右朝政的人物。崔昭纬勾结这两个人，祭出借刀杀人阴招，逼死了名臣杜让能，为自己清除了一大政敌。

杜让能死后，唐昭宗又任命李溪为宰相。对这一人事安排，崔昭纬极为不满。因为与李溪政见不同，崔昭纬感觉这是对自己权位的一个巨大威胁，必欲除之而后快。于是，他就给李茂贞、王行瑜发去密信，极力挑拨他们与唐昭宗的关系，言称任命李溪为宰相，就是为了牵制他们的行动、限制他们的势力。

在崔昭纬的挑唆下，李茂贞、王行瑜多次给唐昭宗写信，历数李溪的种种不是，强烈要求唐昭宗将其撤职查办。迫于二人的压力，唐昭宗只好免去李溪的宰相职务，让他改任太子太师虚衔。崔昭纬排挤打击政敌的阴谋，又一次借藩镇之手得逞。

李溪被免职后，李茂贞、王行瑜依然不依不饶，随便找了个借口就带兵开进京城，杀了李溪和几个与自己有利益冲突的宦官。藩镇割据扰乱朝政之烈，令人瞠目结舌。为了进一步巩固权势地位，李、王二人还密谋废掉唐昭宗，另立一个傀儡皇帝，以达到挟天子以令诸侯的目的。

知道了李茂贞、王行瑜的阴谋后，吓得唐昭宗带着一些官员逃离长安，跑到一个偏僻的地方躲了起来。另一个军阀李克用，不甘心让李茂贞、王行瑜二人坐大，就带兵向长安进发，准备进行武力干预。在李克用的威慑下，李茂贞、王行瑜只好退出长安城。

在与李克用等人的争斗中，李茂贞、王行瑜的实力受到了比较大的削弱，尤其是王行瑜。在这种形势下，一些大臣向唐昭宗检举了崔昭纬勾结强藩、危害朝政的不法行为。早已不耐烦的唐昭宗，趁机痛打落水狗，罢免了崔昭纬的宰相职务，接着又将其降级为副市级干部（梧州司马）。

不甘心就此倒台的崔昭纬，又试图投靠另一个实力越来越大的封疆大吏朱温。在前往贬所的途中，崔昭纬给朱温写了一封求救密信。朱温此时在朝中已经有了自己的代言人崔胤，自然不会太拿失势的崔昭纬当回事。唐昭宗得知这一消息后，为了断绝后患，便又发出了一道命令，将崔昭纬赐死。唐昭宗这个皇帝做得也太窝囊了些，既经常受藩镇欺负，又做不了一些权臣和宦官的主，可以说是三头受气。到头来，他自己也死在了藩镇手中。因而，有机会痛打崔昭纬这样的落水狗，唐昭宗也算是出了心头一口恶气。

被派去宣布命令的宦官，在湖北荆州附近追上了崔昭纬一行，并现场监督了赐死命令的执行。机关算尽太聪明，反算了卿卿性命。善玩权术者，往往为权术所害，这也是官场铁律之一。崔昭纬发迹于权术，毁灭于权术，在历史上留下了一个状元奸相之恶名。

# 又见自定状元郎

中和四年(884)甲辰科状元无考。因为史籍没有任何本科进士的相关记载,也有可能政府本年度没有组织科举考试,故而从略。

光启元年(885)乙巳科状元,乃福建籍人氏许佑孙。此人生平仕履无考,本科也无特别知名进士,姑且存目。

光启二年(886)丙午科状元,姓陆名扆。晚唐不仅政治社会乱,年号也很乱,东改西改,让人有点摸不着头脑。

陆扆祖籍江苏,其先人迁徙至陕州(今河南三门峡市)定居。陆扆出身官宦家庭,曾经担任过大唐宰相的陆贽,是他的本祖爷爷。

陆扆才思敏捷,诗赋文章颇有名气。由于家庭背景特殊,陆扆常在上层社会走动,结交了不少达官贵人,积累了丰富的人脉资源。比方说,中书舍人郑损在与陆扆相识后,十分赏识他的文笔,两人遂成莫逆之交。

在《唐摭言》中,记述了这样一段科举轶事。这年六月,眼见朝廷迟迟没有举办科举考试的意思,陆扆心中不免有些着急。天气炎热不适宜组织大规模考试,是许多人的共识。比如现行的高考制度,教育部就根据社会各界的建议,从最热的七月份,改在了还不是太热的六月初。按照唐代科举的惯例,此时已经过了组织考试的时间。也就是说,政府主管部门可能打算本年度暂停科举考试。

情急之下,陆扆四处奔走,游说了一些宰相、大臣等高官,要求他们动议组织科举考试。因为他觉得,自己金榜题名的时机已经成熟,不能再作太久的等待。在陆扆的游说下,这些人竟然就同意了他的请求。能够使政府改变既定工作计划，陆扆的能量够大。

这还不算完。政府决定组织科举考试之后，陆扆又跑到一些头面人物，包括时任宰相的郑从谠那里，建议指派郑损担任本科主考官。令人匪夷所思的是，陆扆的建议又得到了他们的首肯。这么多的政府高官，都成了一个考生手中的提线木偶，晚唐官场到底有多乱，可以想见。

更加让人震惊的事情还在后面。郑损被任命为主考官之后（关于本科主考官，另有郑延昌一说），投桃报李，把录取等事宜暗中全权委托给陆扆办理。在考试命题工作中，陆扆想必也出了不少主意。这就等于是一个参加国家正规考试的考生，在自己出题考自己。这样的事情，岂非天下之奇闻、千古之奇观？

考试结束之后，该录取哪些人、谁又该排在什么样的位次，大撒把的郑损，也悉由陆扆定夺。在这种情况下，陆扆自然当仁不让地让自己做了状元。本书前面介绍过，有个名叫尹枢的考生，曾经毛遂自荐做了状元。但那是在阅卷官员人手不足的情况下，主考官杜黄裳临时指定文笔过人的他，帮助自己批阅其他考生试卷。在阅卷过程中，尹枢处事公道、评判准确，因而杜黄裳奖励了他一顶状元桂冠。尹枢拿状元的过程，虽说不够严谨规范，大家倒也都比较服气。

陆扆虽然也比较有才，但他与郑损在本科考试中的做法是典型的公权私用，简直把严肃的国家考试当作儿戏。所以，陆扆自定的这个状元头衔，就难以服众，招致朝野颇多非议。即使陆扆在做了大官以后，同僚们还不放过他，一有机会就拿他开涮。比方说，每逢天气大热之时，有人便会这样挖苦陆扆："我说陆大人啊，像今天这样的天气，倒是很适合组织个考试、确定个录取名单什么的。"听了这样的话，陆扆不知是何滋味在心头。

为官之后，陆扆历任蓝田县尉、知制诰、翰林学士、中书舍人、兵部侍郎、户部侍郎等职务。中状元十年之后，陆扆官拜大唐宰相。这样的晋升速度，也足够惊人。但刚被任命为宰相，陆扆就因为对地方割据势力用兵的事情得罪了唐昭宗，被贬官为陕州刺史。三年后，陆扆官复原职，再度出任宰相一职。

虽然状元头衔有些名不正、言不顺，但陆扆为官比较清正敬业，也很有工作能力。他担任翰林学士、知制诰时起草的文稿，重点突出、逻辑严密、言辞精炼，深得唐昭宗喜欢。唐昭宗曾对身边大臣们说："当年朝廷有陆贽、吴通玄两大笔杆子，负责重要文稿撰写工作。大家都认为他俩的水平无人能及，后无来者。这话如今看来，说的有些绝对了。现在这个陆扆，不就是他们很好的继承者吗？有这样的人才在身边服务，我很满意。"

朱温逼迫唐昭宗迁都洛阳后，朝政一度由崔胤把持。在崔胤的排挤下，陆扆再度被免去宰相职务，做了个"分司东都"的闲差。朱温在指使手下杀害唐昭宗之后，为了彻底扫清篡权夺位的障碍，把一批朝廷重臣贬斥出京城，其中陆扆被贬为濮州司户参军。陆扆与裴枢、独孤损、崔远等三十多位被贬大臣，在行走到滑州白马驿之后，被朱温下令一起杀掉，抛尸黄河之中。

陆扆是个诗人和书法家，在当时具有较高的知名度。他的名句"今秋已约天台月"，曾被人们广为传诵。但遗憾的是，该诗全貌已无从查考。

## "当为一代风骚主"

光启三年(887)丁未科状元，乃京兆奉天(今陕西乾县)人氏赵昌翰。赵昌翰的父亲赵蒙，于三十二年前也拿过状元。赵家父子同为大唐状元，亦为科举佳话一桩。赵昌翰夺得状元桂冠之后，做过考功郎中。除此之外,史籍关于此人均以“余事不详”四字概之,因而只能存目。

在赵昌翰的同榜进士同学中,有个比较出名的人物。此人名叫郑谷,乃袁州宜春(今江西宜春市)人氏。郑谷出身官宦家庭,父亲做过永州刺史这样的地方大员。

郑谷自幼聪颖过人,还在拿着竹竿当马骑的孩提时代,就会学着吟诗作赋了(“自骑竹之年则有赋咏”)。郑谷的父亲在地方任职时,曾跟著名诗人兼诗评家司空图住在同一个政府宿舍院内。有一天,司空图听了少年郑谷作的一首诗之后,不由地大为赞叹,拍着他的肩膀说:“不得了,不得了!这孩子将来会有大出息的,当为一代风骚主啊!”

虽然很有才,但郑谷的科举之路颇为不顺。他屡试屡败,困顿科场达十六年之久。好在他没有轻言放弃,本科终于金榜题名。郑谷进士及第之后,担任过鄠县县尉、右拾遗、右补阙等官职。跟着唐昭宗避难华州期间,郑谷被任命为都官郎中。都官郎中,是刑部的一个司局级职务,主要负责有关案件的审理、复核等工作。因为这段任职经历,郑谷被时人称为“郑都官”。

郑谷原本也有自己的政治理想,也想在政界施展自己的抱负,为国效力、为民造福。然而,晚唐的政治社会乱象,使他深感无力回天。对现实失望之余,郑谷采取了消极回避的态度。朱温逼迫唐昭宗迁都洛阳、烧毁长安宫殿之后,郑谷在一位同乡高僧的指点下,辞去官职,回到故乡宜春,隐居于仰山书屋。

郑谷是晚唐比较著名的诗人,一生创作了一千多首诗。《全唐诗》收录有他的作品三百余首。郑谷的诗作清新平实,通俗易懂,因而被许多家庭用作少年儿童启蒙文学读物。比如宋代文豪欧阳修就自称,自己儿时经常诵读郑谷的诗作。因为语言近似于口语化,一些名家就认为郑谷的诗有些市井低俗之气,格调不够高。

对于文学创作来说，雅俗共赏、老少咸宜，是一种并不容易达到的境界。文学作品最有权威的评判者，是读者大众。一些所谓的名流雅士，写作一味故作深沉、自命清高，写出来的东西佶屈聱牙、晦涩难懂，广大读者根本不买账。这样的作品，作者再怎么自认高明、吹鼓手再怎么抬轿子，也是不能流传久远的。而郑谷那些朗朗上口、明快流畅的诗作，虽然被一些名流瞧不上眼，但被无数民众所认可，因而做到了流传久远。

郑谷有首题为《鹧鸪》的诗，可以看作是他的代表作。笔者转录于此，与各位读者共赏："暖戏烟芜锦翼齐，品流应得近山鸡。雨昏青草湖边过，花落黄陵庙里啼。游子乍闻征袖湿，佳人才唱翠眉低。相呼相应湘江阔，苦竹丛深日向西。"因为这首诗在当时很有名，郑谷又被称为"郑鹧鸪"。

在郑谷身上，还发生过一段有趣的"一字师"故事。湖南有个叫作齐己的和尚，是个痴迷的诗歌爱好者。有一次，他写了一首题为《早梅》的诗，自我感觉很得意，尤其是对其中"前村深雪里，昨夜数枝开"两句，齐己认为简直就是可遇不可求的佳句。于是，就不顾路途遥远，专程跑到自己的偶像兼诗友郑谷的隐居处，请他评价指正。

大凡文学爱好者，一旦写出自我感觉很好的诗词文章，一般都以找同道者共赏为乐事。不然的话，就会有种不吐不快的憋屈感。齐己大约也是这样的人，他前来找郑谷，嘴上说是请教指正，心中未必就没有炫耀一下，向郑谷征求表扬的用意在。

郑谷看了齐己的诗以后，略一沉吟，然后对他说道："你的这首诗题为'早梅'，无非是想表现梅花傲雪早开，但是你却用了'数枝开'三个字。'数'为多，这个字无形中把'早'的意蕴给冲淡了不少。我觉得，如果把'数枝开'改成'一枝开'，就能更传神地表达出'早'的含义来。我的意见不一定正确，仅供你参考啊。"

齐己倒也不是那种只愿意听好话的人，他听了郑谷一番话，不由地大为叹服，从椅子上一跃而起，甩甩袖子翻身下拜，边拜边心悦诚服地说："尊敬的郑先生，我真是彻底服了您了。您的这一字之改，立马把我的诗提升到了一个全新的层次，您可真称得上是我的一字之师啊！"

## "雏凤清于老凤声"

文德元年(888)戊申科状元，乃荥阳(今河南荥阳市)人氏郑贻钜。此人生平事迹无考，本科也无能够独立成篇的进士可写，姑且存目。

龙纪元年(889)己酉科状元，姓李名瀚。李瀚的籍贯生平、为官经历等情况，也已无从查考，只能存目。

在李瀚的同榜进士同学中，倒是有两个值得一写的人物。

其一乃京兆万年(今陕西西安市)人氏韩偓。韩偓自幼聪颖过人，学习又十分自觉刻苦，小小年纪就会写诗作文，是那种小神童式的人物。

唐代著名诗人李商隐，是韩偓的姨夫。有一回，李商隐与一帮文友聚会，年仅十岁的韩偓即席赋诗助兴，出语不凡，令举座皆惊。对这位小外甥的才思，李商隐也啧啧称奇，专门题诗一首予以褒奖："十岁裁诗走马成，冷灰残烛动离情。桐花万里丹山路，雏凤清于老凤声。"名家就是名家，"雏凤清于老凤声"这句李商隐夸奖外甥的话，也成了千古名句。

虽然早有才名，韩偓的科举之路颇为不顺，困顿科场多年。金榜题名之时，韩偓已经是个四十七岁的中年人了。从政之后，韩偓做过左拾遗、刑部员外郎、中书舍人、左谏议大夫、翰林学士、兵部侍郎等官职。因为协助崔胤平息了宦官刘季述等人发动的宫廷政变，韩偓深受唐昭宗器重。唐昭宗多次提议任命韩偓为宰相，但韩偓以能力资历不足以承担这样的重任为由，坚辞不就。作为一个官员，心中应当有责任、有担当，对自己要有清醒的认识，而不能只盯着官帽子。韩偓的所作所为，值得肯定。

崔胤是个典型的投机分子，他先是利用封疆大吏李茂贞牵制宦官的势力，后来又引朱温势力入朝，制约李茂贞。对崔胤的这种玩火之举，韩偓忧心如焚。他曾对唐昭宗如此建议："崔胤先是招了一条狼入朝，现在又弄了一只虎干政。虎狼争斗于朝中，不出大乱子才怪。"这说明，韩偓当初与崔胤合作搞掉刘季述，完全是出于公心，而不是与这个大奸臣同流合污。

韩偓曾向唐昭宗建议，任命赵崇、王赞为宰相。这一建议，得到了唐昭宗的首肯。朱温闻讯，大为恼怒，火速赶往京城，在唐昭宗面前历数二人的种种不是，指责其用人不当。摄于朱温的淫威，唐昭宗把责任一股脑地推给了韩偓："这两个人都是韩偓推荐的，不关我的事。"可见，此时的唐昭宗，已经完全成了一个傀儡。为这样的皇帝打工，韩偓所能做的，也只能是空叹报国无门了。

韩偓是个很有骨气的人，从不肯在朱温面前低头。比方说，当朱温与崔胤召集百官议事的时候，大家都恭恭敬敬地起立迎接，极尽阿谀奉迎之能事，只有韩偓端坐不动，理也不理。对于这样一块绊脚石，朱温自然要毫不留情地搬掉。在朱温的逼迫下，唐昭宗只好同意将韩偓贬谪为濮州司马。唐昭宗被害后，朱温伪装大度，以高官厚禄为诱惑，发函征召韩偓回京任职。韩偓知道此去必入虎狼窝，就没理他那个茬，举家南下福建以避祸。在这个问题上，韩偓很明白也很有定力。面对高官厚禄的诱惑，很多官员往往头脑发昏，丧失基本的判断力而自投罗网。

在大唐灭亡十几年后，韩偓以八十一岁高龄客死福建。韩偓是晚唐著名诗人，有“一代诗宗”之美誉。在韩偓的诗作中，有不少贴近现实，关注民间疾苦之作，具有较强的艺术感染力。他的《自沙县抵龙溪县，值泉州军过后，村落皆空，因有一绝》堪称名篇：“水自潺湲日自斜，尽无鸡犬有鸣鸦。千村万落如寒食，不见人烟空见花。”

其二乃太原祁县(今山西祁县)人氏温宪。温宪的父亲，是大名鼎鼎的唐代诗人温庭筠。温庭筠为人狂放不羁，言辞文章屡屡触怒权贵，在官场上得罪了很多人。那些被温庭筠得罪过的人，不仅记了他的仇，连他的儿子也没有放过。比如郑延昌，就屡次公报私仇，在主持科举考试时故意打压温宪。都说是父债子还，却原来这债不只是经济层面上的，还包括人情层面上的。说不完道不尽、让人无可奈何的官场人际关系！

屡试不第的温宪，曾在崇庆寺题诗一首，以宣泄心中郁闷之气：“十年沟隍待一身，半年千里绝音尘。鬓毛如雪心如死，犹做长安下第人。”虽然嘴上说“心如死”，但温宪并没有真正死心，该报考还是照样报考。郑延昌做了宰相之后，有一次去崇庆寺做公务祭拜，碰巧看到了温宪的题诗。读了温宪的诗之后，为之动容的郑延昌良心发现，指示有关部门，如果温宪再来报考，就不要再难为他了。就这样，温宪终于在本科金榜题名。

温宪为官不显，但颇具诗名，与郑谷、许棠等人合称“芳林十哲”，亦称“咸通十哲”。

## 仗势欺人崔昭矩

大顺元年(890)庚戌科状元，乃弘农(今河南灵宝市)人氏杨赞禹。此人的生平仕履无考，本科也无能够独立成篇的进士，姑且存目。

大顺二年(891)辛亥科状元,乃清河(今河北清河县)人氏崔昭矩。崔昭矩的哥哥,就是有奸相之称的崔昭纬。崔昭纬比弟弟崔昭矩早八年中状元,一奶同胞的兄弟,接连夺得状元桂冠,原本也属科场佳话,然而,崔昭矩的这个状元头衔有点难以服众,所以,这佳话也就打了很大的折扣,变得不那么佳了。

在本科考试开始之前,崔昭纬刚刚被任命为宰相。中状元仅仅过了七八年,就能爬上宰相高位,一方面反映出晚唐政坛之乱象,另一方面也说明崔昭纬谙熟官场之道,善于抓权揽权。作为一个阴险狡诈、善玩权术的奸臣,登上高位的崔昭纬炙手可热、权势熏天,在朝中运作个人事安排、科举考试录取什么的,简直就是小菜一碟。朝中百官,又有几个敢不看崔昭纬的脸色行事!

像崔昭纬这样的人一旦掌了权,指望他按政策规定秉公办事、不利用职权为家人亲友谋取利益,那也是不可能的事情。如今崔大宰相的亲弟弟来参加科举考试,主考官等人哪敢有丝毫怠慢?因而,崔昭矩的状元头衔,基本可以肯定是人为因素干预的结果。如果不是崔昭纬做宰相,崔昭矩不要说拿状元,能否进士及第也难说。

哥哥崔昭纬是个奸臣,弟弟崔昭矩也不是什么好人。他性格狂傲,举止粗野,素质很差。如今哥哥手握重权,自己又成了状元,崔昭矩更加不可一世、飞扬跋扈,把谁都不放在眼里,经常干出些仗势欺人的事情。对那些同榜进士同学们,崔昭矩颐指气使、呼来喝去,弄得大家都不愿意跟他交往,避之唯恐不及。

凡事总有例外。崔昭矩有个同榜进士同学,名叫团所由。此人大约是看中了崔昭纬的权势,对其有所图,因而心甘情愿地做了崔昭矩的小跟班。对这个团所由,崔昭矩是开口就骂,抬手就打。生气的时候,还会拿鞭子抽他一顿。对于这样的人格侮辱,团所由唯唯诺诺，不敢说半个不字。

不尊重下属同僚人格的官员，是没有人文情怀的官员。指望这样的人发自内心地关爱民众、服务民众，无异于缘木求鱼。如今有些官员，对下属动辄叱骂，有的甚至还有打耳光、踹屁股的过分之举。不懂得尊重他人，必定不会同情弱小。这样的人，即使能力再强、嘴上说得再好听，也很难成为一个真正的好官。

对权贵俯首帖耳、逆来顺受的官员，在面对地位低于自己的人时，往往又会是另一副面孔。比如团所由，在崔昭矩面前像个小绵羊，在不如自己的人面前，却狐假虎威、盛气凌人。在《唐摭言》中，就记载了这样一件事。有一次，团所由跟着崔昭矩等一帮同榜进士同学外出游玩，路上遇见了一个姓薛的失势高官回京办事。团所由见人家轻车简从、行李寒酸，就冲上去呵斥道："你没长眼睛吗？还不赶紧给'新郎君'让路！""新郎君"，是唐代民间对新科进士的俗称。团所由狗仗人势的小人嘴脸，一览无余。

崔昭矩拿了状元不到五年，就爬到了给事中这样重要的位置上。很显然，这无疑是得益于朝中有人好做官的官场潜规则。有崔昭纬这样大权独揽的哥哥，崔昭矩想不进步也难。在崔昭纬这样的高官身边，吹喇叭、抬轿子的人多的是，升官发财这类好事，自然不会漏下崔昭矩。

正所谓其兴也勃、其败也速。崔昭矩做给事中不久，崔昭纬就垮台了。崔昭纬被唐昭宗赐死之后，崔昭矩便不知所终了。在史籍文献中，没有关于崔昭纬死后崔昭矩去向的记载。按照树倒猢狲散、墙倒众人推的官场一般规律推论，他的下场肯定好不了。对崔昭矩而言，被免官回家做老百姓，恐怕是最好的结局了。搞不好，还会被仇家借机斩草除根，找个理由杀掉完事。崔昭矩在哥哥得势的时候，不知天高地厚地得罪过那么多人，不知有多少人在咬牙切齿地等待落井下石的机会呢。

不论是谁,摊上个崔昭纬这样的哥哥或长辈,自己是没得选择的。这种情况如果放在一个明白人身上,对此能有一个比较清醒的认识,做人行事注意保持低调内敛的态度,或许能够起到一种自我保护或者说是自我救赎的作用。而像崔昭矩这种在哥哥如日中天时得意忘形、仗势欺人的角色,于一荣俱荣之后,必定会有一损俱损接踵而至。常言道,不是不报,时候未到。时候一到,统统报销。但是,又有多少人能明白这个道理呢?

## 卢玄晖痴心不改求功名

景福元年(892)壬子科状元,乃苏州吴郡(今江苏苏州市)人氏归黯。归黯的父亲归仁泽,比他早十八年获得过状元殊荣。本科录取结果公布的那天,归黯正在家中拜堂成亲。“洞房花烛夜,金榜题名时”,啥叫双喜临门?请看归黯。除了这段佳话之外,归黯的其他事迹不可考,本科也无知名进士,姑且存目。

景福二年(893)癸丑科状元,乃清河(今河北清河县)人氏崔胶。崔胶出身名门,叔父崔彦昭做过大唐宰相。但崔胶本人的事迹史籍无载,也只能存目。

崔胶有个同榜进士同学很有意思,此人对于科举考试堪称痴迷,真个是做到了两耳不闻窗外事,矢志不渝求功名。

崔胶的这个同榜进士同学,名叫卢玄晖,出生年月及籍贯等情况不详。卢玄晖自小被寄养在外公家,他的舅舅郑愚,做过礼部侍郎这样的政府高官。因为主管过科举考试事务,郑愚对科举功名可以说是情有独钟,特别重视。在唯学历论的郑愚看来,只有通过科举考试获取身份、进入官场才是正途,其他都是歪门邪道的野路子,摆不上台面。而郑愚的看法,在唐代很有代表性。有史籍称:

"缙绅虽位极人臣,不由进士者,终不为美。"也就是说,在唐代的官场中人看来,不管做多大的官,只要没有进士身份,就是一种终身的遗憾。

在卢玄晖的少年时代,舅舅郑愚经常谆谆教导他,一定要好好读书学习,通过科举考试扬名立万、光宗耀祖。卢玄晖是个听话的孩子,对舅舅的教诲铭记于心。他自幼埋头刻苦研习经史子集,一心只读圣贤书。然而时运多舛,卢玄晖困顿科场数十年,屡试不第。

卢玄晖是个很有恒心的人,虽然屡试屡败,但从未灰心丧气,放弃自己的理想追求。他把每一次失败都当成是一个新的起点,信心满满地向着自己的人生目标发起一次次顽强的冲击。即便是经历过动乱中虎口逃生这样的人生大劫难,卢玄晖也没有改变初衷。为了表明心志,卢玄晖自称"白衣卿相"。意思是自己迟早会出将入相,只是一时还没有穿上五颜六色的官服而已。

卢玄晖有个表哥,名叫郑续。郑续做过岭南节度使这样的封疆大吏。见表弟皓首穷经地年年白忙活,郑续就有些可怜卢玄晖,很想拉他一把。有一次,郑续劝卢玄晖说:"我说表弟啊,都说是人生几何,光阴苦短。你想求取功名富贵,这无可厚非。但你没必要在科举这一棵歪脖子树上吊死,条条大路通罗马嘛!要想做官,不止有科举这一条路。比方说,你可以跟着我混,搞一下曲线救国啊。在我的手下做个幕僚什么的,不但能让你吃穿不愁,将来混个相当级别的官职做做,也不是没有可能。"

应该说,郑续是真心想帮自己的表弟一把。以他的地位而言,也有这样的能力和条件。到表哥手下谋取个差事,对卢玄晖来说是个不错的选择。唐代有不少文人,都是走的先到藩镇做幕府,然后进入官场的路子。然而一根筋的卢玄晖,没有领郑续这个情。

卢玄晖是这样对郑续说的:"从前舅舅经常教育我好好学习,勉励我一定通过科举考试成就功名、光宗耀祖。如今虽然舅舅已经不在了，但他的话时时在我耳边回响，我又怎么能辜负他老人家的殷切期望！如果我到死也没有考取进士身份，那么我只能自认自己没有这个命。可要让我为了一官半职改变自己的初衷，那我宁可去死！”

对于这么痴迷于科举功名的表弟，郑续大约也只能报之以一声叹息。面对利禄诱惑毫不动心的卢玄晖，继续过着清贫寂寞的生活，心无旁骛地埋头读书，孜孜不倦地追求着自己的人生理想。也许在一些心眼活泛的人看来，卢玄晖也太死心眼了一些。你就是想混个进士出身，也完全可以先到郑续手下谋个差事，边工作边复习应考嘛。人各有志，卢玄晖这种永不放弃的精神，还是很令人敬佩的。

持续几十年的赶考，把卢玄晖熬成了一个半大老头。因而，进士及第之后，卢玄晖为官不显，官终右补阙。

本榜还有一位进士，名叫张道古。此人系临淄（今山东淄博市）人氏，进士及第后担任过著作郎、右拾遗、左补阙等职务。担任谏官期间，张道古曾上《五危二乱表》，极言割据分裂之祸端，建议皇帝采取得力措施进行治理。

大唐行将崩溃之际，张道古逃到四川避难。在四川，张道古隐姓埋名，在青城山下以占卜算卦糊口，人称“张天师”。王建在四川建立前蜀小朝廷之后，知道了张道古的行踪，便将其征召为武部郎中。赴任途中，张道古对身边人说道：“我是大唐钦命谏官，怎么能卑躬屈膝地与鸡狗同吃一锅饭？我自料此去必有杀身之祸，死后请把我埋葬在玉垒关外不毛之地，再为我立一块简单的石碑，上题‘唐左补阙张道古墓’几个字就行了。”到任不久，张道古果然遇害身亡。

“生前卖卜居三蜀，死后驰名遍大唐”，张道古死后，有人这样赋诗悼念他。

## 祸福相依看苏检

乾宁元年(894)甲寅科状元，乃武功(今陕西武功县)人氏苏检。

在有关野史资料中，记载了这样一个故事。苏检本科荣登榜首之后，满怀喜悦地回家省亲。路经一个县城时，心情大好的苏检喝醉了酒，酣然入梦。梦中，他的妻子拿着笔砚来到面前，从他随身携带的一个匣子里取出一张红纸，然后剪下一片，在上面写了一首诗："楚水平如镜，周回白鸟飞。金陵几多地，一去不知归。"梦中的苏检，也跟着剪下一片纸，在上面和诗一首："还吴东去下澄城，楼上清风酒半醒。想得到家春欲暮，海棠千树已凋零。"写好之后，苏检把两首诗都放在了炕席的下面。接着，苏检又梦见妻子拿着皮鞭狠狠抽打自己带来的女子小青。这个小青，大约是苏检娶的二奶。这个苏检有点花心哦，在外赶考还不耽误包二奶。

苏检醒来之后，觉得这梦挺奇怪，就赶紧翻开炕席查看，结果还真就看到了写在红纸上的那两首诗。苏检大感诧异，又打开了随身携带的那个匣子，发现放在里边的红纸也确实有被剪过的痕迹。苏检便很有些不祥的预感，于是赶紧收拾行李往家赶。走了没多久，小青就得了重病。

在走到离苏检家还有几十里路的时候，小青就不行了。小青死了的当天夜里，苏检又做了个梦，梦见小青对他说："郎君啊，咱们自此阴阳永隔了，请把我埋葬在你家附近那条河边的一座新坟后边。"在埋葬小青的时候，苏检果然发现那条河边有座新坟，便按梦中小青所言，把她埋在了那座坟的后边。

悲痛的苏检回到家中之后，家人告诉他，他的妻子在前些日子去世了。啥叫祸不单行，请看苏检。难过了一阵子之后，苏检想起了自己所做的那个怪梦，就问家人妻子于何时故去。而家人说的那个日子，恰巧是他做怪梦的那一天。被惊得全身发凉的苏检，赶紧让家人领着自己去看妻子的坟。更为怪异的是，妻子的坟竟然就在小青的坟前边。其时正值晚春时节，两座坟茔的四周，海棠花开似雪。此情此景，与苏检梦中所题诗意，何其相似乃尔！

塞翁失马，焉知非福。失而复得，焉知非祸。科举考试夺得状元桂冠，实乃人生之大喜。然而，苏检在拥有了这一大喜之后，又遇上了大灾，接连失去了生命中两个非常重要的女人。这样的奇异经历，似乎预示了苏检日后的人生际遇之不祥。

为官之后，苏检的仕途看上去颇为顺畅。参加工作没几年，苏检就坐到了地方大员（洋州刺史）的位置上，随后又被任命为中书舍人。中状元仅仅过了八年的时间，苏检就被提拔为大唐宰相。苏检的飞速晋升，一方面反映出了晚唐官场的乱象，另一方面也说明处于多事之秋的朝廷，此时已到了无人可用的地步。

苏检之所以能被提拔为宰相，得益于他借用军阀李茂贞的力量，压制了宦官的势力。心存感激的唐昭宗，病急乱投医，就按照李茂贞的建议，赏了苏检一顶宰相乌纱帽。李茂贞在与另一个军阀朱温争斗失势后，朱温伙同崔胤把持了朝政，随之对朝中李茂贞的势力展开了全面清算。在朱温的逼迫下，苏检与另一个大臣卢光启，被唐昭宗下诏赐死。

苏检死后，他的家人也都被杀，只有次子苏原逃到了舅舅彭高家中避祸。为了掩人耳目，彭高对外称苏原是自己的儿子，苏原自此改姓为彭。苏原后来定居于苏北，他的后裔都尊苏检为先祖。因而，在苏鲁皖交界之处，民间有“苏彭一家”的说法。

苏检有个同榜进士同学很有名，此人便是晚唐著名诗人、与温庭筠并称“温韦”的“花间派”代表人物韦庄。

韦庄，乃京兆杜陵（今属陕西西安市）人氏。韦庄的宗族，曾经比较显赫。他是唐玄宗年间宰相韦见素的后代、著名诗人韦应物的四世孙。但是后来，他们家的家境有些败落了。

少年时代的韦庄，虽然家境贫寒，却苦学不辍。韦庄的科举之路异常坎坷，应举几十年，屡试不第。为了丰富阅历、结交人脉，韦庄曾浪迹四方，到处游历。金榜题名之时，韦庄已经是个年近花甲的老头儿了。

为官之后，韦庄做过校书郎、左补阙等官职。在这段时间内，韦庄提出过一个关于科举制度的重要建议，那便是提请朝廷追授李贺、皇甫松、陆龟蒙等人以进士身份。韦庄认为，这些人虽然屡试不第，但本人成就卓著，在社会上影响巨大。追授他们进士身份，既是对他们成就的认可，也可以起到鼓励读书人好好学习、服务社会的良好导向作用。韦庄的这一建议，在科举史上很有些开创性意义，因为此前从未有人提出过类似的建议。韦庄也曾出任过相当于宰相的高官，不过那是在王建前蜀小朝廷时期的事情了。

作为晚唐著名诗人，韦庄的诗词韵律工整，音调清丽，用词精致，寓意深厚。他的反应战乱中妇女艰辛痛苦生活的《秦妇吟》，是唐代现存篇幅最长的七言叙事诗，与《孔雀东南飞》《木兰诗》并称为“乐府三绝”。因为《秦妇吟》，韦庄又有“秦妇吟秀才”之雅号。

## 赵观文重考得状元

乾宁二年(895)乙卯科状元，乃临桂（今广西桂林市）人氏赵观文。如今的桂林，山水甲天下，举世闻名。但在唐代，那个地方属于未开化的偏远地区，经济文化很不发达。这样的地方能出个状元，殊为不易。

本科考试，先后进行了两次。首次考试的录取结果公布之后，共录取二十五人。状元得主是张贻宪，赵观文排在第八的位次上。对官方公布的录取结果，很多考生不服，认为主考官崔凝徇私舞弊，照顾了太多的关系户。于是，便纷纷上访维权，强烈要求重新组织考试。

见社会舆论沸沸扬扬，事情闹得比较大，为了对各方面有个交代，唐昭宗便下令有关部门重新组织考试，并指定由翰林学士陆扆担任主考官。考过之后，唐昭宗还亲自调阅了考生们的试卷。这说明，唐昭宗还是很有些规则意识以及亲力亲为的负责精神的。

据《昭宗实录》记载，审阅完考生们的试卷后，唐昭宗专门作出了一个批示。这个批示的大意如下：本科主考官崔凝原定录取张贻宪等二十五人，社会反应比较大。本皇帝审阅了本次考试的有关材料后，虽然看上去感觉符合相关规定，但依然不能排除其中有照顾、请托等情况。鉴于此，本皇帝召集原定录取人员，另行指派考官对他们进行了一次重新测试，以考查其真实才学情况。既然是重新测试，自然会有取有落。本皇帝通过调阅考生试卷，认为赵观文、程晏、崔赏、崔仁宝四人的试卷，辞艺精通，文笔流畅，切合题意。卢赡、韦说、封渭、韦希震、黄滔、卢鼎、王贞白、沈崧等十一人的试卷，文辞通顺，中规中矩。因此，特准许赵观文等四人以及卢赡等十一人，共十五人进士及第。

按照唐昭宗批示中的名次顺序，赵观文便成了状元得主。根据唐昭宗的这个批示分析，本次重考只是在原定录取人员范围内进行，而不是全部推倒重来。这样一来，那些积极上访维权的落第考生，恐怕就很失望了。另外，崔凝原定录取的二十五人，被唐昭宗拿掉了十个。这样的淘汰比例，还是挺大的。这也就等于坐实了人们关于崔凝接受请托、照顾关系户的猜测指责。

对于赵观文来说，能够进士及第原本就是喜事一桩。如今重考居然拿了状元,让他欣喜若狂也是情理之中的事情。他的亲戚朋友,自然也会替他高兴不已。重考结果公布之后,赵观文的朋友、著名书法家褚遂良的九世孙褚载,特意赋诗一首,以表祝贺之情。此诗题为《贺赵观文重试及第》:“一枝仙桂两回春,始觉文章可致身。已把色丝要上第,又将彩笔冠群伦。龙泉再淬方知利,火浣重烧转更新。今日街头看御榜,大能荣耀苦心人。”

赵观文从政后,具体任职经历不详。有关史籍称,他曾担任过侍讲学士。在唐代,侍讲学士是中书省内设机构集贤殿书院的一个官职,负责有关经典书籍的编辑、整理等工作。但是关于这个官职的具体品级,笔者没有查到相关说法,估计不会太高。

赵观文为人正直,性格直率,遇事敢于发表意见。因为不善阿谀逢迎权贵,兼之言辞激烈,赵观文先是得罪了大宦官刘季述,后来又不见容于奸臣崔胤。在他们的排挤打击下,对乌烟瘴气的晚唐官场深感失望、难以施展抱负的赵观文,便以身体有病为由,辞官回家隐居了。此后,赵观文终生不再复出官场。

史载赵观文工诗能赋,尤擅古风,作品堪与前人媲美,但多已散失不传。

赵观文的同榜进士同学王贞白,是晚唐的一位知名诗人,也是个比较有意思的人物。此人有句千古流传、老少皆知的励志名言,因而值得作一简单介绍。

王贞白,乃信州永丰(今江西广丰县)人氏。在少年时代,王贞白曾在庐山五老峰下白鹿洞潜心读书。在这期间,王贞白曾赋诗《白鹿洞》记述自己苦读的经历心得:“读书不觉已春深,一寸光阴一寸金。不是道人来引笑,周情孔思正追寻。”好诗不用多,一首足流传。“一寸光阴一寸金”这千古名句,世世代代被人们引以为珍惜时光、发奋学习的座右铭。

王贞白进士及第之时,只有二十岁,是为年少成名。然而,王贞白等待了七年，才等来个校书郎的职务。因为生逢乱世，王贞白自感没有施展才华的机会和空间，三十五岁时便毅然挂冠而去，归隐田园。此后不管是谁征召他复出，他都予以坚决拒绝。王贞白在利禄诱惑面前毫不动心的定力，深为人所称道。

在王贞白身上，还发生过一段有趣的故事。有一次，王贞白写了一首自感不错的诗，就写信寄给当时名气很大的诗僧贯休，请其指教。信寄出不久，王贞白恰巧有机会与贯休同席而饮。两人经人介绍相互认识之后，王贞白问贯休自己那首诗写得如何。贯休说："你的诗写得不错，特别是'此波涵帝泽，无处濯尘缨'两句很有深意。但如果深入推敲一下，我感觉用字还不够准确到位，需要修改。"

年轻气盛的王贞白一听，很不高兴地拂袖而去。对此失礼之举，大家都有些目瞪口呆。但贯休没有生气，他在手心里写了个字，然后笑着说："这个小王是个明白人，我想他肯定还会回来跟我商榷的。"话音刚落，王贞白真就回来了。他对贯休说："大师啊，刚才多有冒犯了。我想了一下，您说得很有道理，如果把'此波涵帝泽'一句中的'波'字改为'中'字，就更贴切传神了。"

听完王贞白的话，贯休含笑伸开了手掌，王贞白看到他掌心写的那个字，正是"中"。王贞白这下彻底服气了，遂与贯休成为忘年之交。

## 殷文圭把砚底磨穿

乾宁三年(896)丙辰科状元，名叫崔谔。此人生平事迹无考，本科其他进士的情况，也多已散失不查，姑且存目。

乾宁四年(897)丁巳科状元，乃弘农(今河南灵宝市)人氏杨赞图。杨赞图的哥哥杨赞禹，比他早七年获得状元称号。兄弟二人同为大唐状元，不失为科举佳话一桩。但史籍关于杨赞图的事迹记载不多，本科也无能够独立成篇的进士，亦只能存目。

乾宁五年(898)戊午科状元，名叫羊绍素。此人出生年月、籍贯等情况均不详，关于他的为官经历，史籍记载也极少，因而无法对其作更多的介绍。

羊绍素有个同榜进士同学，是个比较有意思的人物。此人名叫殷文圭，乃安徽池州青阳人氏。

在青少年时代，殷文圭隐居于九华山中，心无旁骛地潜心苦读。殷文圭学习异常用功，有股子水滴石穿、铁杵成针的韧劲和狠劲。比方说，他所使用的一方砚台，竟然都被磨得透了底。能把坚硬的砚台用到这个程度，说明除了使用时间长之外，使用的频率之高，也超出常人想象。这一点也反映出殷文圭在学习中勤于动笔，不是那种读死书的人。读书学习光靠死记硬背，而不善于练笔，是很难提高学习效率、取得好的学习效果的。

殷文圭也像其他考生那样，在考前向一些权贵名流投送“行卷”，以求得他们的推荐提携。在殷文圭请托的人中，地位最显要的当属大军阀朱温。而朱温也想网罗一些文人充门面，就给殷文圭写了推荐信。殷文圭在本科能够顺利及第，朱温的推荐信起了很重要的作用。当时的朱温，势力已经很大了，很多朝中官员都要看他的脸色行事。所以，他只要出面写信推荐，那些考官们不会不给面子。

在有关古籍中，记述了一段殷文圭赶考的趣闻。在进京赶考的路上，殷文圭有一天遇见了一个仙风道骨的老者。两人照面之后，那老者出神地盯着殷文圭端详了半天，然后对身边的人说：“这个人面相不凡，很有富贵之气。如果是个赶考的读书人，必将金榜题名，名扬天下。”

殷文圭进士及第后，朱温想将其收为己用，便向他发出了做自己幕僚的邀请函。没想到，殷文圭没给朱温面子，竟然拒绝了他伸出的橄榄枝。在殷文圭看来，朱温这个人粗暴凶狠，名声实在不怎么样。自己还想保住所谓“清流”的名声，因而不想跟这样的人混在一起。如此看来，殷文圭当初请朱温写推荐信，就是出于一种功利主义的考虑，只是想利用他达到自己的目的而已。

被殷文圭驳了面子，朱温自然会认为这是一种忘恩负义的背叛行为，心中很生气是可以想见的事情。殷文圭不仅拒绝了朱温的邀请，还到处对一些名流解释说："於菟猎食，非求尺璧之珍；鹓鹍避风，不望洪钟之乐。"意思是自己请朱温推荐应考，只是一种不得已而为之的权宜之计，并没打算和他同流合污。朱温在各地的耳目众多，不久就有人把殷文圭的这些话添油加醋地向朱温打了小报告。

朱温闻听殷文圭所言，不由地勃然大怒，当即命令手下带兵抓捕殷文圭，必欲杀之而后快。殷文圭是个机灵人，也知道朱温的厉害手段。所以在朱温派出的兵丁到来之前，他像兔子一样跑得没了影。没有捕杀殷文圭解气，朱温长时间耿耿于怀。他经常对身边人大骂殷文圭的负心之举。朱温后来之所以那么痛恨读书人，认为他们都是一帮投机取巧、见风使舵的宵小之徒，应该说与殷文圭有一定的关系。在以后的日子里，朱温经常无缘无故地对读书人大开杀戒，在很大程度上是为了发泄因殷文圭而生的那股邪火。

因为与朱温的过节，殷文圭虽然进士及第，但没有机会过一把大唐官员的瘾。此后，殷文圭对朱温是能躲多远躲多远，绝不敢踏进他的势力范围半步。为了谋生，殷文圭东奔西走，先是在一个姓田的节度使手下做幕僚，后来又在吴王杨行密那里做过左千牛卫将军。因为这两个人都不听朱温招呼，殷文圭也就没有性命之忧。

有的文献资料称，殷文圭曾经担任过翰林学士，但那不是大唐朝廷所封，而是杨隆演南吴小朝廷的官职。杨隆演是杨行密的第二个儿子，杨行密死后，原本由杨隆演的哥哥杨渥继承王位。杨渥被部下徐温、张颢谋杀之后，杨隆演被他们拥立继承了王位。南吴始终与朱温分庭抗礼，朱温曾想将其灭掉，却一直未能如愿。

史载殷文圭工诗能文，著有《登龙集》《从军稿》《冥搜集》《笔耕词》等多部书稿，但均已散佚。

## 状元与进士的恩怨

光化二年(899)己未科状元，名叫卢文焕。卢文焕祖籍范阳，后来迁居蒲州(今山西永济市)。“安史之乱”中，他们家族又避居于鄱阳。

卢文焕是个酒鬼，将喝酒聚餐视为生活中的头等大事。因为家中不差钱，张罗起酒席来，卢文焕又特别喜欢讲究排场、大操大办。如果有谁在聚餐时表现不大方，哪怕只是流露出舍不得花钱的意思，就会被卢文焕瞧不起。受他一顿冷嘲热讽，也是免不了的。因而，搞得同榜进士同学们都不愿意和他凑帮喝酒。

有一次，同学好友外出郊游，备餐时，卢文焕让人拉了一头驴过来，准备宰了下酒。同榜进士同学柳璨对他说：“这驴又不是咱们的，拉来就杀不太合适吧。”卢文焕听了之后，冷冷地说了八个字：“药不瞑眩，厥疾弗瘳。”这八个字出自《尚书》，意思是有病吃药，不吃到头昏脑涨的地步，那病是不会治好的。卢文焕的弦外之音是，驴子虽然不是我们的，但是我们可以付钱将它买下。遇事只要不舍得花钱，你们这些小气鬼吝啬的毛病，就永远也改不了。

大家都是猴精的读书人，卢文焕话里的意思，柳璨又怎么会听不出来。在众人面前受到了这样的嘲讽，柳璨自然很没面子，因而对卢文焕记下了仇。让卢文焕始料不及的是，柳璨进士及第之后，进步神速，只有不到五年的时间，就被提拔为大唐宰相。柳璨能有这样的进步速度，只能说明大唐的官员选拔制度已经彻底乱了套。

柳璨做了一人之下、万人之上的宰相，卢文焕却还是个官职低微的下层干部。对于因为吃驴受到的羞辱，柳璨始终不能忘怀。一有机会，他就给卢文焕脸色看，还经常用卢文焕的原话对其反唇相讥。柳璨的挟嫌报复，搞得卢文焕苦不堪言，惶惶不可终日。在这样的上司手下工作，卢文焕自然不会有什么好果子吃。此后，卢文焕便不知所终。综合各方面情况分析，他很有可能是受不了柳璨的折腾，自己卷铺盖卷走人了。

柳璨也是个人物，他是名臣柳公绰、著名书法家柳公权的族孙。但由于家道败落的原因，柳璨的少年时代，生活十分清苦。白天，柳璨要下地砍柴割草以糊口。晚间，买不起灯烛但又酷爱读书的他，就点燃干柴树叶来取亮。这样刻苦学习的精神，还是很值得赞叹的。

柳璨知识渊博，不仅记忆力超强、天文地理无所不晓，而且对许多问题见解独到、认识深刻。因此，同僚们对他佩服不已，称之为“柳箧子”。意思是他的脑袋就像个书箱子，里边装了太多的知识学问。对于柳璨的能力学识，唐昭宗也比较赏识，选拔他做了翰林学士。

崔胤被杀后，柳璨为了巩固自己的权位，刻意结交大军阀朱温。在朱温的扶持下，柳璨很快就被破格提拔为宰相。此时，距他进士及第刚刚过去了四年多。对于柳璨的晋升速度，史称“用人之速，古无先例”。由于资历太浅，众多大臣对柳璨这个宰相很不服气，在工作中对其抵制掣肘、不听招呼的事情时有发生。柳璨是个心胸狭窄的人，这一点从他对卢文焕睚眦必报就可以看出。对那些跟自己闹别扭的大臣，柳璨当然也会记恨在心。

柳璨当上宰相的第二年，有个擅长算卦的所谓“大师”对朱温进言，从天象上看，本年度将有大灾发生。而杀掉一批人，特别是朝中大臣，可以避免天灾。这叫什么“大师”啊，也太恶毒了。杀人成性的朱温，竟然听信了这个人的满口胡言。柳璨趁机推波助澜，将与自己不和的三十多位大臣列成一份名单，进献给朱温，并且说了他们不少坏话，建议朱温将他们统统杀掉。

这三十多位大臣被朱温杀掉之后，天下之人普遍认为实属千古之奇冤，纷纷为他们鸣不平。柳璨为了巩固权势地位的一己之私，成了朱温屠杀大臣的最大帮凶，是为“白马驿之祸”的间接制造者。由于事情做得太缺德，柳璨彻底臭了名声。史家都认为，柳璨的恶劣行为，实在有辱柳公绰、柳公权的名声门风，实乃其家族之不幸。因而，《旧唐书》《新唐书》均称柳璨为奸臣、“妖徒”。

跟朱温这样的虎狼之徒厮混，柳璨的下场注定很悲惨。杀完大臣之后，朱温得寸进尺，要求朝廷对自己“加九锡”，也就是赐予他最高荣誉称号。对这一无理要求，柳璨只是有些天真地表示了一下劝阻，朱温立马就翻脸了。他先是逼迫朝廷将柳璨流放天涯海角的崖州，随后又下令将其处死。在被押赴刑场的途中，如梦方醒的柳璨仰天大呼：“负国之贼柳璨，罪有应得，死有余辜！”柳璨与崔胤两个奸臣，被杀前的表现倒是极为相似。因为这，现代史学家范文澜如此评论柳璨：“不见刀是不知道自己该杀的。”

柳璨的两个弟弟，也跟着他一起倒了霉，被朱温下令鞭笞致死。

# “门生门下见门生”

光化三年(900)庚申科状元,乃绛州闻喜(今山西闻喜县)人氏裴格。裴格的弟弟,就是曾担任过大唐宰相、被朱温杀害于白马驿的裴枢。

裴格比自己的弟弟金榜题名晚了将近三十年,获得状元称号时,已经接近六十岁。弟弟早就功成名就,哥哥还在年复一年地孜孜以求科举功名。由此可见,科举对于古代读书人的吸引力真是大啊。

据有关史家研究分析,裴格与弟弟裴枢,应该是被朱温一起杀害于白马驿的。此时,距裴格夺得状元桂冠,仅仅过去了五年。因而,裴格这位悲情状元,没有太多的事迹留存于史册。

裴格没有多少事迹可说,他的两位同榜进士同学却比较有意思,在此不妨作一下介绍。

其一乃河东(今山西永济市)人氏裴皞。此人也是个学习刻苦、志向远大的励志典型。少年时代的裴皞,学习十分勤奋刻苦,读书手不释卷、废寝忘食。即使是在兵荒马乱的岁月里,他也一如既往地一心只读圣贤书。这样的定力,非常人可比。

裴皞进士及第之后,做过大唐的秘书郎,后梁的翰林学士、中书舍人,后唐的礼部侍郎、兵部尚书,后晋的工部尚书等职务,任职经历十分丰富,堪称四朝元老。不过裴皞的四朝元老资历,是在不同的朝代、不同的小国熬下的,有别于一般意义上服务过一个朝代四位皇帝的“四朝元老”。

裴皞自称主持过三次科举考试,不过以他的任职经历分析,这应该都不是大唐的科举。五代十国时期,有些小国也效仿大唐,组织科举考试选拔人才。这个时期,从研究中国古代历史的角度讲无可回避。不过这些五花八门的小国组织的科举考试，无论是在制度化、规范化水平，还是在社会和历史影响力等方面，跟大唐都不可同日而语，资料也多已散佚不存，因而研究价值比较有限。

做过后唐宰相的马裔孙，是裴皞的科举门生。马裔孙有次担任后唐科举主考官，放榜后率领录取人员前来拜见八十高龄的老前辈裴皞。裴皞十分高兴，特意赋诗一首以记之："词场最重是持衡，天遣愚夫受盛名。三主礼闱年八十，门生门下见门生。"在科举考试中，能够见到孙子辈的考生，自然是一件很自豪的事情。"门生门下见门生"的典故，虽然不是发生在大唐，并非本书介绍范围内的事情，但笔者觉得比较有趣，故而简略提及，以飨读者。

其二乃南昌(今江西南昌市)人氏王定保。在科举史上，王定保是个比较重要的人物。之所以说他重要，主要是从科举考试制度研究角度而言的。

进士及第之时，王定保年方二十，堪称少年成名。然而此时的大唐，乱象丛生，已经病入膏肓。在动乱中，没能被及时任命官职的王定保，跑到了湖南以避祸。后来，他又投靠到清海军节度使刘隐门下，做了他的幕僚。清海军节度使原为岭南东道节度使，管辖范围主要在现今广东地区。

刘隐死了以后，他的弟弟刘龑继承了节度使职位。刘龑是个不那么安分守己的人物，看到大家乱哄哄你方唱罢我登场，称帝的称帝、称王的称王，他不免有些心痒难耐起来，也想过把称孤道寡做皇帝的瘾。大凡政治人物搞分裂闹独立，真实动机一定是想自己当家做主说了算。至于国家的前途、民族的未来之类，绝对不会是驱使他们这么干的首要因素，不管他们嘴上说得多么漂亮。

刘龑知道，王定保是个正统观念很强的人。自己闹独立当皇帝，王定保一定会极力反对，给自己制造一些麻烦。于是，他就派王定保出了趟远差。在王定保出差期间，刘龑趁机独立称了帝。

刘龚建立的小朝廷，是为南汉。

王定保完成任务归来的时候，刘龚为了安抚他，专门派大臣前去迎接，并向他通报了称帝的事情。王定保听完之后，冷冷地讥刺道："建立一个朝代，必须在法理上名正言顺。可是我今天从城南门进来的时候，看到大唐清海军节度使的大牌子还堂而皇之地挂在那里。这种事情传出去，岂不让天下人笑话?"刘龚知道了王定保说的这些话之后，苦笑着说："我了解王定保的性格为人，等待他这些讽刺话已经很长时间了。"

作为科举考试的亲历者，王定保对科举制度有着浓厚的兴趣。在多年研究积累的基础上，他撰写了《唐摭言》十五卷，书中收录了大量唐代文人雅士的逸闻趣事，特别是关于科举考试方面的。《唐摭言》收录的人和事，多为正史记述所不详者，因此是研究唐代科举制度的重要参考资料。"唐人登科记等尽佚，仅存此书，故为考科名者所不可少"，有关史家如此评价《唐摭言》。

## "一将功成万骨枯"

天复元年(901)辛酉科状元，乃苏州(今江苏苏州市)人氏归佾。归佾的父亲归仁绍，比儿子早三十二年戴上了状元桂冠。除此之外，归佾的其他经历事迹无考，只能存目。

晚唐时期比较有名的诗人曹松，是归佾的同榜进士同学。"泽国江山入战图，生民何计乐樵苏。凭君莫话封侯事，一将功成万骨枯。"这首堪称千古名篇的《己亥岁》，便出自曹松的手笔。"一将功成万骨枯"，意蕴何等悲烈哀痛！比之于陈陶的名句"可怜无定河边骨，犹是春闺梦里人"，笔者认为还要胜出一筹。遍阅古今中外，再也没有比这更简洁深刻的反战名言了。

曹松是个痴迷的读书人，一生矢志不渝于科举考试。“朝为田舍郎，暮登天子堂”，通过科举考试出人头地，进而为国效力，是曹松的毕生追求。然而，虽然一次次不辞劳苦地进京赶考，曹松所收获的结果，总是失败落榜。曹松是个意志坚定、不达目的决不罢休之人。一次不行就两次，两次不行来三次，如此周而往复，曹松在家乡与京城之间，做了长达几十年的往返跑。这样的意志力，自非常人可比。

据《唐摭言》所述，曹松金榜题名之时，已经年过七十。在本榜，还有好几位高龄考生。比如王希羽，七十三岁；刘象，七十岁；柯崇，六十四岁；郑希颜，五十九岁。这四个人，与曹松一起，被称为本榜进士“五老”。因而，本榜又被称为“五老榜”。之所以出现这种情况，是由于本年度唐昭宗刚由外地避难回京，心情相对较好，因而决定对困顿科场多年、出身贫寒的科举困难户们，额外施以恩泽照顾。在唐代，对于科举考生和官员的退休年龄限制，不如以后朝代特别是明清那样严格。所以，出现“五老榜”这样的科举奇观，也可以理解。

有点奇怪的是，本榜还有一位高龄考生，名叫陈光问。陈光问金榜题名时，已经六十九岁，年龄比“五老”中的柯崇和郑希颜都大。但不知为何，陈光问不在“五老”之列。难道他是凭实际水平被录取、不需要额外照顾，抑或是他并非贫寒科举困难户？个中缘由，无从知晓了。

关于曹松金榜题名时的年龄，还有另外一种说法。主管科举考试事务的礼部侍郎杜德祥，在本年度给皇帝的一封奏折中，有这样一段话：“新及第进士陈光问年六十九，曹松年五十四，王希羽年七十三，刘象年七十，柯崇年六十四，郑希颜年五十九。”这个杜德祥，是著名诗人杜牧的儿子。在他的这段话中，除了曹松之外，其他人的年龄都与“五老榜”的说法没有出入。而作为这一事件的亲历者，杜德祥的说法显然更加可信。曹松即便是五十四岁金榜题名，进入“五老榜”之列，也是当之无愧的。

除了热衷于赶考，曹松对于诗歌创作也很执着。曹松像贾岛一样，写诗特别注重锤炼字句。白发苍苍的他，经常骑着一头小毛驴，边赶路边摇头晃脑、念念有词，反复推敲诗歌字句，几乎到了一种物我两忘的境界。因而，曹松的诗作凝练精到，发人深思，令人警醒。除了著名的《己亥岁》，下面这首《南海旅次》，也颇能反映他的诗作风格：“忆归休上越王台，归思临高不易裁。为客正当无雁处，故园谁道有书来。城头早角吹霜尽，郭里残潮荡月回。心似百花开未得，年年争发被春催。”

进士及第后，曹松做过校书郎、秘书省正字等官职。由于金榜题名时年龄偏大，曹松只工作了两年多一点的时间，便与世长辞了。

晚唐知名诗文作家沈颜，也是归佾的同榜进士同学。

沈颜，乃湖州德清（今浙江德清县）人氏。在少年时代，沈颜便表现出了过人的天赋，属于那种神童式的人物。小小年纪的他，不仅善于写诗作文，琴棋书画也样样精通，堪称多才多艺。

沈颜人称“下水船”，意思是他才思敏捷，反应极快，写个什么东西就像顺水行舟，下笔立成，一挥而就。沈颜性情散淡，对功名利禄这些东西不怎么上心，对烦琐的官场事务也比较厌烦，把主要精力都放在了著书立说上面。

由于对晚唐文人中流行的奢靡浮华风气不满，沈颜曾著文百余篇以试图倡导文坛新风。沈颜模仿元结自号“聱叟”之意，将自己的这些文章结集为《聱书》。对自己的这部著作，沈颜十分得意。有意思的是，在这部书的自序中，沈颜自称自《孟子》问世以来，没有哪个人的著作可以与自己的这部书相媲美。文人自大的毛病，沈颜也犯得不轻。

## “杨疯子”独创“雨夹雪”

天复二年(902)、三年(903)两年,没有任何及第进士的资料可查。可能是兵荒马乱之中,朝廷这两年没顾得上搞科举考试,因而从略。

天祐元年(904)甲子科状元失考,也只能从略。

天祐二年(905)乙丑科状元,乃苏州(今江苏苏州市)人氏归係。此时,唐昭宗已经被杀,他的儿子李柷被立为傀儡皇帝,是为唐哀帝。曾经辉煌强盛的大唐,气数将尽,只剩下两年左右的寿限了。

归係是咸通年间状元归仁绍的儿子,他的哥哥归佾,比他早四年夺得状元称号。跟哥哥归佾一样,生不逢时的归係,也没有在历史上留下值得一说的经历事迹,只能存目。

归係有个同榜进士同学有一定的历史知名度,此人便是唐末著名书法家兼著名诗人杨凝式。杨凝式,乃华阴(今陕西华阴市)人氏,家人后来寓居洛阳。作为大唐进士,杨凝式虽然没有机会为大唐做更多的贡献,但他历经五代为官,任职经历十分丰富。

大唐灭亡后,杨凝式历任后梁殿中侍御史、礼部员外郎、考功员外郎,后唐比部郎中、知制诰、中书舍人、工户兵三部侍郎,后晋礼部尚书,后汉太子太傅、太子少师,后周左仆射、太子少保等官职。掐指算来,杨凝式共为五代的六个国家服务过。这样的为官经历,还是比较罕见的。

杨凝式人称“杨疯子”。他之所以有这样一个不雅的绰号,源于这样一件事情。

杨凝式的父亲杨涉,在唐哀帝年间被任命为宰相职务。杨涉虽然坐上了宰相位置，但也是一个傀儡。因为此时朝中的大事小情，都由朱温一人说了算。朱温逼迫唐哀帝“禅位”之后，朝廷派出六位大臣，向其移交册书玉玺等文件物品，杨涉就在其中。

杨涉接受任务回到家中之后，杨凝式对他说：“大唐王朝到了如今这种地步，父亲大人作为宰相之一，不能说没有一点责任和过错。如今您为了一己之安危，又要把传国玉玺亲手移交给窃国之人，是要留下千古骂名的。依我看，您还是推掉这份差事为好。”

听了儿子的话，杨涉吓得魂飞魄散。因为朱温为了控制局势，到处安插耳目眼线，情报工作做得很到位。这些话如果传到朱温的耳中，注定要大祸临头。杨涉赶紧制止了杨凝式，低声呵斥道：“你胡说些什么？难道要让咱们老杨家被灭族吗？”杨凝式被这么一呵斥，也意识到自己可能要闯大祸，立马闭嘴不敢再言声了。

此后好几天，杨涉被吓得六神无主，茶饭不思，整日唉声叹气。杨凝式也越想越后怕，无奈之下，只好装疯以避祸。此后，便被人们称为“杨疯子”。生逢乱世、手无缚鸡之力的知识分子，在手握重兵的强梁面前，无奈无助又可怜的心态，在这件事情上表现得淋漓尽致。还好，杨氏父子的对话，并没有被朱温得知，杨家算是躲过了一劫。杨凝式装疯，倒是无意中为自己涂上了一层保护色。此后，每当他说出一些比较过分的话，人们就以为是他的疯病又犯了，因而也懒得跟他计较。

杨凝式是个诙谐机智很有故事的人。有一次他乘车回家，因为嫌车马走得慢，就跳下车来拄着拐杖步行往家赶。看到这一幕的人，纷纷指指点点地笑话他，他也不以为意，继续走自己的路。有一年，冬季来临之时，杨凝式的家人还没有置办棉衣，他不但置若罔闻，反而把朋友赠送的一批布料捐赠给了寺庙。一个地方官员见名士杨凝式妻儿身无御寒衣、家无隔夜粮，就赶紧派人给他送去了一些粮棉。杨凝式笑着对家人说：“我就知道他们不会坐视不管，一定会救济咱们家的。”有一次，杨凝式从开封去洛阳公干，到达洛阳时，适逢当地爆发蝗灾。杨凝式便在拜见洛阳主官之前，先给他送去一首打油诗，其中有这样两句：“押引蝗虫到洛京，合消郡守远相迎”，看的那主官大笑不止。

杨凝式是个诗人，其中颇多名言警句。比如“院似禅心静，花如觉性圆”，就被人们传诵一时。相比诗歌创作，杨凝式的书法成就更高。

杨凝式的书法，效法欧阳询、颜真卿，风格于遒劲豪放之中，又见隽秀飘逸。在书法艺术上，杨凝式被视为承唐启宋的人物，堪称唐宋两代书法艺术高峰之间的一座桥梁。“自颜、柳氏后，笔法衰绝，加以唐末丧乱，人物凋落，文采风流扫地尽矣。独杨公凝式笔迹雄杰，有二王、颜、柳之余绪，此真可谓书之豪杰，不为时世所汩没者也。”文豪苏东坡如此评价杨凝式的书法。

杨凝式的书法作品，有《韭花帖》《神仙起居法帖》《夏热帖》等传世。在《神仙起居法帖》中，杨凝式独出心裁地在草书中夹杂了一些行书，二者浑然天成、相映相称。这样的手法，被后人誉为“雨夹雪”。大书法家米芾称此帖“天真纵逸”。

## 裴说“行卷”重复投

天祐三年(906)丙寅科状元，乃闻喜(今山西闻喜县)人氏裴说。关于裴说的籍贯，还有广西桂林一说，但此说恐系附会。

裴说自幼勤奋好学，读书十分刻苦。因为生逢乱世，裴说为了避祸东奔西走，四处漂泊。裴说的诗句“避乱一身多”，曾引起了无数读书人的共鸣。

像唐代的许多知识分子一样，裴说痴迷于诗歌写作。裴说写诗喜欢奇思苦想，在推敲字句上下的功夫、付出的精力，跟贾岛有的一比。然而由于出身寒微，缺乏官场人脉资源，裴说长期无人赏识提携，致使其打拼多年，屡屡应试不第，久困科场。

为了求取科举功名，裴说曾羁旅京城多年。做"京漂"期间，裴说也按照唐代科举的习俗，向一些名流权贵广投"行卷"，试图求得他们的提携推荐。与别人不同的是，裴说每年投送的"行卷"，都是他精心锤炼的十九首五言诗。投了一年又一年，年复一年，从不变换新的花样。

有人见裴说投递的"行卷"，年年都是十九首五言诗的老一套，便讥笑他江郎才尽，不但写不出新的作品，连个新瓶装旧酒的花样都不会玩。对别人的冷嘲热讽，裴说表现得很有定力。他说："这十九首诗，是我呕心沥血、殚精竭虑之作，代表了我的最高创作水平。我有足够的耐心等待有识之士发现它们、赏识它们。如果连这些诗都无人认可的话，我也就没必要再写什么新作了。"

裴说的多年坚持，终于有了回报。本科裴说不仅荣登状元宝座，他的弟弟裴谐也和他一起金榜题名。有一种说法称，裴谐的位次是第二名。兄弟二人同榜进士及第，一个状元，一个榜眼，亦为科举佳话一桩。虽然唐代的科举第二名还不叫榜眼，但毕竟是相当于以后朝代的榜眼的。

裴谐跟哥哥一样，也热衷于诗歌写作，并且早有诗名。兄弟二人曾一同奔波游历，途中留下了不少联句成诗的趣话。比如兄弟俩在过湘江时，裴说题诗曰："吟余潮入浦，坐久烧移山。"裴谐接续道："风回山火断，潮落岸冰高。"在参拜诗圣杜甫之墓时，裴说有句云："拟掘孤坟破，重教大雅生。"裴谐再续之："名终埋不得，骨任朽何妨。"两人的诗句，堪称珠联璧合、异曲同工，时人称之为"双美"。

"名终埋不得，骨任朽何妨"，实为做人处世之至理名言。名声不是自己求得的，关键要靠德行政绩作品等说话，在这个问题上枉费心机也无济于事。凡是在历史上留下美名之人，都不是刻意追求名声之流。在古代，很多优秀的读书人，都信奉读好书、做好事、当好官、写好文的价值观，并为之身体力行，所以才会在历史上书写下浓墨重彩的华美篇章。那些靠投机取巧骗取名声之徒，充其量只能得逞于一时，到头来终将会被历史的大潮所淹没。

因为生逢乱世，裴氏兄弟没有太多展示才干的空间和舞台。裴说担任过礼部员外郎职务，裴谐做过代理县长（摄桂岭县令）。在唐朝灭亡，天下大乱之后，裴说举家南迁避难，病故于旅途之中。在担任过一段时间的代理县长之后，裴谐也不知所终。

在本榜进士中，也有一位国际考生，此人便是新罗（朝鲜）人氏崔颜㧑。在行将就木之时，大唐科举还能录取国际考生，开放意识够强。

秉性宽厚、自幼好学的崔颜㧑，十分向往中华文明，十八岁时来到大唐，成了一名国际留学生。在大唐，崔颜㧑刻苦求学十年之久，本科以二十八岁年龄金榜题名。跟大唐的许多读书人相比，崔颜㧑还算是比较幸运的。作为一个外国留学生，又要学习熟悉语言，又要适应新的生活环境，还要研读科举考试的相关内容，十年之内就能进士及第，说明崔颜㧑智力非凡。

渤海国宰相乌炤度的儿子乌光赞，也于本科进士及第。渤海国是与唐代同时期的一个小国，统治区域主要在今吉林、黑龙江一带，与新罗接壤。渤海国事实上的独立地位，大唐也是认可的。因而，乌光赞也应该算是一位国际考生。

本科录结果公布之后，适逢乌炤度前来大唐出访。乌炤度见自己的儿子名次在崔颜㧑之后，感觉面子上不太好看。于是，就向朝廷提出申请，看在远亲不如近邻的份上，把自己儿子的名次，前移到崔颜㧑之前。朝廷经过审理认为，崔颜㧑品学兼优，录取位次无可争议，驳回了乌炤度的申请。

进士及第之后，崔颜扔又在中国滞留十四年之久。这期间他做了些什么事情，难以查考了。四十二岁那年，崔颜扔回归故国。在新罗，崔颜扔颇受朝廷重视，曾经被国王任命为太子教师，还担任过相当于宰相的政府高官。因为学识渊博、见多识广，崔颜扔在新罗名气很大，很多名流权贵都争相拜其为师。

## 末代状元崔詹

天祐四年(907)丁卯科状元，乃清河东武城(今山东武城县)人氏崔詹，这是大唐科举的最后一位状元。大唐科举的首位状元和末位状元，均为山东武城考生，这样的巧合也很有意思。

有研究者经过考证认为，乾宁三年(896)丙辰科状元崔谔，是崔詹的哥哥。在唐代，山东武城这个地方真不简单，出了那么多的状元进士。都说江南多才子，那是在南宋以后的事情了。在北宋之前，中原包括齐鲁大地，才是无可争议的才子聚集之地。

就在崔詹中状元的这一年，朱温逼迫唐哀帝“禅位”。在朱温的武力威逼之下，已经无力抗衡的大唐朝廷只能屈服。唐哀帝指派张文蔚、苏循为正副册礼使，杨涉、张策为正副押传国宝使，薛贻矩、赵光逢为押金宝使，将同意“禅位”的册书、传国玉玺以及金银贺礼等，以一种看上去煞有介事的隆重移交给了朱温。被人家逼着让位，还要送上大笔金银财宝以示祝贺，这叫什么事儿嘛！杀人魔王朱温，就此沐猴而冠、登堂入室。其建立的小朝廷，是为后梁。国祚延续接近二百九十年，在中华文明史上书写了光辉篇章，曾经繁荣强盛、令四方景仰的大唐王朝，就此宣告非正常死亡，历史进入了五代十国时期。

宋代文豪欧阳修在修《五代史》时，特意为张文蔚等六位向朱温移交册书、玉玺与贺礼的大臣，立《六臣传》以为后世臣子之警鉴。因为感到唐哀帝的存在，对自己的权位依然是个巨大威胁，朱温上台后并没有动恻隐之心放过他。在被逼“禅位”的第二年，这位年仅十七岁的大唐末代皇帝，便被朱温下令毒杀，埋葬于山东定陶境内。

江山代有王朝出，各领风骚若干年。每个封建王朝，都希望千秋万代。然而，天下没有永远不死的王朝，大唐也不例外。史学界普遍认为，“安史之乱”是大唐由盛转衰的分水岭。这一事件的发生，埋下了大唐灭亡的祸根。但笔者认为，像封建王朝这样近亲繁殖的家天下，一代不如一代是其发展的必然结果，灭亡是只争来早与来迟的事情。即使没有“安史之乱”，也会有其他这样那样的“乱”，大唐照样难逃覆灭之宿命。

据相关史料记载，崔詹中状元之后，并没有获得为大唐服务的机会。大唐灭亡后，崔詹只是在后梁、后唐两个小朝廷担任过户部郎中、知制诰、中书舍人等官职。因而，崔詹除了是一位唱响大唐科举挽歌的末代状元之外，再无其他事迹可说。

崔詹有个同榜进士同学比较有意思，以此人作为本书的结尾很有些特殊的意义。

此人名叫梁震，乃四川人氏。朱温篡唐后，梁震不愿与这种虎狼之徒为伍，便离开京城回归故乡。途经荆南节度使高季兴的地盘时，被爱慕其才学的高季兴强行截留，准备任命他为节度判官。因为高季兴是奴才出身，梁震担心自己作为堂堂大唐进士，在这样的人手下打工，会被天下人所耻笑，因此便极力推辞。然而不管梁震怎么想，高季兴却高低不肯将其放行。

以高季兴的为人性格而言，绝非什么正人君子。梁震怕僵持下去高季兴会翻脸，从而引来杀身之祸，于是便退让一步，向高季兴提出了自己的条件："我这人一贯散淡，喜欢过清闲的日子，没有做官的兴趣。大人您如果非要让我为您服务，那么我以平民身份给您做个参谋顾问什么的就行，没必要非任命我个一官半职。"高季兴倒也好商量，爽快地答应了梁震的条件。

此后，梁震便留在了高季兴那里，成了他的高参。高季兴对梁震很是器重，一直尊称他为"前辈"，大事小情都要听取他的意见。在荆南地区，高季兴已经形成了事实上的割据政权。日后这里的军政要务、对外交往战略，以及地方发展总体规划等，大都出自梁震之手。因此，人们把梁震视为高季兴的头号智囊。

高季兴是个典型的投机分子，很善于在夹缝中求生存。朱温称帝后，高季兴的荆南节度使职务被其认可。后唐灭掉后梁之后，高季兴又放下身段，主动向后唐称臣，并亲自前往朝拜。搞笑的是，高季兴不但经常截留各国路经其辖区的贡品财物，为了获取赏赐又不断向诸国称臣，因而被诸国称为"高赖子"。他的这种生存之术和周旋手段，不知是否也是出自梁震的主意。

虽然为高季兴效力，但梁震始终心念大唐。梁震自号"荆台处士"，写诗作赋行文署名时，在自己的姓名之前均冠以"前进士"三字。高季兴死后，梁震退隐江湖，不知所终。梁震的"前进士"之称，看上去既像是对大唐的致敬礼，又像是大唐科举的挽歌词。

行文至此，本书亦告完结。行将搁笔之际，笔者也像自称"前进士"的梁震一样，心中很有些怅然若失之感。对于伴随并劳烦了自己这么久的大唐科举人物和故事，竟然有些恋恋不舍了。虽然有着这样那样的问题，但五光十色、精彩纷呈的大唐科举，毕竟在中华文明史上写下了不可或缺的一页，给予我们那么多有益的启迪和昭示。

"曲终人不见，江上数峰青。"别了，卓越与卑劣同在的大唐状元进士！别了，精华与糟粕并存的大唐科举！

# 后　记

《大明状元》《大清状元》《大宋状元》先后付梓之后，齐鲁书社的领导、编辑又鼓励我撰写《大唐状元》。他们认为，隋代资料多已散佚，五代十国一团糟没啥可写，元代乏善可陈，唐、宋、明、清四朝写完，基本就可以凑成一个比较完整的古代科举系列。

决定写作《大唐状元》之后，我原本有些畏难情绪。因为年代久远，唐代状元进士的资料恐怕大多已经散佚不存，我担心写作会困难重重，极有可能进行不下去。

当我翻开《旧唐书》《新唐书》等史籍以及相关野史资料后，竟然有种喜出望外的感觉——唐代状元进士们的故事太有趣、太精彩了！于是，便动笔开写。由于写作只能在节假日、双休日等工余时间进行，这一写又用了接近两年的时间。屈指算来，我从写作《大明状元》起，足足用了将近十年的时间，才完成了这四部状元系列书稿的写作。个中甘苦周折，在此不再赘述。

有唐一代，国祚延续接近二百九十年。创立于隋代的科举制度，在唐代受到了极大重视。只要没有特殊情况，大唐王朝几乎年年开科取士。本书名为《大唐状元》，所介绍人物自然应以状元为主。但由于年代久远等原因，唐代不少状元的生平事迹已散佚不存。如果只是拘泥于介绍状元，本书内容会有单薄之嫌。好在唐代开考科次多，录取的进士中也有很多值得一说的名人，写作素材相对比较丰富。因而，在人物取舍和写作体例上，我采取了这样的原则：如果某科状元的事迹能够独立成篇，就单独对其进行介绍。如果某科状元的生平事迹失考或无法独立成篇，则将其作简要介绍或存目处理，选择同榜一两位或者两三位知名进士进行介绍；如果某科状元、进士均无法独立成篇，也作存目处理；如果某科状元得主失考，则从略。

在本书的写作过程中，参照了清代徐松的《登科记考》、北京大学已故教授孟二冬先生的《登科记考补正》、皖西学院陶易先生的《唐代进士录》为写作索引。尤其是陶易先生的《唐代进士录》，对本书的写作提供了很大便利，在此谨向其致以诚挚的谢意和由衷的敬意。

再次申明，对于本书，我是把它作为历史随笔而非学术研究著作来写的。虽然也注意了人物事迹的真实性、准确性，但趣味性、可读性还是写作的第一诉求。

没有齐鲁书社领导和编辑的鼓励支持，很难想象我能将状元系列的写作进行到底，完成这么繁重的写作任务。在我的状元系列封笔之际，再次向鼓励支持我写作，并为这个系列顺利编辑出版付出大量心血和辛勤劳动的领导们、女士们、先生们表示衷心的感谢，并致以崇高的敬意。

作者 2017 年夏于泉城济南

**图书在版编目（CIP）数据**

大唐状元 / 王离京著. --济南 ：齐鲁书社,2017.9
ISBN 978-7-5333-3769-8

Ⅰ.①大… Ⅱ.①王… Ⅲ.①状元—生平事迹—中国—唐代—通俗读物 Ⅳ.①K820.42-49

中国版本图书馆 CIP 数据核字(2017)第 101773 号

**大唐状元**

王离京 著

---

**主管单位** 山东出版传媒股份有限公司
**出版发行** 齐鲁书社
**社　　址** 济南市英雄山路 189 号
**邮　　编** 250002
**网　　址** www. qlss. com. cn
**电子邮箱** qilupress@ 126. com
**营销中心** (0531)82098521　82098519
**印　　刷** 山东德州新华印务有限责任公司
**开　　本** 690mm×960mm　1/16
**印　　张** 22
**插　　页** 2
**字　　数** 266 千
**版　　次** 2017 年 9 月第 1 版
**印　　次** 2017 年 9 月第 1 次印刷
**印　　数** 1—3000
**标准书号** ISBN 978-7-5333-3769-8
**定　　价** **48.00 元**